短线高手不想让你知道的秘密

价量十二招

亚柏专业理财机构 著

2013年白金修订版

SPM 南方传媒 | 广东经济出版社

图书在版编目（CIP）数据

价量十二招：白金修订版 / 亚柏专业理财机构编著. —广州：广东经济出版社，2013. 1
ISBN 978-7-5454-1874-3

Ⅰ. ①价… Ⅱ. ①亚… Ⅲ. ①股票投资—基本知识
Ⅳ. ①F830. 91

中国版本图书馆CIP数据核字（2013）第014645号

出　版 发　行	广东经济出版社（广州市环市东路水荫路11号11～12楼）
经　销	全国新华书店
印　刷	广东鹏腾宇文化创新有限公司 （广东省珠海市高新区唐家湾镇科技九路88号10栋）
开　本	787毫米×1092毫米　1/16
印　张	13.5
字　数	234 000字
版　次	2013年1月第1版
印　次	2013年1月第1次
印　数	1~5 000册
书　号	ISBN 978-7-5454-1874-3
定　价	38. 00元

如发现印装质量问题，影响阅读，请与承印厂联系调换。
发行部地址：广州市环市东路水荫路11号11楼
电话：（020）38306055　38306107　邮政编码：510075
邮购地址：广州市环市路水荫路11号11楼
电话：（020）37601950　营销网址：http：// www. gebook. com
广东经济出版社新浪官方微博：http：// e. weibo. com/gebook
广东经济出版社常年法律顾问：何剑桥律师

修订版序言

价量始终是股票技术分析的核心

《价量十二招》在最近两年的证券图书市场上可谓大放异彩,编辑和读者都不断要求我们根据证券市场的发展对原书进行全面的修订。经过了较长时间的犹豫后,我们决定对全书内容进行彻底的整理和修改。第一版的书我们主要针对市场新手,在修订版中我们则需要对其中的某些技术的原理进行更加深入的说明。不过大家需要明白的一点是"越不繁,越不凡",简单的东西才是真正有效的东西,本书绝不冗长,但却是大家进入股市的良好向导,重视价量分析是股市投机交易的第一步。

随着电脑硬件和股票软件的不断发展,技术分析越来越普及,每个人都可以设定自己的指标参数,甚至经过数日的简单学习可以 DIY 自己的指标。在全球金融市场中,每天都有无数的人在发明新的指标,但是最终的效果却不尽人意。一定要把事物搞复杂才能够获得成功么?尽管有如此多的关于技术分析的书籍,但其中绝大多数都在罗列和讲解技术指标,它们并没有对成交量和价格本身进行着墨,而价量却是最简单也是最基本的技术分析对象。

价量分析在我们实际股票交易中到底有什么具体作用呢?这可能是大家最想知道的问题,在本书第一版的时候我们对这个问题并没有进行系统的介绍。毕竟,大家最关心的是"如何捕到鱼"。但是,如果你对价量分析的实际作用有大致了解的话,可以促使你更有动力去掌握这门技术。

第一,价量分析可以帮助我们洞悉趋势和市场方向,这点大家可能都有直观的了解。如何判断上涨趋势会延续呢?市场上较为广泛的说法是:如果"价涨量增,价跌量缩",也就是"价量配合良好",那么上涨趋势就会延续。这其实就是价量分析判断趋势和市场方向的常见思路之一。当然,价量分析还可以告诉我们下跌是否终结,这就是放量下跌后缩量,然后放量上涨,这时候个股的下跌可能就结束了。不过,价格的下跌往往会以三段式的模式展开,也就是说下跌往往分成两段,中间夹杂一段反弹。

第二,价量分析可以帮助我们洞察主力的意图,这个道理很多这方面的专家都讲到了。主力要进场然后出场才能真正赚到钱,主力的资金量肯定大于散户很多。主力的进出场必然引发成交量的异常变化,价格往往也会有相应的反应。“大象进澡盆”都会引发“大动静”,主力在个股上的进出必然也会引发价量的“大动静”。

第三,价量分析可以帮助我们观察市场情绪和大众心理。投机市场中,谁赚谁的钱?换个问题,是数量多的羊吃数量少的狼,还是数量少的狼吃数量多的羊呢?金融市场上主力的数目比散户少很多,主力要吃主力的肉很难,大家旗鼓相当。主力在信息,分析能力和资金,以及关系上都比散户更具优势,主力不吃散户的肉,吃谁的肉呢?既然这个市场除了主力之外,还有散户大众,那么我们是不是除了关注主力之外还应该关注散户们的情绪和心理呢?如果说主力是“正向指标”,那么散户就是“反向指标”。散户具有“羊群效应”,一块抢着进,一块抢着出,所以价格持续上涨后的“天量”往往是散户在抢着进,买家基本都是散户,那么卖家呢?基本可以肯定是主力,当然也不乏少数老道的散户。“地量”呢?与散户有没有关系呢?其实,“地量”表明成交清淡,要么是主力控盘了,要么是散户们“死心了”,绝望到了极点。所以,价量分析除了可以帮助我们观察主力的动向和意图,还可以帮助我们跟踪散户们的集体情绪和心理。本教程的第六招“地量见底”和第十招“天量见顶”与此作用有密切关系。

第四,价量分析可以帮助我们选择进场点。散户炒股最大的误区在于“拼命找方向,但却丝毫不考虑进出场的具体位置”。市场走势是一波一波的,波浪式前进的。市场趋势向上,在上涨过程中频繁的回调是不可避免的。如果你没找好进场位置,买在一个波峰,那就会让你一进场就处于被动的地位,浮动亏损让你的持仓心理遭到摧残。权证做当日交割更加注重位置,有杠杆在里面,找错了位置基本上就意味着这单亏了。那么,价量分析怎么帮助我们选择进场点的呢?价量可以体现趋势,也可以体现市场短期波动的区间,你在这个区间下边缘进场其实就是在选择进场点了。地量后出现放量阳线,这是不是好的进场位置呢?这是本教程要介绍的具体价量分析进场点的例子。

第五,价量分析可以帮助我们选择出场点。如果说散户痴迷于市场方向的话,那么对进场点还是有一点考究的,但是对于出场点往往都没有怎么关注。你是亏是赚,最终取决于单子出来。你进场和出场之间市场怎么个具体波动法并不重要,重要的是你卖出的价位是不是高于买入的价位。所以,出场点决定了你得到的是利润还是亏损。价量分析可以提示潜在的出场点，比如“天量”出现，这时候其实就是市场提醒你的出场点了。当然，市场是复杂的，所有的招式都是基于概率的，如果说百分之百有效的手段，那肯定是骗人的。

价量分析很重要、很有效，那么如何进行价量分析呢？

第一，要树立整体观念，价量分析是一个整体，“价不离量，量不离价”。初入股市的新手往往都不太注重成交量，对成交量的理解很肤浅，重视价格轻视成交量是普遍的现象。价量是一个整体具体而言就是要价量并重，至少是相互兼顾。这个市场上很奇怪，没有只看成交量不看价格的人，但是只看价格不看成交量的人却遍地都是。所以，价量并重落实到实践就是不能忽略了成交量，要重视。

第二，价量分析也有阶段性重点。价格可能是成交量的原因，也可能是成交量的结果，这里面存在循环，但是肯定有一个是重点，是主因，在不同阶段重点是不同的。主力要看价格，散户也要看价格，所以价格变化引发主力和散户的行动在市场中肯定是不断发生的事情，这就是价格引发成交量变化。严格来讲是前面的价格引发后续的成交量变化，而这个成交量变化又是当日价格变化的原因。这里面似乎引发了关于“蛋生鸡还是鸡生蛋”的争论，其实主力的行为是解决这个争论的关键。

第三，初学者进行价量分析最好的路径是“照葫芦画阳”，一招一式地学，先死板在灵活。学炒股跟学骑自行车其实差不多，刚学骑自行车的人不可能兼顾手脚和身体姿势，总是顾了这里忘了那里。所以，真正会教人骑车的人肯定不是一来就让初学者所有姿势都要正确，他会给出一个阶段性重点，从局部动作开始。价量分析要学会也要从最死板的一招一式开始，才能真正上手。太灵活，所谓“靠悟性”才能学会的东西不适合初学者，“先死才能活”，这个道理在学习任何技能上都是一样的。

第四，中级和高级股票交易者则应该力图搞清楚“价量特征”背后的博弈特征，搞清楚价量形态背后的市场参与者心理和能力。本书只是帮你领进门，真正要通达高手之列，还需要知其所以然，多问几个为什么。为什么“杯口柱量”出现了会上涨，为什么“地量见底”等等，只有搞清楚背后的缘故才能在这个市场长久生存下去。任何价量形态的形成背后都有一群人在博弈，你明白了这点也就不难成为股票高手了。

《价量十二招》(白金修订版)的问世离不开广东经济出版社的大力支持，也离不开读者们的鼓励和批评，希望大家能够在阅读本书的过程中有更大的收获。

亚柏专业理财机构

2013 年 2 月

前　言

每日一招，十二天掌握价量绝杀的经典技巧

对于股市炒家而言，价格直接决定了仓位的价值，正因为价格与持仓盈亏有直接的关系使得绝大多数炒家普遍注重价格。既然大家都注重价格，那么价格方面的技术分析往往就不会得出什么高明的见解，以价格为主的技术分析也就很难找出具有超额利润的买卖机会。技术分析的信息主要来源于两个方面：第一个方面是成交价格，一般采取 K 线的形式来把握，当然也会利用分时走势图来呈现；第二个方面是成交量，一般采取量柱的形式。其他的技术指标，也就是进一步的加工都是在这两个信息的基础上展开的，比如 MACD 是基于成交价格，OBV 基于成交量等等。严格来讲，一个明智的股票短线炒家应该在价格和成交量两个方面平均用力，这样才能真正看清楚市场和个股的走势。但是，现实的情况是绝大多数炒家都专注于股价的研究和分析，对于成交量往往采取忽略的态度，这就使得成交量带来的信息往往具有更高的效力。

传统的技术分析花了很大的篇幅来阐释股价形态的涨跌含义，这就意味着绝大多数股民对此都有了解，当市场和个股真的呈现出这些股价形态的时候，众多资金开始活动，这就是加速了这个形态的衰竭。因此，股价形态往往会以失败告终，或者说形态的预测效能大幅下降。既然股价带来的信息质量在下降，那么我们就应该注重一些非股价信息，这里面最为重要的就是成交量。成交量数据比起其它非价格数据更容易取得，更新也及时，基本上是实时数据。那么其他的非价格数据就不能作为分析对象了么？当然能，比如开户数据，但是这些数据的取得并不及时，所以对于短线炒家而言时效性就差了很多。

我们这套丛书立足于介绍那些能够直接运用于股票短线操作的形态，而本书则专门立足于演示成交量形态的研判方法和交易策略。成交量形态在大多数股评中都有提及，但是缺乏系统的介绍。本书就是要系统地囊括那些对短线炒家意义重大的

成交量形态，当然某些成交量的研判离不开股价的参考，这就是价量关系。

成交量是市场心理到价格表现的桥梁，这是绝大多数短线炒家忽视的地方。我们会观察央视和财经网站提供的市场情绪调查，同时还会观察资金动向和进出流量，进一步的分析则会考虑中登公司的开户人数数据。但是这些数据都存在一些问题，这就是及时性较差，往往比较适合中期分析，也就是说站在中期的角度来看待这些数据序列更有意义，单独来看待某一数据值对于操作者而言意义是不大的。

根据我们对沪深两市上千只个股最近十年的日线数据进行分析，找出了比较重要的十二种成交量形态，有些形态是纯成交量形态，有些则需要参考 K 线形态来定义。大家下来耐心掌握这十二种成交量形态就能够在短线操作中充分认识在学习本书的时候最好按照四个步骤来进行，下面依次介绍。

第一步，大家需要仔细掌握每一种成交量形态的要点，这是最为基础的一步，如果对成交量形态要点不了解就不能真正在实际操作中发挥正面效应。本书介绍的十二种成交量形态都是基于短线操作归纳出来的，也许你曾经在某一本证券类书籍中看到过其中某一种类型的成交量形态。你看到过其中一些类型的成交量形态模型，这不是重点，重点是你能不能将这些形态模型的要点扼要地指出来。很多时候，在我们看了技术分析书籍之后往往只是模糊地记得一些事情，临到真正操作的时候却往往莫衷一是，甚至连学过些什么东西都全然忘记了。刚开始学习成交量形态模型的时候，我们需要借助于死板的记忆，将几个要点记下来，然后才谈得上灵活运用。

第二步，根据形态要点结合历史走势去研判，看看历史走势中典型的成交量形态。掌握了成交量形态模型的要点之后，我们并不能急着马上入市进行操作，这样的学习成本太高。一个短线炒家在真正开始盈利之前，必然会向市场交出一定的“学费”，关键是我们怎么以最少的“学费”掌握到最多的东西。但是，不向市场交“学费”就直接赚取利润是不可能的。所以，问题的关键就变成了如何交最少的学费得到最多的东西，从股票市场这所学校毕业靠的是能力，而这个能力不通过真枪实弹是练不出来的。很多炒家刚开始入股市的时候，总是认为股票市场比谁聪明，殊不知这是最大的错误。炒股靠的不是智商，也不是情商，靠的更不是知识，靠的是技能，炒股就是一项技术，跟任何技术一样必须通过坚持不懈的正确学习才能掌握。炒股绝不是“天赋”，不可能三天半个月就能掌握，很多人花费了好几年才初入门径，而更多的人则是徘徊在成功的大门之外十几年了。为了减少大家无谓的金钱付出，我们建议大家在学习了本书的成交量形态模型之后应该先在历史走势图上进行练习。一方面是从历史 K 线走势上寻找到这些形态，这是最基本的练习，另一方面是看看它们出现前后行情走势有什么具体的特征。书要读活,如果你认为市场会照着书本走,那就完全错了。短线操作就是针对期望值进行操作,说白了就是概率占优势就买入,概率占劣势就卖出。所以,大家不要指望在本书中找到所谓的必胜形态,这是不可能的!

第三步,利用成交量形态模型来分析当下的行情走势,然后等待行情来验证自己的判断。经过大量的内推验证,我们对这些形态在历史走势中的表现比较有信心了,接下来我们就要进行外推验证,也就是将这些形态模型运用到对未来走势的研判中。经过了第二步的练习,我们应该已经对模型本身了然于心了,同时对于如何在实际走势中去运用这一模型也有了相当的经验,这时候需要接受当下行情走势的考验。

第四步,最终将成交量形态知识运用到实际研判和操作中。在前面一步中,我们还没有真正投入资金到其中,这点是大家需要注意的。毕竟,如果我们没有投入资金到实际操作中心态会相对平和很多,一旦我们将资金投入其中随着而来的则是情绪大幅波动对操作的影响。但是,我们不可能永远让本书的学习者们都处于“虚拟交易”中,如果一直沉迷于理论和虚拟交易,则我们就远离了最初的目标 – 赚取真实的利润。这时候要警惕成为这种情况:失败者就是那些成天想着中头奖却从来不买彩票的人! 要想具有真正的赚钱的本领,要想真正地赚到钱就必须真的投入到这个市场中去实践,否则再精妙的理论也是白搭!

亚柏专业理财机构

2010 年 7 月

目　录

第三招　价跌量平

第四招　价涨量平

第五招 价平量缩

第六招 地量见底

第十一招 阳柱翻量

第十二招 阴柱翻量

第一招 价平量增

我们现在就开始价量必杀的第一招，这就是“价平量增”。今天的成交量相对于昨天的成交量增加了，但是股价（收盘价）却基本在同一水平，这表明卖方力量在增加，而买方力量也在增加，双方观点分歧很大。很多买家认为股价要上涨，同时很多卖家则认为股价要下跌。由于双方分歧很大，使得两方的交投意愿都很强，想要改变目前价格不合理的状态，结果就出现了成交量放大而价格几乎不变的情况。如果这种情况出现在股价大幅上升之后，则表明这个地方面临的抛压很大，虽然多头也投入了大量的“弹药”，但是并没有推动行情继续上涨。由此看来，上涨走势后出现这种价量形态意味着下跌的概率较大。我们这里关注的是这种上升走势之后出现的“价平量增”，一旦出现这种成交量形态我们就应该考虑减仓，甚至清仓。下面我们结合一些具体的实例来讲解这一成交量形态的运用。很多老股民对于这一形态并不重视，他们认为这一形态过于简单，因此从来没有花大力气研究过，殊不知很多时候他们被套就是因为忽略了这一形态。大家千万不要认为这一形态简单，更不要认为下面的例子简单，利润往往潜伏在简单的东西里面，而风险往往也隐藏在简单的事物之中。

实例1 兴业银行“价平量增”

请看图1－1兴业银行从28.42元的底部逐步上涨，可以看到这波上涨走得很曲折，每次上涨都不明显，中间的调整却很吓人，股价花了很长时间才涨到了目前的位置，今天和昨天都是小K线，两者合起来构成了“看跌母子”形态。同时，更为重要的是今天的收盘价和昨天的收盘价基本上是一致的，这就符合了“价平”的要件。另外，今天的成交量也要高于昨天的成交量，这就符合了“量增”的要件。这里需要注意的一点是：收盘价越是一致，该形态的看跌意义越强；同时成交量增加越是明显则看跌意义越强。在本例中，我们还可以看到KD指标进入超卖区域，在这样一个较为震荡的市道中，KD指标处于超买区域意味着股价转而下跌的可能性很大。另外，在最近一波上涨过程中成交量出现了阶段性高点，这意味着“群众的疯狂”已经出现，股价必然出现一波调整。当然，我们这里演示了成交量分析与其他技术分析的联合使用，得出的结论是一致的，在本书中接下来的部分我们将专注于成交量形态的研习和运用，所以会忽略其他技术手段的讲解，大家可以参考本系列丛书中的其他几本。

图1－1 兴业银行出现“价平量增”

兴业银行出现了“价平量增”，之后的走势如何呢？请看图 1－2，兴业银行在“价平量增”形态出现之后并没有立即下跌，而是向上快速小幅冲高，制造一个多头陷阱，然后才是快速地下挫，形成了一根流星形态。常常的上影线表明多头的失败，此后股价以阴线快速下跌。下跌过程中成交量阶段性放大，这表明卖压很重，因此跌势持续了很久。这波跌势在“价平量增”的时候就已经向多头发出了危险信号。所谓“飓风起于青萍之末”，我们在短线炒股的过程中必须掌握到这一要点，要学会从成交量细节变化中找到未来行情发展的苗头。股价下跌到 23 元附近开始横盘整理，这时候有一个奇特的现象，那就是阴线都是小实体，对应的成交量也较小；而阳线都是小实体，对应的成交量也较大。这表明可能有主力进场吸纳，所以后市继续下跌的空间和可能性都不太大。

图 1－2　兴业银行“价平量增”之后的走势

实例2 西部矿业“价平量增”

请看图 1－3 西部矿业从高位下跌到 12 元附近形成一个宽双底，可以看到这个双底形成期间，成交量有显著的持续收缩迹象，这表明卖盘减少了。此后股价从第二步底部放量拉升，两根阳线配合相应的显著放量表明买盘增加，所以才有现在这波上涨走势。最近三个交易日中，前两个交易日出现了“价平量增”形态，这表明卖压在增加，虽然不太符合“价平”的严格标准，但是成交量增加是非常显著的。更为重要的是最近两个交易日出现了“看跌吞没”形态，也就是一个大阴线覆盖了此前一根小阳线，这是一个看跌形态。再来看看 KD 随机指标，它也处在高位，所以这些信息综合起来看，后市下跌的可能性非常大。

图 1－3　西部矿业出现“价平量增”

西部矿业现在的走势怎么样呢？请看图 1－4，股价在“价平量增”出现之后跳空高开然后下挫，形成“看跌吞没”。股价最高冲到 14.26，但是很快暴跌，下跌过程中伴随着有节奏的放量，这表明下跌过程中抛盘较大。下跌的过程中出现了几次短期横盘整理，主要是由于前期低点的支撑作用。最终，西部矿业跌到整数关口 10 元附近止跌回升。为什么会在这里回升呢？首先看成交量，回升之之前成交量就已经表现出“地量”的特点，这表明交投兴趣急剧下降，浮筹降到极致。其次，10元是一个重要的整数心理关口。最后，见底的这根阳线是跳空低开然后大幅拉升，这显示了空头力量的衰竭以及多头力量的增强。综合这三个要素就可以明白为什么股价会在这里回升了。如果你也能够像这样利用价量形态去剖析盘面，则成为短线赢家就是比较容易的事情了。

图1－4　西部矿业“价平量增”之后的走势

实例3 中国太保“价平量增”

请看图1－5，中国太保此前一路上涨，走势非常符合一般的上升趋势特征，也就是高点越来越高，低点也越来越高。阴线一般对应着缩量，而阳线对应着放量。上涨波段幅度大于下跌波段的幅度。最近三个交易日中，一根大阳线将股价大幅拉升，这是不是多头最后的疯狂呢？可以看到这根阳线对应的成交量非常大，基本接近于“天量”，这表明众多的散户入市抢货，像这样的情况一般涨势是很难持续的。再来看最近两个交易日，收盘基本一致，成交量不显著放大，算得上是不标准的“价平量增”，预判效力要低很多，不过结合此前一根疯狂的放量大阳线来看，下跌概率就增加了。

图 1－5　中国太保出现“价平量增”

中国太保在“价平量增”出现之后，一根阴线拉下去，与此前两根 K 线结合起来看是一个较为标准的“黄昏之星”，当这个强烈看跌形态出现后我们更加确认了“价平量增”的看跌意味。请看图 1－6，中国太保在“黄昏之星”出现之后快速下跌，中间有非常快速的反弹，但是反弹高点出现了长长的上影线，这表明上方空头抛压沉重。另外，在下跌过程中阳成交量放大，阴成交量缩小。最终，股价跌到 23.22 元附近形成了一个“弱早晨之星”形态，为什么这样说呢？这是因为这个“早晨之星”的阳线与此前的阴线相比实体过小，这表明多头实力还不够强劲。所以，此后的回升并不显著。

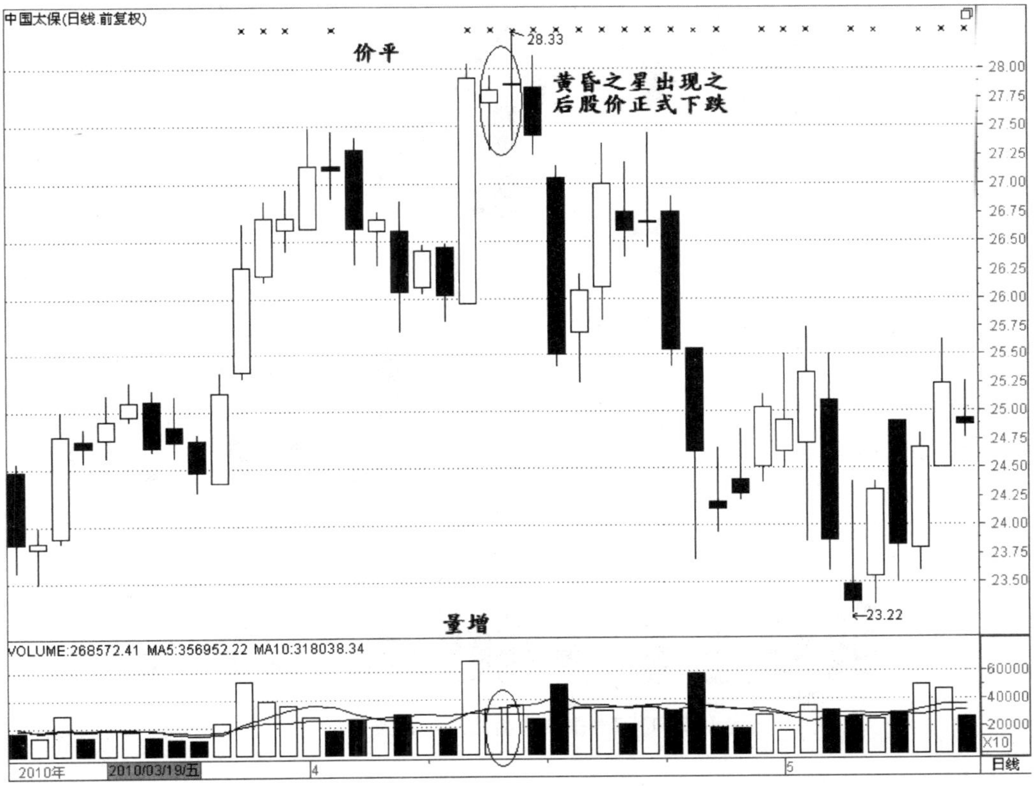

图 1－6　中国太保“价平量增”之后的走势

实例4 中国中冶“价平量增”

请看图 1－7，中国中冶从 5.5 元的高位横盘处下跌，成交量在下跌过程中温和放大，这有助于下跌过程持续，同时下跌图中并没有像样的反弹，可见市场一边倒的情绪浓重，请看图 1－7。股价跌到 4.9 元附近长时间横盘，阴线实体都比较小，而期间阳线则比较大。最近两个交易日的收盘价基本上一致，而且成交量处于极端萎缩状态，相比而言，最近一个交易日的成交量要大于此前一个交易日的成交量，这样最近两个交易日就构成了“价平量增”，同时也接近于地量。综合起来看，后市转而上涨的可能性很大。

中国中冶在出现“价平量增”之后的走势如何呢？请看图 1－8，中国中冶此后逐步上涨，成交量逐步放大，这表明买家在逐渐增加，所以这波上涨是可以维持的。中国中冶在出现了“价平量增”和“地量”之后又一波上涨，这表明此前我们的分析是基本正确的。这里大家可以发现一个特点，那就是股价的阶段性高点对

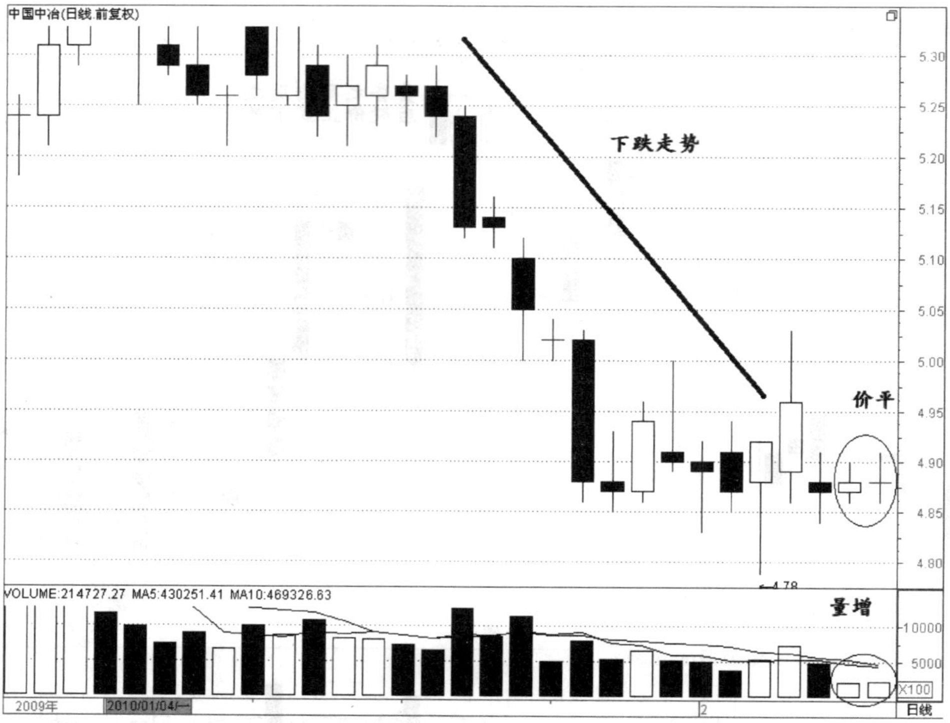

图1－7　中国中冶出现“价平量增”

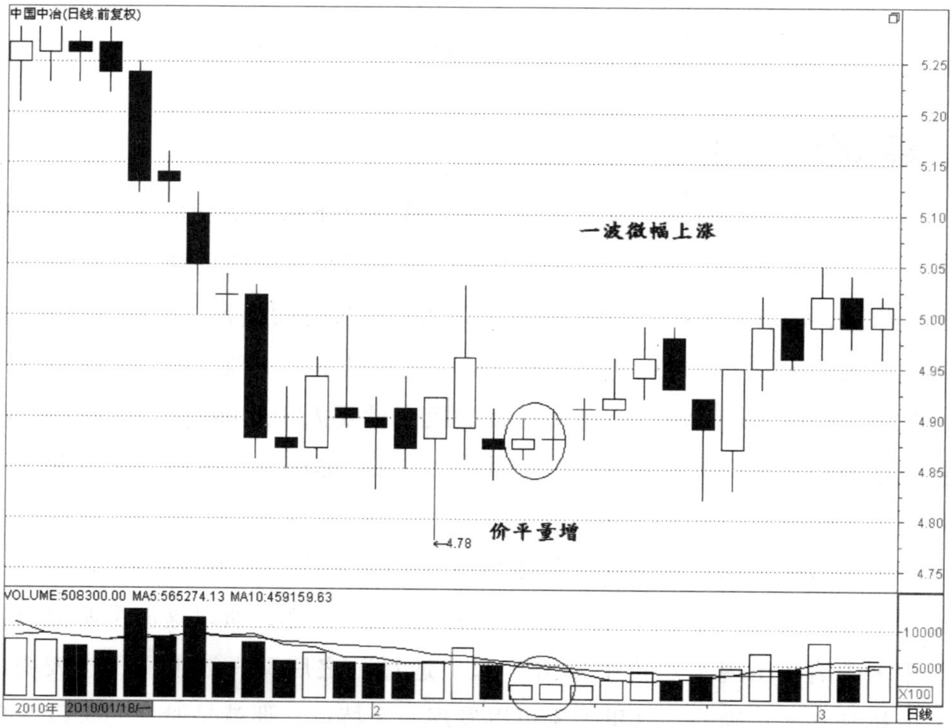

图1－8　中国中冶“价平量增”之后的走势

应着成交量的高点，而股价的阶段性低点对应着成交量的低点。当股价逐步上升的时候成交量逐步放大，当股价逐步下跌的时候成交量逐步缩小。把握这个规律就可以为我们把握股价的相对高低点提供帮助，这个方法比利用随机震荡指标更为有效，因为随机震荡指标可能在强劲上涨或者下跌走势中发出错误的信号。

实例5 中海集运“价平量增”

中海集运最近一段时间基本处于大幅震荡的走势状态，请看图1－9。股价似乎在4.2元一线构筑了双底，此后股价基本活动在此双底水平之上。最近一波上涨非常迅速，出现了向上跳空缺口，因为缺口接连出现，而且成交量接近“天量”这表明群众性疯狂可能出现了，这对于行情的继续发展是不利的。更为重要的是最近几个交易日股价横盘整理，上下影线都很长，这表明多空斗争激烈。最近两个交易日收盘价基本一致，同时成交量有显著增加迹象，这符合“价平量增”的要件。将上述分析结合起来，我们认为后市转而下跌的可能性很大。

图1－9 中海集运出现“价平量增”

中海集运出现“价平量增”之后，股价有怎么样的表现呢？是不是如我们当初研判的那样会出现下跌呢？请看图1－10，股价快速下跌，基本上与上涨的时候呈现相同的角度，这或许就是所谓的对称原理吧。一般而言，相邻一波反向走势会为现在的走势提供参照，如果前一波走势在此价位出现了整理，那么现价在此出现整理的可能性也是非常大的。如果前一波走势很快掠过了此价位，那么现在的股价一般也会很快击穿这个价位。中海集运在出现“价平量增”之后股价出现了快速的回落，一直下跌到前期低点附近，成交量萎缩到非常显著的水平，股价才止跌。

图1－10　中海集运“价平量增”之后的走势

实例6 正泰电器“价平量增”

请看图1－11，正泰电器从27.4元的高点下跌，下跌走势一直呈现45°角，这种跌势是比较能够持续的。按照江恩理论的说法，如果上涨角度超过45°，那么股价会调整，下跌角度超过 45°，那么股价也会反弹。所以，正泰电器这波下跌之所以能够持续，其中只夹杂了一些幅度很小的反弹，关键性的技术原因是下跌角度接近 45°。在最近几个交易日，股价横向整理，成交量萎缩显著，K 线非常小，这表明交投冷清，浮筹降到显著低点。最近两个交易日的收盘价基本上维持在相同的水平，而成交量却是增加的。结合此前成交量萎缩的迹象，后市转而上涨的可能性非常大。

图 1－11　正泰电器出现“价平量增”

正泰电器在出现了“价量量增”之后的实际走势如何呢？请看图 1－12，“价平量增”出现之后股价有一波小幅爬升，然后再度下探，但是并没有创出新低；然后再度上涨，低点抬升了，后市继续上涨的可能性很大。上涨有放量，下跌是缩量，这加大了继续上涨的概率。这里需要说一点题外话，一般而言我们倾向于关注局部的成交量变化，这其实是不正确的做法。我们应该研究立足于整体来寻找某些重要的成交量形态。比如，我们应该与历史上的成交量绝对高点和低点来比较目前的成交量水平，我们应该关注成交量逐步放大和逐步缩小，如果我们将成交量看成是市场的呼吸，短线操作将变得更加简单。成交量的变化分为两种类型：第一种类型是渐进性变化，这表明趋势在持续；第二种类型是极端性变化，这表明趋势要反转了。

图 1－12　正泰电器“价平量增”之后的走势

实例7 紫金矿业“价平量增”

请看图 1－13，紫金矿业从 12. 19 元的高位开始下跌。请注意这个高位附近的 K 线形态，这里存在一个“黄昏之星”。股价下探到前期低点附近，很快反弹，但是反弹并没有超过此前高点 12. 19 元，这可以看作是继续下跌的高效标志。一般而言，“股价下跌会回升不过前高”、这往往表明下跌趋势已经形成了。最近十来个交易日，股价开始横盘整理，成交量显著缩小，这表明市场浮筹变少了。最近两个交易日收盘价基本在同一水平，而成交量有一定程度的放大，这意味着买方的力量在增强。这里需要澄清一点的是，如果此前是上涨走势，此刻出现“价平量增”则意味着股价将转而下跌；如果此前是下跌走势，此刻出现“价平量增”则意味着股价将转而上涨。上涨之后出现“价平量增”表明卖压增加，虽然买方也在加大入市但是股价并没有上涨，买方力量相对不足；下跌之后出现“价平量增”表明承接增加，虽然卖方也在加大入市但是股价并没有下跌，卖方力量相对不足。在紫金矿业这个实例中，股价是在下跌之后形成的“价平量增”，这样来看后市回升的可能性很大。

图 1－13　紫金矿业出现“价平量增”

紫金矿业出现“价平量增”之后有怎么样的表现呢？请看图 1－14，在出现了“价平量增”形态之后，股价有一波显著的上涨，直到出现了“黄昏之星”。这里需要注意的是随着股价从“价平量增”上涨，成交量也在逐步放大。这波走势为什么不强劲呢？关键原因在于“量增”程度不显著，这表明买家力量增加并不多。既然阶段性底部介入的资金并不多，那意味着股价上涨的幅度也不会太大。

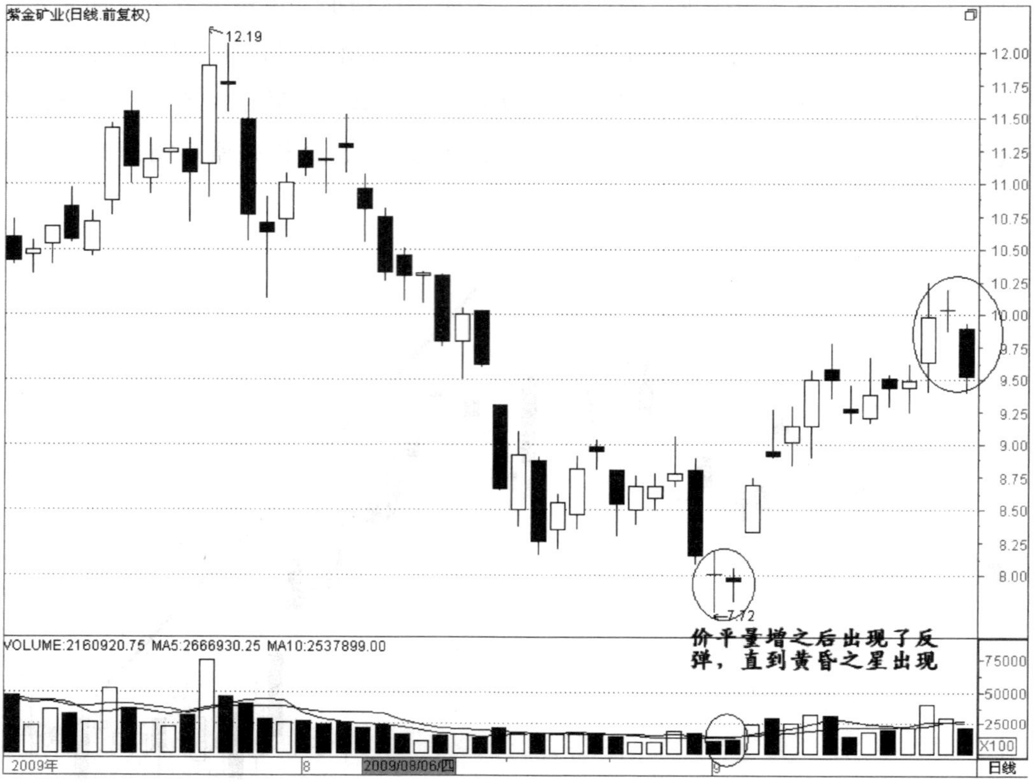

图 1－14　紫金矿业“价平量增”之后的走势

实例8 凯恩股份“价平量增”

请看图 1－15，凯恩股份从 6.48 元高位暴挫之后呈现出缓慢下跌的态势。下跌的角度小于 45°，同时成交量相对此前处于较低的水平，这表明卖出的意愿和力度都不强。股价下跌过程中小实体 K 线较多，表明盘中斗争激烈，多空相持的情况较多。在价平量增出现之前股价拉出一个数月未见的大阴线，这是一次空头力量的宣泄，单纯来看好像空头取得了胜利，但是请大家注意，后面接着的 K 线是什么形态，看出来了么？是两根下影线很长的小实体 K 线，开盘价和收盘价很接近，这表明空头宣泄完了之后，多空再度进入了平衡状态，而且是非常平衡的状态。下影线则透露出另外一层信息，那就是空头曾经试图进一步打压股价，但是多头却有足够的力量来抵抗进攻。这两根下影线很长的 K 线的收盘价基本一致，符合“价平”的特征，同时第二天的成交量有显著的上升，这就符合了“量增”的特征。持续下跌后的“价平量增”表明多空都在加大投入力度，其力量对比不相上下。如果进一步结合此前下跌的走势来分析则意味着多头力量其实在增强，从此前不敌空方到能够与空方相抗衡。

图1－15　凯恩股份出现“价平量增”

凯恩股份出现“价平量增”之后股价有什么样的表现呢？请看图1－16。凯恩股份的股价开始快速脱离低点，阳线成交量明显大于阴线成交量，在后续的上涨过程中甚至还出现了巨量跳空的涨停，一下子就将多头的力量彰显了出来。从凯恩股份这个例子，大家也能够直接感受到多空力量这种逐步变化的微妙性。如果你能够对价量分析方法有完整和全面的掌握，那么就能够对股价的未来变化有所洞悉，进而利用这种洞悉从个股运动中切实获利。

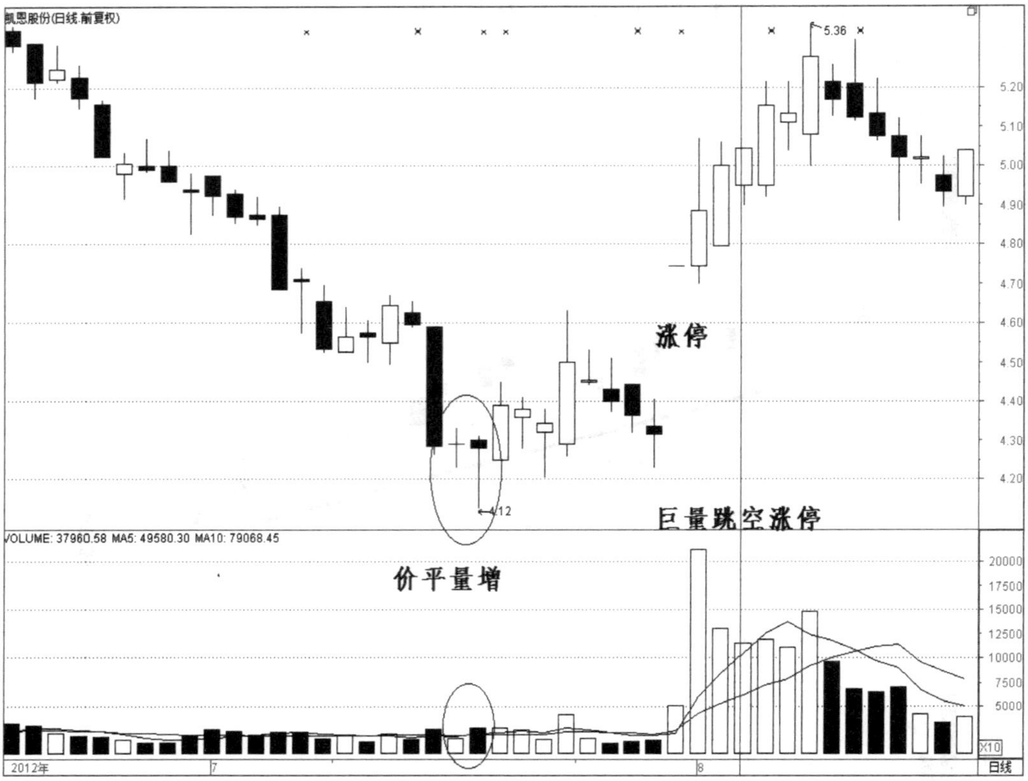

图 1 – 16　凯恩股份“价平量增”之后的走势

实例9 京新药业“价平量增”

“价平量增”的价格形态往往都与十字星或者流星线，又或者是锤头线密切相关，简单来讲就是与影线较长的 K 线搭上关系。为什么会这样呢？我们反复提到的“价平量增”背后的供求力量变化其实是关键。“价平”意味着收盘价一致，表明多空力量对比没有发生什么变化，但是“量增”却表明多空的绝对力量发生了相同幅度的变化。多空同时增加了投入力量，增加的幅度是一样的，这使得相对力量没有什么变化，也就是说“势均力敌”，这样的话价格就容易出现当日开盘价和收盘价较为接近，甚至一致的情况。盘中变化却可能是比较复杂的，但由于多空总体对比接近，所以影线较长的情况就会出现。我们来看京新药业的例子，见图 1 – 17，这个例子中的“价平量增”也与长影线密切相关。

京新药业从 16. 25 元的价位跌下来，跌幅很大，但是绝大部分跌幅都来自于少数几天，这几天就是大阴线。除此之外，大部分走势都是横盘或者是阴跌。整个下跌可以看成是五段，第一段是小幅下跌，相当于艾略特波浪理论的第一浪。第二段是横盘整理，有点反弹的意味，持续时间相对于第四段而言较短，相当于艾略特波浪理论的第二浪，属于调整浪。第三段就是暴跌，下跌幅度最大的一段，也是持续时间非常短的一段，这相当于艾略特波浪理论的第三段，属于“主跌浪”。第四段股价处于长时间的横盘整理状态，具有典型的艾略特第四浪的特征。第五段下跌之后出现了三天的横盘，最近两天的收盘价基本一致，符合“价平”的特征，第二天较第一天放量，这就是“价平量增”了。价平量增出现表明空头完全占优势的状态变成了多空势均力敌的状态，下影线表明空头继续占优的情况被否定了，而上影线则表明多头开始转被动为主动，有能力发动向上的冲击。

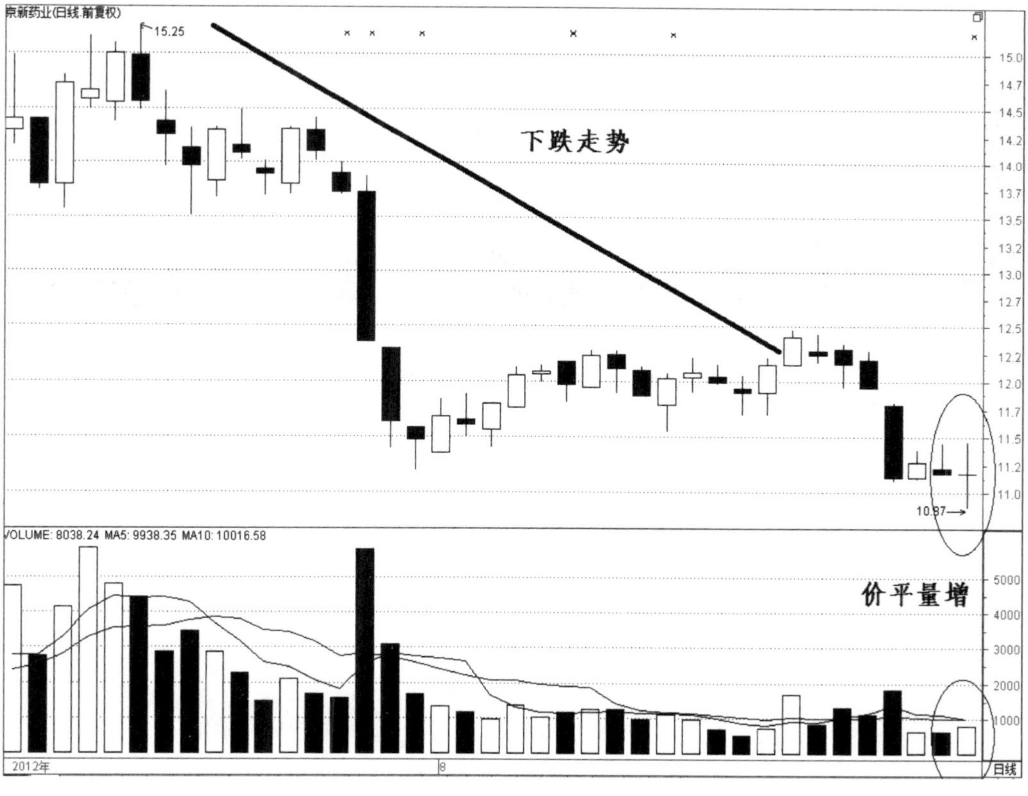

图 1－17　京新药业出现“价平量增”

京新药业出现“价平量增”之后股价的走势如何呢？请看图 1－18，股价止跌回升，形成一个小型的双底之后进行了快速的拉升，只不过事后表明这只是一次快速的反弹而已，此后股价在乌云盖顶形态出现之后继续掉头下跌。

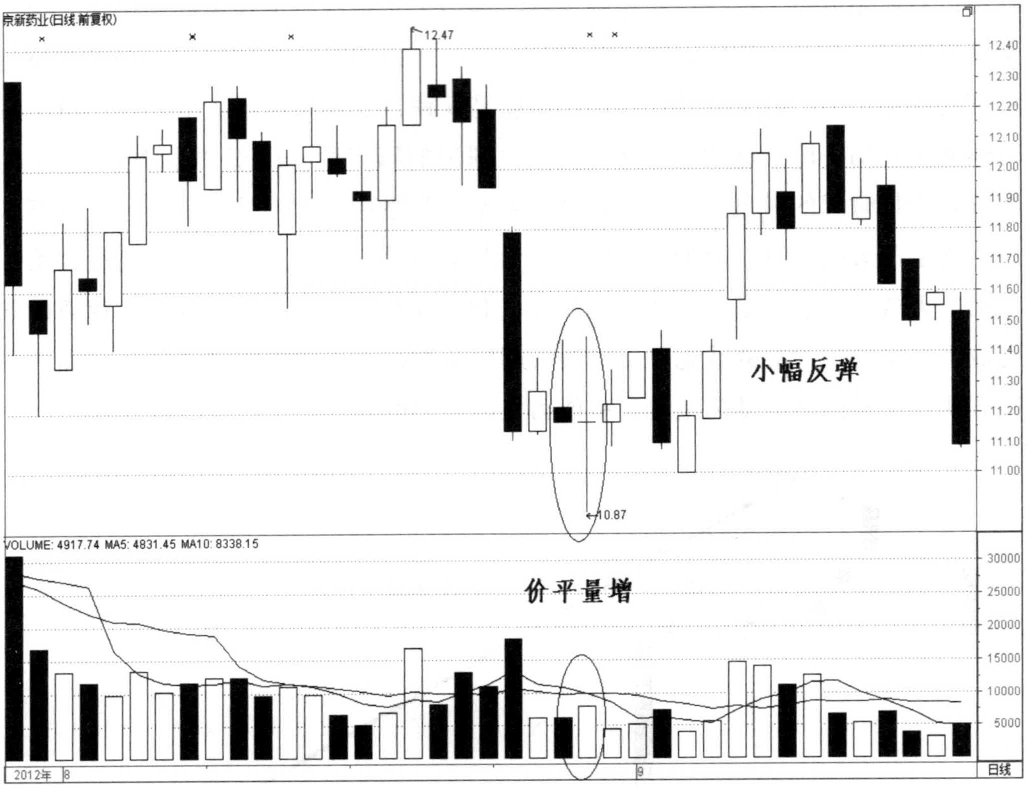

图 1－18　京新药业“价平量增”之后的走势

第二招

价涨量增

最近一个交易日的收盘价高于前一个交易日的收盘价，同时成交量增加，这表明买方力量相对卖方力量在增强，后市股价上涨的可能性很大。股价上涨要么是因为卖方力量减弱，要么是因为买方力量增加。卖方力量减弱引起的股价上涨伴随着成交量缩小，而买方力量增加引起的股价上涨伴随着成交量放大。卖方力量减弱引发的股价上涨属于被动性上涨，上涨概率和幅度都比较小。买方力量增加引发的股价上涨属于主动性上涨，上涨概率和幅度都比较大。“价涨量增”可能出现在下跌之后，也可能在上涨途中，无论是哪种情况，股价后市上涨的可能性多很大。“价涨量增”是典型的股价良性上行标志，这点是大家需要牢记的。什么是股价良性上行标志？也就是说股价继续上行的能量充足。纸上得来终觉浅，下面我们结合真实的具体实例来讲解和演示“价涨量增”的含义。

实例1 出版传媒“价涨量增”

请看图2－1，出版传媒从15.46元的高点开始分两段下跌，可以看到两段的长度基本上是差不多的，至少到目前为止是这样的，这其实也是一种对称，长度对称，这种情况在个股走势中经常见到。有一些证券交易类书籍不厌其烦地专门讲解这一现象，大家了解即可，一般可以用来设定盈利目标。怎么用呢？当行情先向上涨了一段，调整结束后继续上涨，这时候你可以根据前一段上涨的幅度来推断这段上涨的幅度；当行情先向下跌了一段，反弹结束后继续下跌，这时候你可以根据前一段下跌的幅度来推断这段下跌的幅度。一般而言，第二波段完成之时，成交量和K线会出现一定的提示，请看图2－1，出版传媒第二波跌到9.76元就出现了“价涨量增”形态，这时候看涨信号，意味着行情转而上涨的可能性很大。

图2－1 出版传媒出现“价涨量增”

出版传媒出现了“价涨量增”形态之后股价有怎样的表现呢？请看图2－2，出版传媒快速回升，呈现45°角，前面已经提到这是一种比较能够持续的涨势，成交量与价格也出现了良性的配合。具体而言就是股价上涨，成交量放大，股价调整，成交量缩小。其实，出版传媒出现“价涨量增”时我们参考了其他的止跌信息，比如第二波段等于第一波段原理等等，最近几个交易日的长下影线也提供了止跌信息，只有将这些信息综合起来，运用“价涨量增”信号才更有把握。准确来讲可以说“价涨量增”信号等到了其他信号的加强，使得我们研判的胜算率更高了。从概率的角度来理解股票短线操作的一些问题使得我们更加清醒。

图 2－2　出版传媒“价涨量增”之后的走势

实例2 深发展“价涨量增”

深发展 A 从高位下跌，在 18.04 元止跌上涨，在 22 元形成一个高点之后再度回落，请看图 2－3，回落到 19.5 元附近的支撑，再度发力向上。这里有个非常关键的信息，深发展最近的两个阶段性底部，最近一个要更高些，这意味着虽然空头打压了股价走势，但是空头力量并没有之前强，股价并没有达到 18.04 元的低点，更别说创出新低了。现在，股价继续上涨但是留下了长长的上影线，而且这根上影线在前期高点之下不远，这是一个遭遇强阻力的信号，对于上涨将起到打压作用。不过，我们还发现最近两个交易日的收盘价拉高了，同时成交量显著放大了，这是典型的“价涨量增”形态，后市上涨的概率还是比较大的。现在面临三个因素，第一个因素是没有创出新低，底部抬高，这是强有力的看多信息；第二个因素是股价拉出常常上影线，这是一个看跌信息；第三个因素是“价涨量增”形态的出现，这是一个看多信息。综合起来看，深发展A此后的走势应该是上涨的概率最大。

图2－3　深发展A出现“价涨量增”

深发展A在出现了“价涨量增”之后股价出现了上涨，请看图2－4。可以看到刚开始的上涨比较温和，基本呈45°角，然后股价进行了微幅的调整。调整完成之后股价快速上冲，这时候基本上接近90°角，这种上涨是不可能持续的，调整应该很快展开，甚至不排除反转下跌的可能性。成交量放出天量往往意味着“群众的疯狂”，疯狂之后股价反转下跌的可能性很大，而股价在长时间缓慢上涨之后拉出大阳线，然后进入调整，这往往也是“群众的疯狂”，此后股价转而下跌的可能性很大。

图 2－4　深发展 A“价涨量增”之后的走势

实例3 深发展“价涨量增”（2）

我们再来看深发展 A 股价走势中的一个实例，请看图 2－5。股价形成流星形态，上冲 19.20 元，由此该股展开下跌走势。在这个缓慢下跌的过程中，成交量也是相应逐步萎缩的，这表明交投意愿随着股价下跌在逐渐下降，同样也可以解读为浮筹在减少。该股跌到前期阶段性底部附近出现了接连两个“价涨量增”形态。这里需要强调的是“价涨”是看收盘价，最近两个交易日的收盘价是上涨的，相应的成交量也是增加的，这表明买方力量相对于卖方力量在增加。股价上涨可能是两个因素，第一个因素是卖出意愿降低，第二个因素是买入意愿增加。第一个因素导致股价上涨，成交量是缩小的，这种上涨持续性差、幅度小，第二个因导致股价上涨，成交量是放大的，这种上涨持续性好、幅度大。深发展此处的股价上涨主要是由于买方意愿增加导致的，所以后市向好明显。

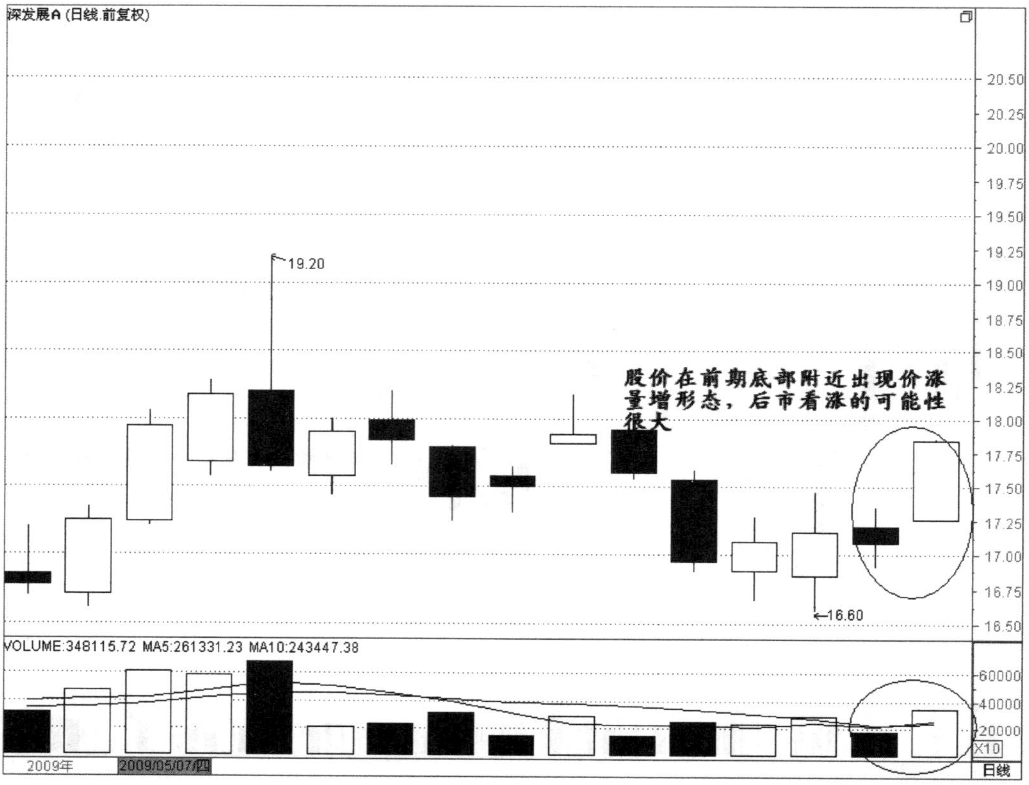

图 2-5 深发展 A 出现“价涨量增”

深发展 A 下跌后形成了两组相续的“价涨量增”模式，此后股价一路上涨，请看图 2-6。股价上涨角度基本还是接近 45°角，在上涨过程中如果股价当日拉升幅度过大，则次日倾向于横盘整理，以便涨势可以继续。股价上涨到 22.84 元，这时候可以看到成交量显著放大，结合次日的横盘整理和成交量萎缩，可以确认“天量”形成，此后股价转而下跌的可能性较大。股价本身不能告诉我们底部和底部，虽然日 K 线可能提醒我们股价要修正，但是并不能帮我们清楚地区分修正和转势，成交量可以帮助我们部分实现这一目标。

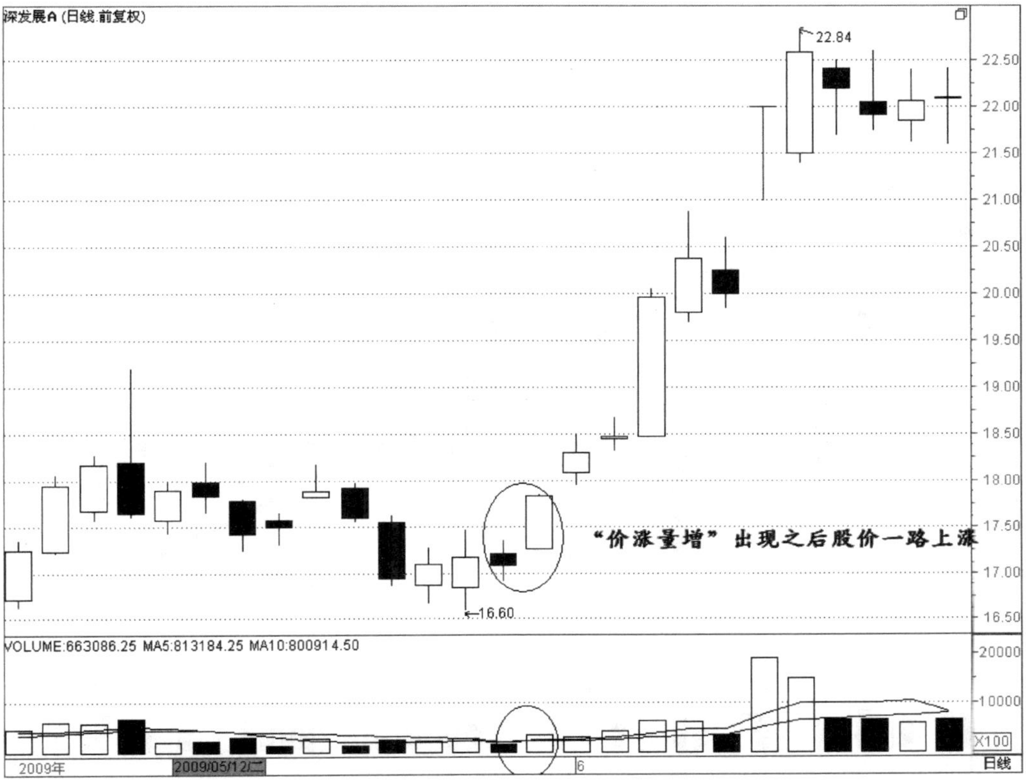

图 2-6 深发展 A“价涨量增”之后的走势

实例4 万科 A“价涨量增”

请看图 2-7，万科 A 最近在跌跌撞撞的走势中一路下跌，但是整个下跌却并不明显，因为其中有很长一段时间股价处于窄幅整理状态。最近十来天股价开始显著下跌，最近两个交易日出现了“价涨量增”形态，这表明随着股价下跌，买家意愿增加，这表明近期将有一波像样的上涨。当然，我们不能打包票说个股一旦出现“价涨量增”就会发动一波大行情，毕竟“价涨量增”是一个局部信息，它出现后股价上演“一日游”也可能见到，大家需要随时注意设定合理的停损。如何设定停损位置呢？一般而言，可以选择在最近低点之下设定，在本例中我们可以在 6.65 元之下设定停损，比如我们买入后股价跌破了 6.5 元就可以选择卖出。股票短线毕竟还是一个概率性的操作，不可能做到万无一失，任何判断都是基于不确定性而不是必然性，所以我们要做好最坏的打算，将风险控制在我们能够承受的范围之内。

万科 A 出现“价涨量增”之后股价快速拉升，中间基本上没有像样的调整，

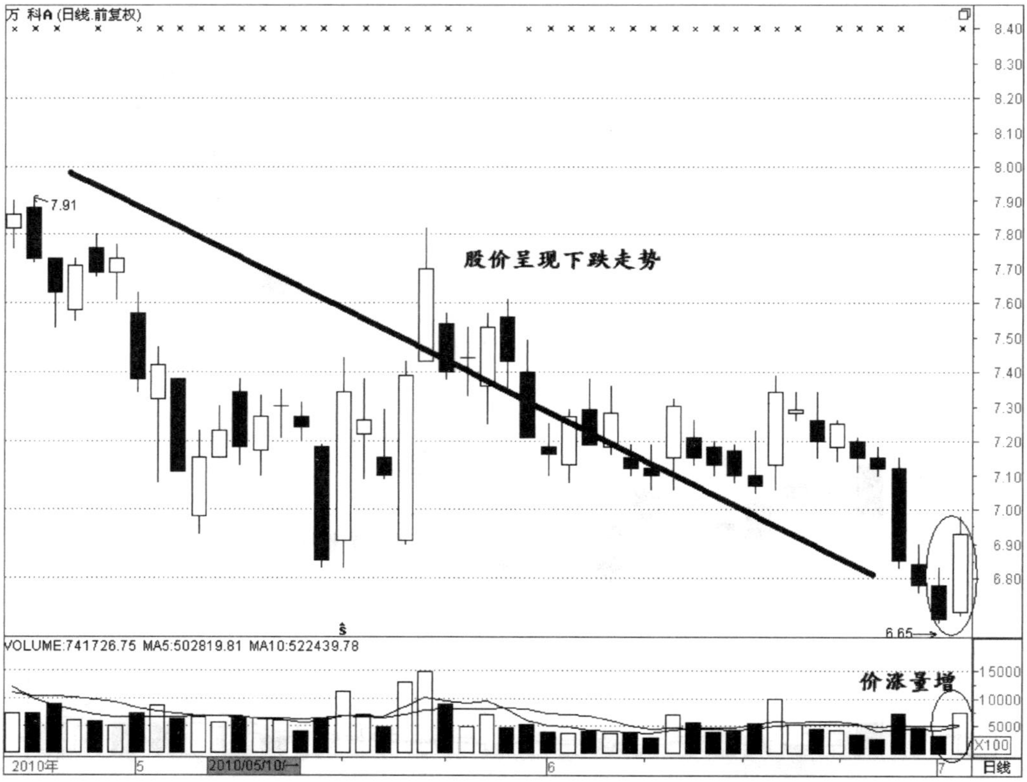

图 2－7　万科 A 出现“价涨量增”

这得益于上升角度接近于45°角，请看图 2－8。这里可以发现另外一个要点，那就是“价涨量增”出现之后，股价有可能会暂时上涨，比如图 2－8 中的 A 处和 C 处；也有可能会暂时企稳，比如图 2－8 中的 B 处。“价涨量增”是一个局部信息，它表明目前买家的力量相对卖家的力量在增强，至于是不是能够大幅持续上涨，往往还需要结合其他信息加以判断，最为重要的是结合整个走势来判断，这里面涉及到其他一些知识，大家可以参考《十二招》丛书中的其他几本。同样，如果仅仅有对大势的判断还不足以给我们提供进场时机和点位，这就需要用到本书提供的成交量形态知识来选择进场时机和点位。

图 2－8　万科 A"价涨量增"之后的走势

实例5 ST 国农"价涨量增"

请看图 2－9，ST 国农最近反复在 10 元～7.5 元的区域内震荡，最近出现了一波涨势，请看图 2－9。根据之前的走势情况，股价应该还有上升的空间，那么目前成交量形态是否支撑股价的继续上涨呢？目前的位置进场买入是不是恰当的时机呢？最近两个交易日的收盘价是升高的，同时成交量也是增加的，但是并没有出现"天量"，这表明股价的上升主要是买家的介入导致的。于是我们可以考虑在次日开盘的时候买入，并且停损设定在最近低点 8.50 元以下，大概 8.3 元这个位置。

ST 国农在出现了"价涨量增"之后股价快速拉升，上升角度位置在 45°角左右，当股价上涨过快时以强势横盘作为整理方式，请看图 2－10。在短短 3 个交易日的时间内涨到了 9.5 元，这时候已经接近前期的高点了，这时候必然存在很大的压力，短线炒家可以考虑在这个时候减仓甚至清仓。此后数日股价一直受到上方抛压的影响，股价停滞不前。不过，存在一个利多的信息，这就是股价这几日的盘整

图 2-9　ST 国农出现“价涨量增”

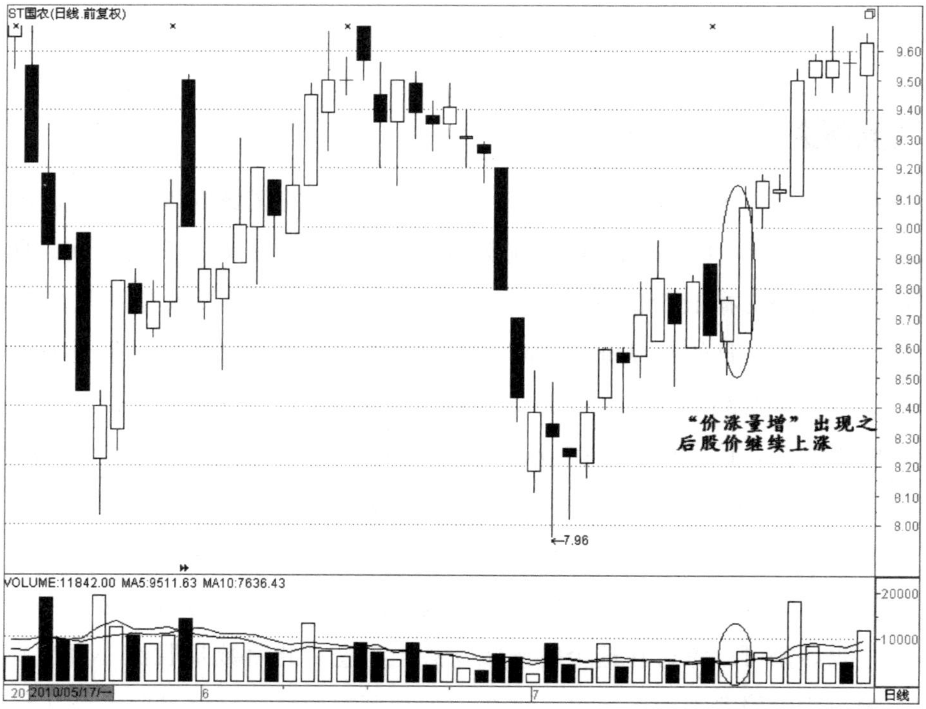

图 2-10　ST 国农“价涨量增”之后的走势

成交量基本上处于萎缩状态。通俗来讲，目前价量特征仍旧呈现出“价涨量增，价跌量缩”的状况，这表明上升是由买家主动介入推动的，而下跌则缺乏卖出力量，只是由于买家暂时休整导致的，这是一种良性的上涨状态。

实例6 深振业A“价涨量增”

深振业A此前有一波涨势，上冲到5.91元，也就是前期高点附近受到了压制，接着股价回落，请看图2－11。虽然股价下跌，但是并没有升幅调整，而是在短暂数日调整之后快速拉升，出现了一根大阳线，也就是最近一个交易日买方介入力量增加，这本身就一个重要的趋势信息。没有创新低这表明下降趋势结束，上升趋势可能开始了，现在一根阳线拉起表明上升趋势基本开始了。既然趋势告诉我们买入的条件具备了，那么我们就要考察具体的买入时机，请看图2－11，深振业A最近两个交易日出现了“价涨量增”形态，这表明股价下跌不深就有买家大力入市买入，次日开盘应该是较好的买入时机，停损点可以放置在5.45元以下。

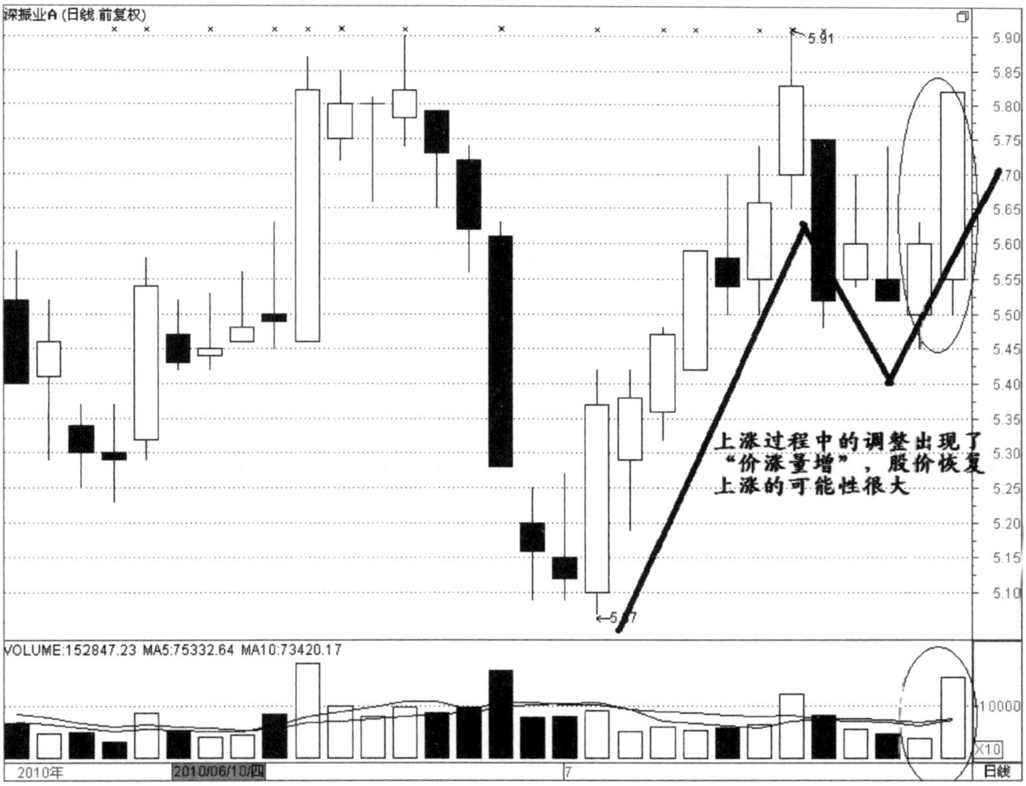

图2－11 深振业A出现“价涨量增”

请看图2－12，深振业A出现了“价涨量增”之后次日跳空高开，股价基本上没有回调，最多以横盘来整理，以时间换空间。这里需要注意的一个关键信息是股价是以缺口的方式突破了前期的高点，这是一个强烈看涨信号，表明上升趋势完全形成，所以我们可以选择重仓买入。短线炒家杰西·李默佛擅长的就是在创新高的时候买入，具体是什么样的新高呢？我们肯定不是什么新高都去追，一般而言股价近期又一次上冲回落，此番再度强势上攻，这就是属于我们可以跟进的新高。创新高突破，这是大众耳熟能详的一句话，但是很多人都犯了“鹦鹉学舌”的错误。

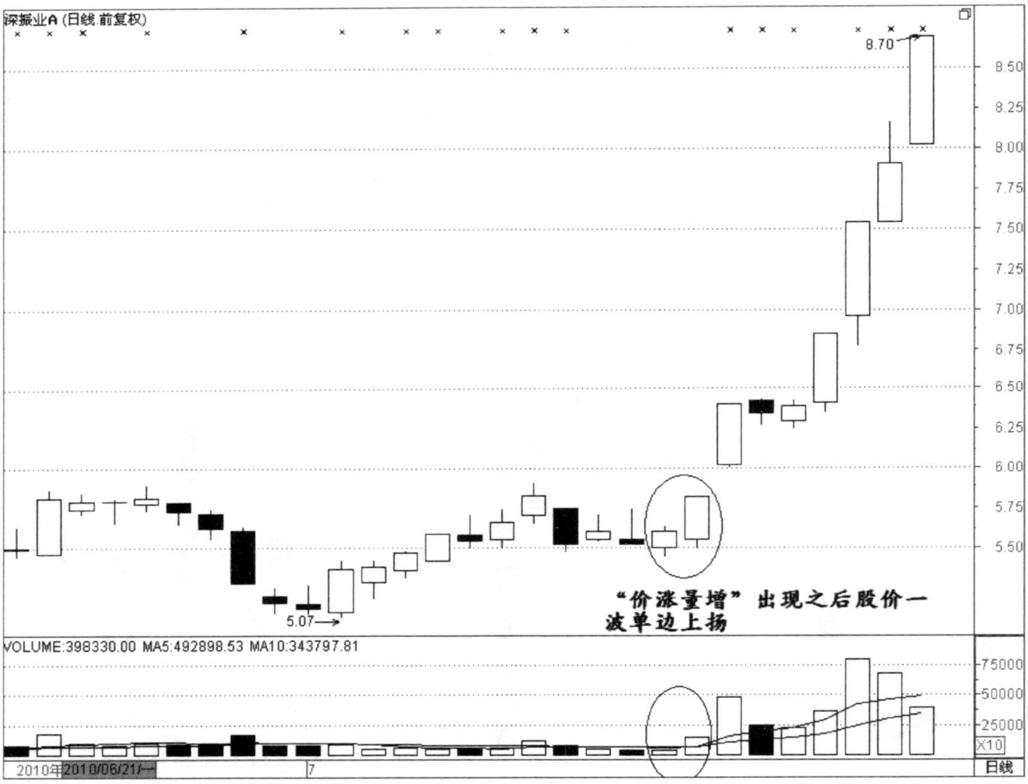

图2－12　深振业A“价涨量增”之后的走势

实例7 ST宝利“价涨量增”

请看图2－13，ST宝利来前期从11.08元下跌，中间没有像样的反弹，只有较长时间的横盘整理，阳少阴多，这表明空方力量强大，而多方力量弱小。股价一直跌到7.5元附近才开始筑底，最终形成了明显的双底形态。什么时候我们敢在大牛市中做空，那就是见双顶；同理，什么时候我们敢在大熊市中做多，那就是见双底。双底表明多头基本上可以在同一个价位止跌回升，只有多头能够创出新高，也就是向上突破颈线，就能奠定向上的趋势。ST 宝利来最近一个交易日放量突破颈线，同时也符合“价涨量增”的特点，这表明目前趋势和时机上都提供了进场买入的机会。

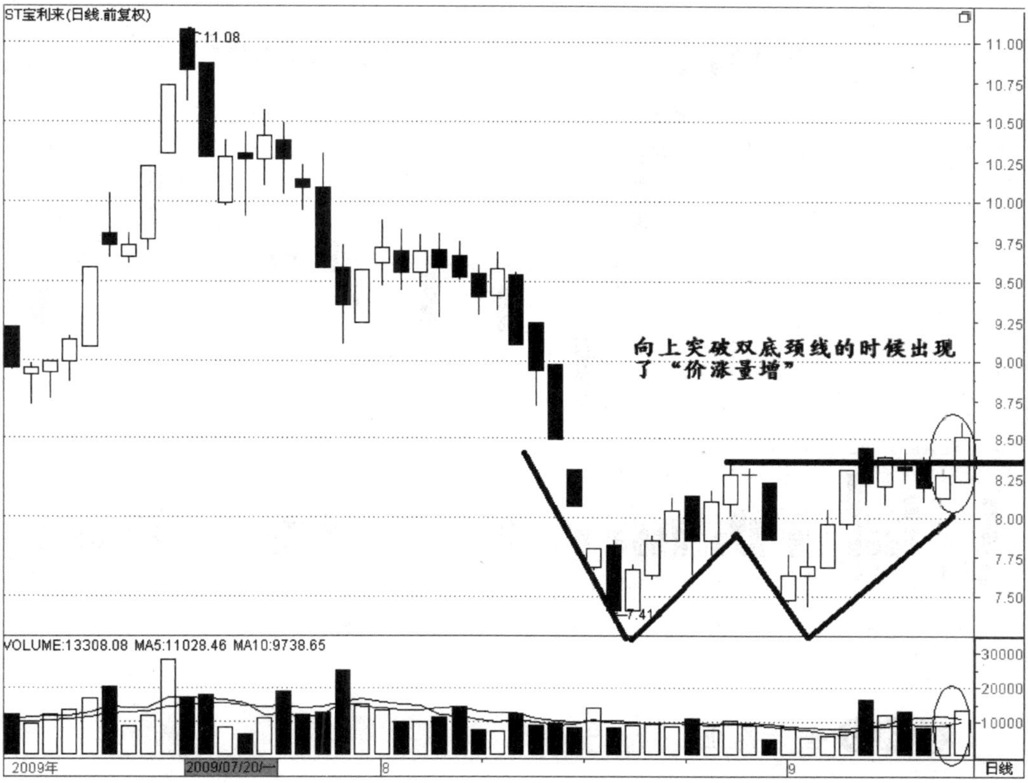

图 2－13　ST 宝利来出现“价涨量增”

ST 宝利来放量突破双底颈线之后股价有一波上冲，但是冲到下跌期间的就价格密集区就拐头向下了，请看图 2－14。这里提醒大家的是“价涨量增”形态出现之后上涨概率较大，但是幅度不是很好判断，一般而言是一波较大幅度的上涨，但是也可能是“一日游”行情。其实，日 K 线上的“价涨量增”可以为超短线权证操作中提供很好的信息，因为次日上涨的概率很大，毕竟权证很多都是日内炒家。那么如何过滤掉那些短期上涨信号的“价涨量增”形态呢？可以结合我们同时出版的《抄底十二招》（白金修订版）和《逃顶十二招》（白金修订版）进行理解，毕竟一些有效的底部特别形态可以比单纯双底更好地提升我们的研判效力。

图 2－14　ST 宝利来“价涨量增”之后的走势

实例8 世荣兆业“价涨量增”

股票炒家圈子里面关于价量分析最为流行的一句话是“价涨量增，价跌量缩，股价处于上升趋势中”。“价涨量增”确实与价格后续的上涨存在一定的关系，但是这种关系并非完全一一对应的，只是一种大概率事件而已，毕竟股价可能仅仅处于反弹前夕，有时反弹中也会出现这种价量量增的情况。由此可以得出结论，价涨量增后股价可能处于上涨趋势，也能处于下跌中的反弹中。如何区分两者呢？可以从价量运行的其他特征，从价涨量增前后的价量特征进行分析。

我们来看一个具体的例子，见图 2－15，这是世荣兆业的日线走势图，股价此前从 6.98 附近一路爬升，先是小阴线和小阳线，上影线基本都较长，好像是上涨乏力，但也不排除是主力做给散户看的，或者是主力试探下抛压情况，也就是说这个主力比较谨慎，做上去之前先看有没有太多的抛盘。股价到了 8.1 元附近的时候放量很大了，表明抛压沉重了，这是主力就需要洗盘了，以减轻压力。到今天收盘的时候，股价在调整后出现了一根大阳线，有较长的下影线，但是收盘在最高价，上涨势头相当强劲，似乎是典型的上涨趋势中的“价涨量增”，而且是调整走势结束后的上冲走势。这次上涨的前一日又是用较长的上影线来试盘，看上方压力是不是已经减小了，事实证明抛压不大，所以今天主力就敢拉上去了。遇到这种情况，虽然不是十拿九稳，但是此后继续上涨应该是个大概率事件，如果再参照大盘走势则可以做得更好。那么，我们应该怎么操作呢？次日开盘就应该买入，当然也可以逢低买入，关键是这个“逢低”好说不好做，股评都喜欢说“逢低买入”，其实真要做到“逢低”，股评们早都不用做股评了，这不是马后炮、浪漫废话么。

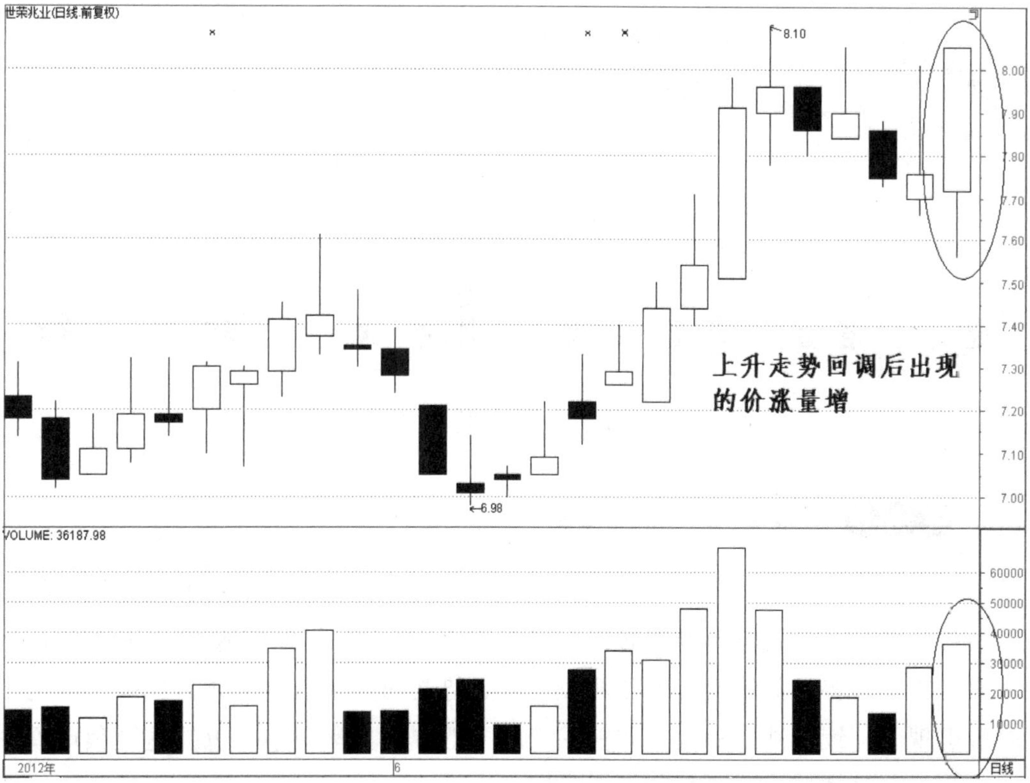

图 2－15　世荣兆业出现“价涨量增”

世荣兆业出现了“价涨量增”之后股价走势究竟怎么样呢？请看图 2－16，价涨量增之后世荣兆业还是震荡的方式上行，上下影线较长的情况很多，一看这个主力就是谨慎阴险的那种，试探性的上影线和吸盘性的下影线都是他惯用的伎俩。从世荣兆业这个例子可以看出，做个股的价量分析不能不透过价量特征洞悉背后参与者的特点。

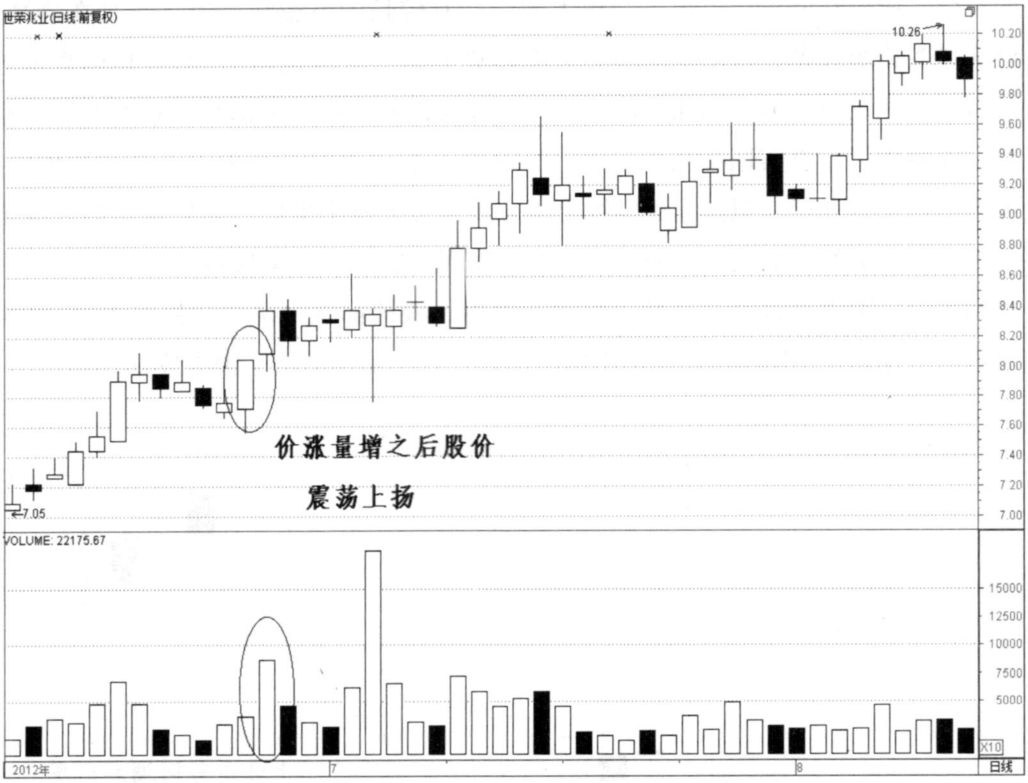

图 2－16 世荣兆业“价涨量增”之后的走势

实例9 科华生物“价涨量增”

“价涨量增”在某些情况下，等你意识到的时候可能已经处于反弹的末端，所以结合其他特征进行分析非常必要。请看图 2－17，科华生物从 12.6 元下跌，走出一波三折的走势，具体而言就是两波下跌走势之间夹杂着一波显著反弹。最近十天股价出现了连续上涨的格局，当前三天的上涨成交量都很小，也就是说很可能只是因为卖方力量减弱，而不是买方力量增强导致的上涨。这种上涨能否持续往往取决于此后买方力量能不增强，否则很可能夭折。今天收盘后，可以看到股价出现了放量上涨，但是相对于此前下跌过程中放出的均量而言，今天的放量实在是微不足道的，也就是说买家并没有大举进场，只是比前三天多了一点罢了，这种情况下反弹的可持续性值得担忧。

科华生物出现“价涨量增”之后，股价走势如何呢？请看图 2－18，股价进入到持续的宽幅震荡时期，涨的时候基本都在放量，个别时候放量还很显著，跌的时

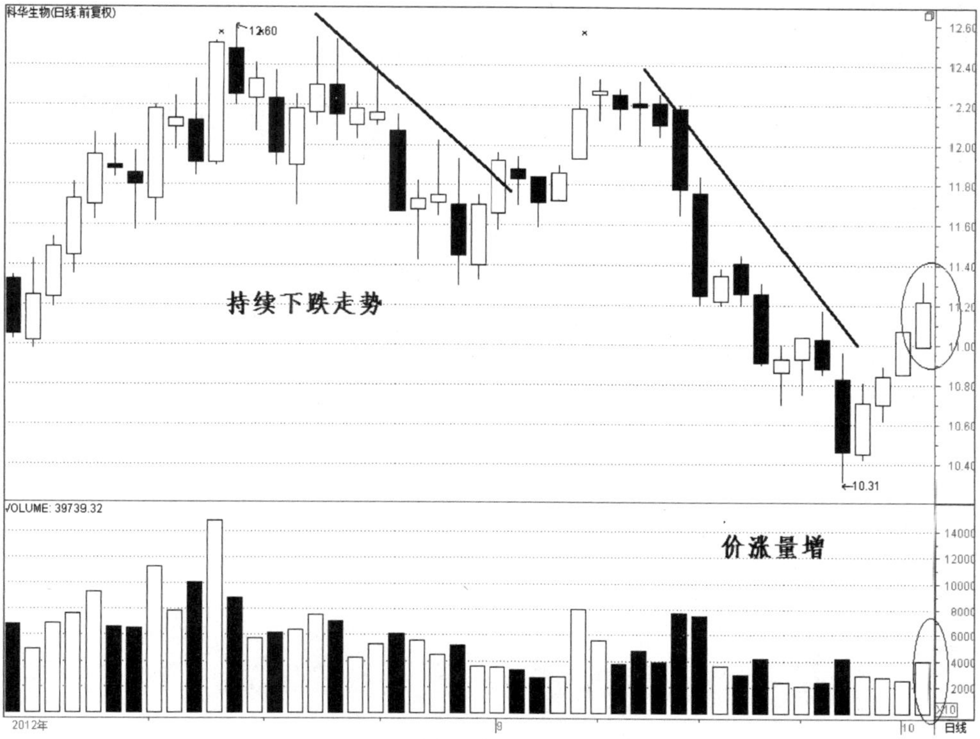

图 2－17　科华生物出现“价涨量增”

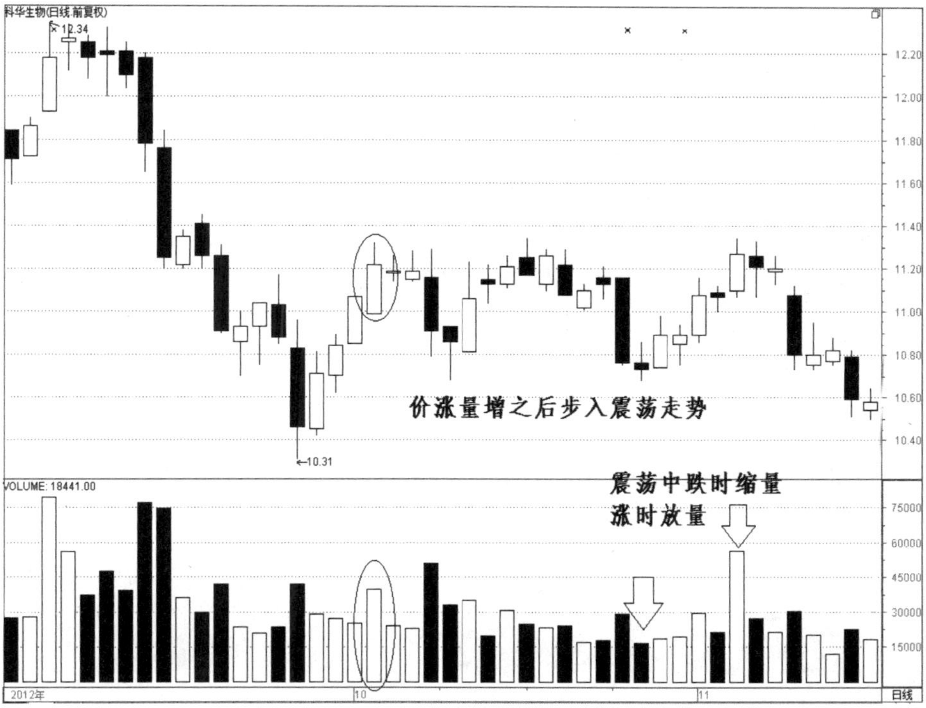

图 2－18　科华生物“价涨量增”之后的走势

候基本都在缩量，这个时候有可能是主力在低位在吸筹，为什么呢？放量上涨可能是主力在买，但是在下面买，而且主力在还没有吸纳到足够的筹码之前是不会拉升的。在吸筹过程中，主力也不愿意在高位抢筹码，这种主力不是喜欢拔高建仓的那种。

第三招

价跌量平

“价跌”要么是由于卖出增加，要么是由于买入减少导致的，“量平”则是由于需求和供给反向移动造成的。如果是“价跌量平”的话，则应该属于卖出增加，而需求减少的价量关系，也就是说买方介入力度大减，而卖方介入力度大增，这表明供求关系已经发生了质变，这种情况下股价下跌就是很自然的事情了。但是某些证券交易类书籍却认为价跌量平表明卖出意愿下降，股价应该转而上升，这其实是没有搞清楚理论模型、也没有观察仔细真实走势的人自以为事的观点。“价跌量平”出现之后，股价会下跌，一般而言“价跌量缩”也可能导致股价继续下跌，关键看这时候成交量是不是收缩到“地量”水平，为了确认还需要此后有“价涨量增”。为什么“价跌量缩”也不行呢？这是炒家的群体倾向导致的，一般而言上涨过程中大家会追涨，而下跌过程中大家会惜售，这就是使得上涨过程中总的成交量要大于下跌过程中的成交量。所以，简单的“价跌量缩”未必是止跌信号，只表明很多人套牢，还抱着股价回升的幻想，随着市场进一步暴跌，可能会引出一部分恐慌抛盘，这时候成交量就会放大，而这时候就是“价跌量增”了。

实例1 中国宝安"价跌量平"

请看图3－1，中国宝安从14.24元的高位下跌，跌到9元附近出现了一波像样的反弹，反弹到下跌波段的一半位置再度下跌，一根大阴线标注了新一波下跌的开始。最近一个交易日的收盘价显著低于此前一个交易日的收盘价，但是成交量却基本是一致，这就是一个典型的"价跌量平"形态了，这表明多头在犹豫是否入市，因而缩减了买入量，而空头则果断地加大了卖出数量。与此同时，随机指标在超买区域死叉，这表明市场短期杀跌情绪严重。结合所有这些信息来看，中国宝安继续下跌的可能性很大。

图3－1 中国宝安出现"价跌量平"

中国宝安出现了"价跌量平"之后，股价继续下跌，请看图3－2。我们预计的下跌空间是前期低点9元附近的位置，不排除跌破此价位的可能性，因为目前的一波跌势如果等于前一波跌势，则跌破9元是必然的。这里需要介绍一些如何估计股价未来运行幅度的方法。比较常用的是前期高点和低点法，也就是说股价倾向于在前期高点和低点附近止步，进行长期调整。除此之外，就是此前介绍的一倍法则，也就是说可以参照此前一波走势的幅度来确定目前这波走势的幅度。比较复杂的方法则涉及到江恩的度量理论和艾略特的波浪理论，大家可以对这些方法进行一定的了解，但这些方法不太适合真正的短线操作。短线操作的特点是判断迅速、周转率高，这就要求我们必须采用简单的策略来控制和管理交易。

图 3－2　中国宝安"价跌量平"之后的走势

实例2 深康佳 A"价跌量平"

请看图 3－3，深康佳 A 最近很长一段时间内都在进行宽幅震荡走势，最高冲高到 8.66 元，然后流向较长上影线，阴线实体也很大，这表明这一线的抛压很沉重，成交量放出很高的量。不过仔细来看可以发现此前上冲的成交量明显大于此次放量，这表明市场交投要比几个月前冷清，这种市场绝不可能造成单边走强。股价从8.66元回落后再度上冲，放出天量加上很长的上影线表明后续乏力。更为重要的是此次反弹高度低于前一次，这表明多头力量衰竭。目前这波下跌是否可以在前期低点止跌呢？我们来看最近几个交易日的表现，最近一个交易日的收盘价低于此前一个交易日的收盘价，相应的成交量基本维持不变。趋势信号告诉我们股价将继续下跌，而最近交易日的价量形态也告诉我们股价将继续下跌，那么我们就应该继续观望。

图3-3　深康佳A出现“价跌量平”

深康佳A出现了“价跌量平”之后，股价快速下跌，很快跌破了前期数个低点，到目前为止还在创造新低，请看图3-4。只要股价还在创造新低，我们就不应该进场买入。杰西·李默佛曾经说过一句很经典的话：直到股价不能创出新高为止！他的这句话也可以套用在下跌趋势中，只有当股价不再创出新低才表明下跌趋势完结了。新高和新低往往为短线炒家所忽视，他们更关心的往往是股价目前处于涨势还是跌势，其实后面这个信息不能真正帮助他们明白个股的趋势所在。当股价不能创出新高，则表明股价没有处于上涨走势；当股价不能创出新低，则表明股价没有处于下跌走势；当股价既不能创出新高，也不能创出新低，则表明股价处于震荡走势。这里需要注意一点的是“创新高和新低的质量”，这就涉及到突破有效性的问题。一般而言，如果股价温和放量突破前高，或者是正常量跌破前低都属于比较有效的突破。如果向上突破的时候放出天量（后续量也跟不上）则表明此番创新高的质量不高；如果向下突破的时候成交量太小，则很难判断其质量，如果成交量过大，则又有可能是主力进场吸纳，只有平均量跌破才是比较高质量的创新低行为。

图3-4　深康佳A“价跌量平”之后的走势

实例3 ST中冠A“价跌量平”

请看图3-5，ST中冠A从10.78元的高位下跌，跌到7.8元止跌回升，可以看到成交量在这个低位处收缩到极致。股价随之上涨，到目前为止股价一直都处于

45°角上涨过程，走势并不流畅，中间小阴小阳，而且成交量严重缩小，这表明整个走势是“缺钱行情”，股价上涨更多可能是由于卖出意愿下降导致的。最近两个交易日股价下跌，更为重要的是最近一个交易日的阴线是罕见的，这表明空头力量超乎历史的强，这可能是转势特征。对应最近两个交易日的成交量基本不变，这就基本符合了“价跌量平”的形态特征。价格跌得这么凶，但是成交量却没有显著放大，表明买家进场并不积极，所以这种跌势应该会持续，这是毫无疑问的。

图 3-5　ST 中冠 A 出现“价跌量平”

ST 中冠 A 出现大阴线和“价跌量平”之后股价反弹了三天，但是很快展开大跌，请看图 3-6。股价为什么会在 9.3 元附近出现反弹呢，这是因为前期这里有一个低点，所以存在一定支撑。但是，这个支撑的效果并不持久，毕竟下跌走势能够持续也涉及到一个趋势问题，所以下降趋势中的支撑并不持久，但是却能够使得下跌速率暂时下降。本例中股价一路跌到目前还没有企稳的迹象，为什么股价能够跌这么凶呢？我们能够从哪些股价运行特征中看出端倪呢？其实，大阴线出现后股价转势的可能性很大，这点在大盘指数上比较明显。大盘指数出现大阴线之后，股价即使不马上下跌，回升几天后也会大跌。当然，并不是大阴线出现股价和指数就必然会转为下跌走势。

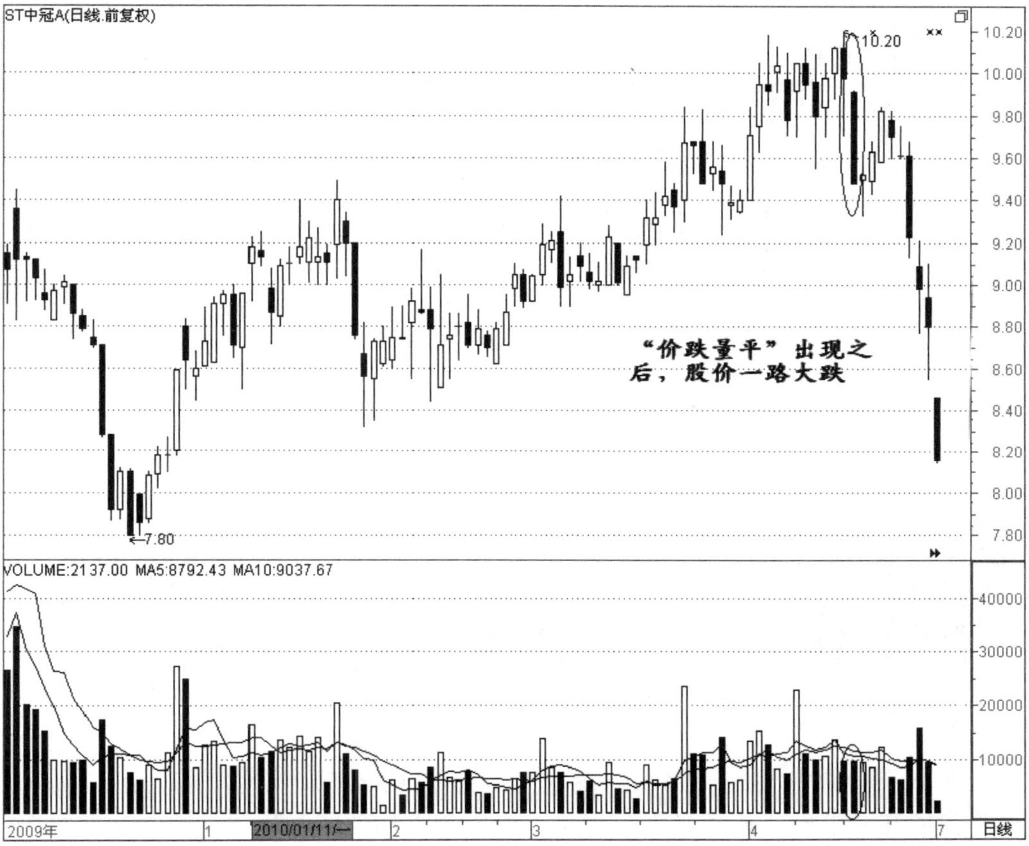

图 3-6　ST 中冠 A“价跌量平”之后的走势

实例4 长城开发“价跌量平”

请看图 3-7，长城开发从 6.49 元的低点跌跌撞撞地上涨，但是 9 元一线存在很沉重的抛压，所以上升的第一波就在这一线被打压下去了。之后一波上涨，涨到这个位置也长期横盘，相应成交量放得很大，勉强冲高到 9.63 元后跌回整理区域，整体来看股价下跌的可能性很大。最近三个交易日收盘价降低，同时成交量基本不变，这是典型的“价跌量平”形态。这表明卖方力量很大，而买方力量也在缩小，后市下跌的可能行很大。结合两方面的信息，我们认为此股后续下跌的可能性很大，所以我们准备在次日开盘卖出，停损放置在 9.25 元之上一点。

图 3－7 长城开发出现“价跌量平”

长城开发出现“价跌量平”之后，股价是否如预期一样表现呢？请看图 3－8，股价一路大跌，到前期低点附近暂时企稳，但是跌势止住的可能性不大。为什么我们这样认为呢？第一，股价处于高位整理的时候，成交量放得很大，这表明大量新买家在高位接了盘；第二，下跌过程中成交量并没有放大，这表明此前高位接盘的新买家被套惜售。只有股价稍微反弹很容易引来解套抛盘，而进一步下跌反而会使得先前捂住的套牢盘恐慌卖出，所以股价进一步下跌才能达到稳定的均衡。很多时候，我们去分析股价应该关注成交量背后隐藏的买卖家，要搞清楚哪些价位买家在介入，哪些价位卖家在介入，在股价这个位置对他们的心理有什么影响。总而言之，我们要学会利用推理的方法来看待股票价格和成交量的表现。股价本身可能反映了均衡的结果，但是只有成交量才能反映出参与者真正的行为和心理。

图3-8 长城开发"价跌量平"之后的走势

实例5 飞亚达A"价跌量平"

请看图3-9，飞亚达A从8.8元的价位开始上涨。上涨走势基本呈现45°角，所以上涨走势比较稳，中途有几次价格跳升，但是很快回到了45°角线，所以上涨得以持续。调整发生在整个上涨走势的中段，但是调整的幅度都不大。股价上涨到13元附近开始出现密集的调整，股价开始横盘而走，成交量缩小，交投意愿降低。最近两个交易日收盘价走低，相应的成交量基本不变，这是典型的"价跌量平"走势，后市跌势可能止不住。

飞亚达A出现了"价跌量平"之后股价有一定幅度的下跌，根据此后的走势来看属于调整，而不是下跌，请看图3-10。这反映出了一个较为普遍的问题，股价局部的成交量关系，或者说更广泛的价量关系，往往都能表明较短阶段内走势特征和方向。不能把局部价量关系当作是整体走势的指南，在本例中"价跌量平"与

图 3－9　飞亚达 A 出现“价跌量平”

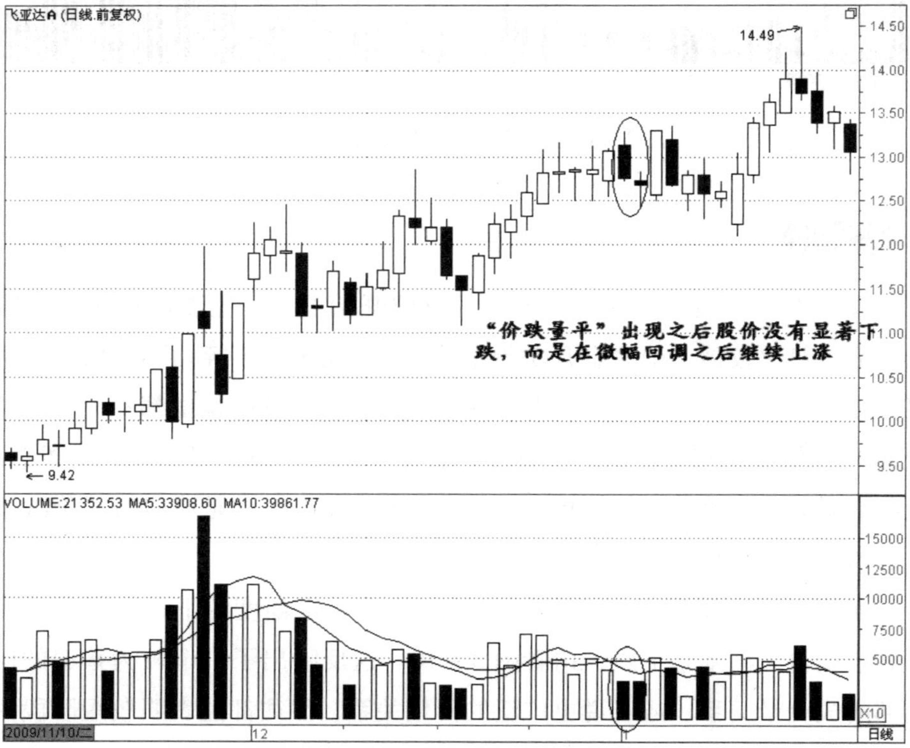

图 3－10　飞亚达 A“价跌量平”之后的走势

后市的走势存在三种关系。第一种关系是“价跌量平”出现后股价调整，一种修正性的下跌，之后会继续上涨走势。第二种关系是“价跌量平”出现后股价下跌，一种趋势性下跌。第三种关系是“价跌量平”出现后股价继续上涨，根本没有什么调整。第三种关系表明“价跌量平”对后市的研判效力降到了最低。在本例中的关系应该是第一种，这种情况下“价跌量平“的研判效力表现仍旧是较高的。

实例6 ST盛润A“价跌量平”

请看图3－11，ST盛润A从4.09元的低位逐步上涨，涨势中有一段调整，调整深度较浅，更为重要的是成交量显著缩小，这表明卖出意愿不高。之后股价跳空连续拉高，然后股价出了放量阴线，这可能是主力已经在选择出货了，又或者是老鼠仓在逃跑。股价向上摸高到7.1元，之后缓慢下跌，放量拉升两日后股价再跌。最近两个交易日收盘价下跌，与此相应的成交量却呈现出相同的水平，这就是典型的“价跌量平”走势。另外，目前的反弹高点越低于此前一个高点，这就是说高点越来越来低，按照传统的趋势定义，现在是一个下降趋势。将向下趋势和“价跌量平”结合起来看，股价向下的可能性和幅度都应该非常大。

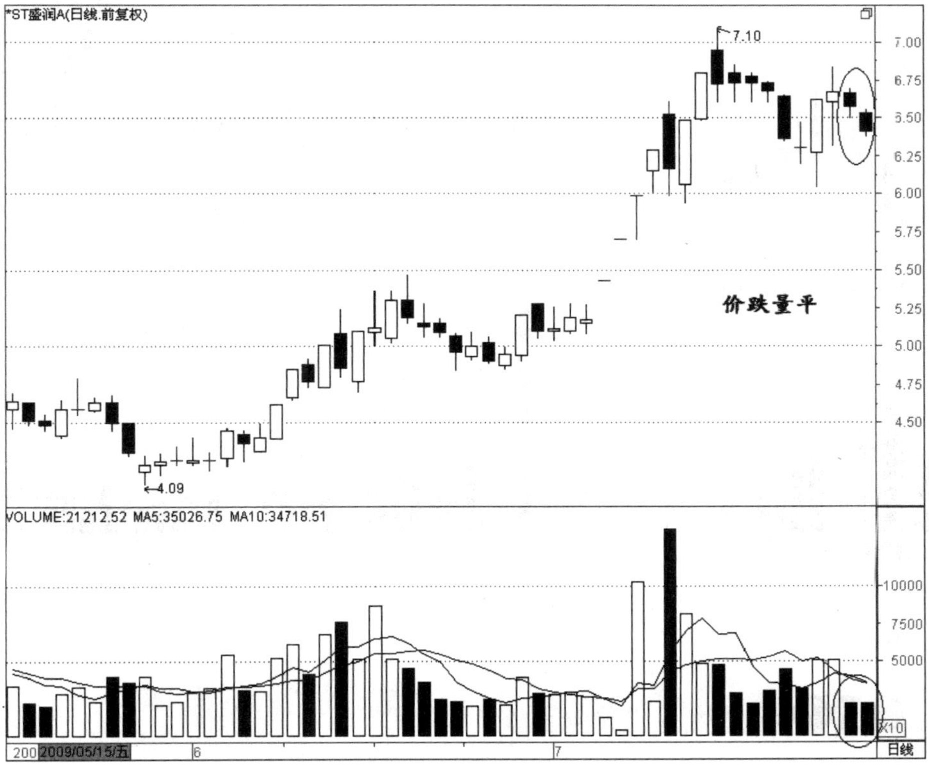

图3－11 ST盛润A出现“价跌量平”

ST盛润在出现了“价跌量平”之后股价快速下跌，在前期跳空价位获得了暂时的支撑，请看图3－12。经过数日的盘整之后，股价继续放量下跌，这表明恐慌性抛盘涌出，群众性杀跌出现，后市下跌幅度有限，果然不久之后股价开始企稳反弹。总体而言，ST盛润出现了“价跌量平”之后股价出现了一个趋势性的下跌，这次大跌之前有两个显著的信号提醒广大炒家。第一个看跌信号是股价从7.1元下跌，然后出现反弹，但是反弹并没有超过7.1元，甚至连7.1元都没有触及。第二个看跌信号则是“价跌量平”，“价跌”表明要么股票卖出意愿在增加，要么股票买入意愿在下降，而“量平”则表明股票卖出意愿在增加的同时买入意愿也在下降。

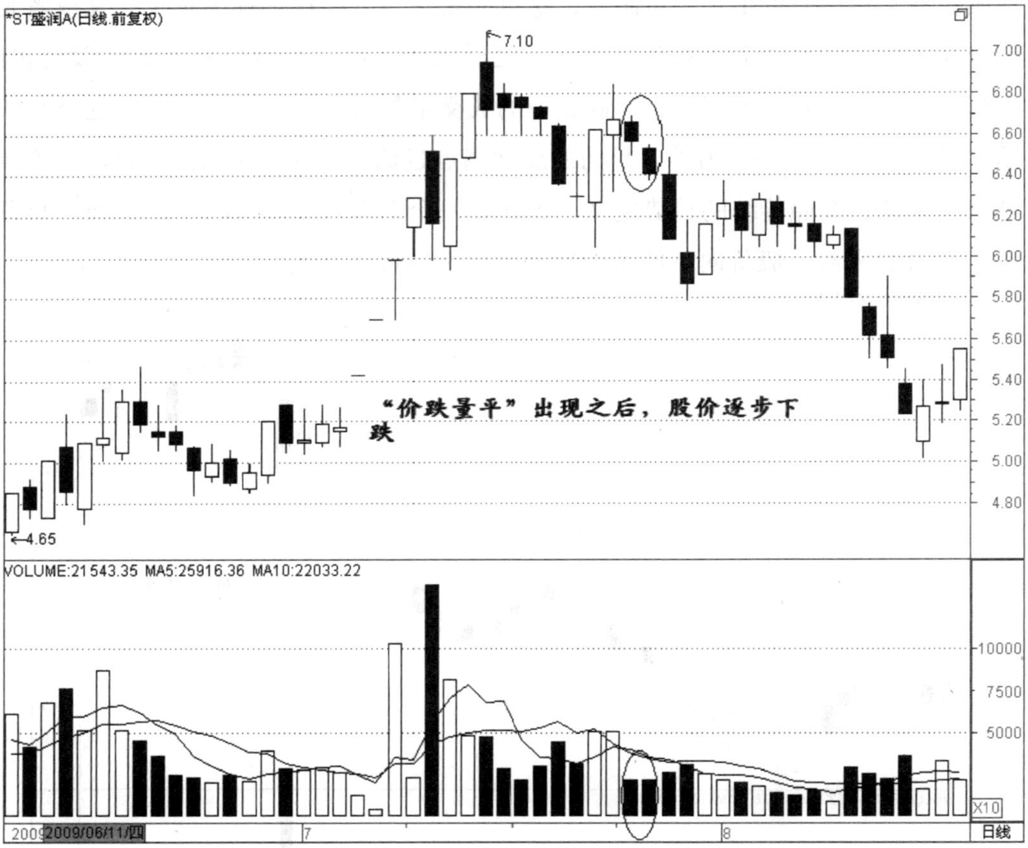

图3－12　ST盛润A“价跌量平”之后的走势

实例7 深桑达A“价跌量平”

请看图3－13，深桑达A从12.99元的高点开始下跌，在这个位置放出天量，这表明市场认为13元是一个非常强的阻力线。此后股价下跌三天，下跌时成交量虽然低于天量水平，不过较上涨途中大多数交易日的成交量都要高，这表明抛压沉重。然后股价反弹，但是受制于12.5元一线，股价形成次高点，下降趋势形成。股价继续下跌，跌破此前低点创出新低，进一步确认了下降趋势。最近两个交易日收盘价下跌，但是相应的成交量保持一致水平，这表明不光是卖出力量在增加，买入力量也减小，所以继续下跌是比较正常的事情。

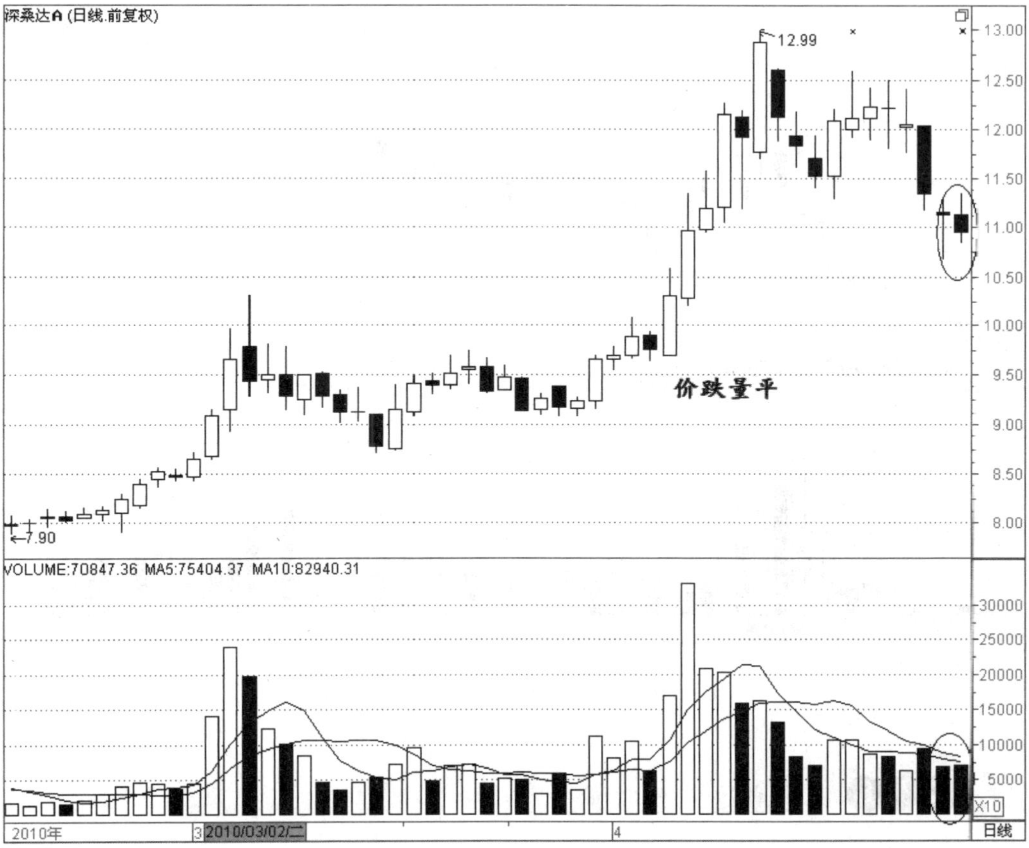

图3－13　深桑达A出现“价跌量平”

请看图3－14，深桑达A出现价跌量平之后股价出现了下跌，虽然这个下跌跟除权有一定关系，但是主要还是延续此前的跌势，这表明股价走势虽然受到非市场因素的影响，但还是会体现在技术走势上。因此，股市上一直流传一条公理：股价吸纳了各种信息因素，包括是基本面因素、消息面因素、心理面因素、甚至主力因素等等。但是我们也不能因此迷信技术分析，毕竟股价不可能吸纳哪些还未传播的信息。当市场上的主力没有接触信息时，股价也不太可能体现出这些信息。我们应该理解市场运行的根本机制，这就是各种信息驱动市场心理，而市场心理经由资金实力推动股价运行。

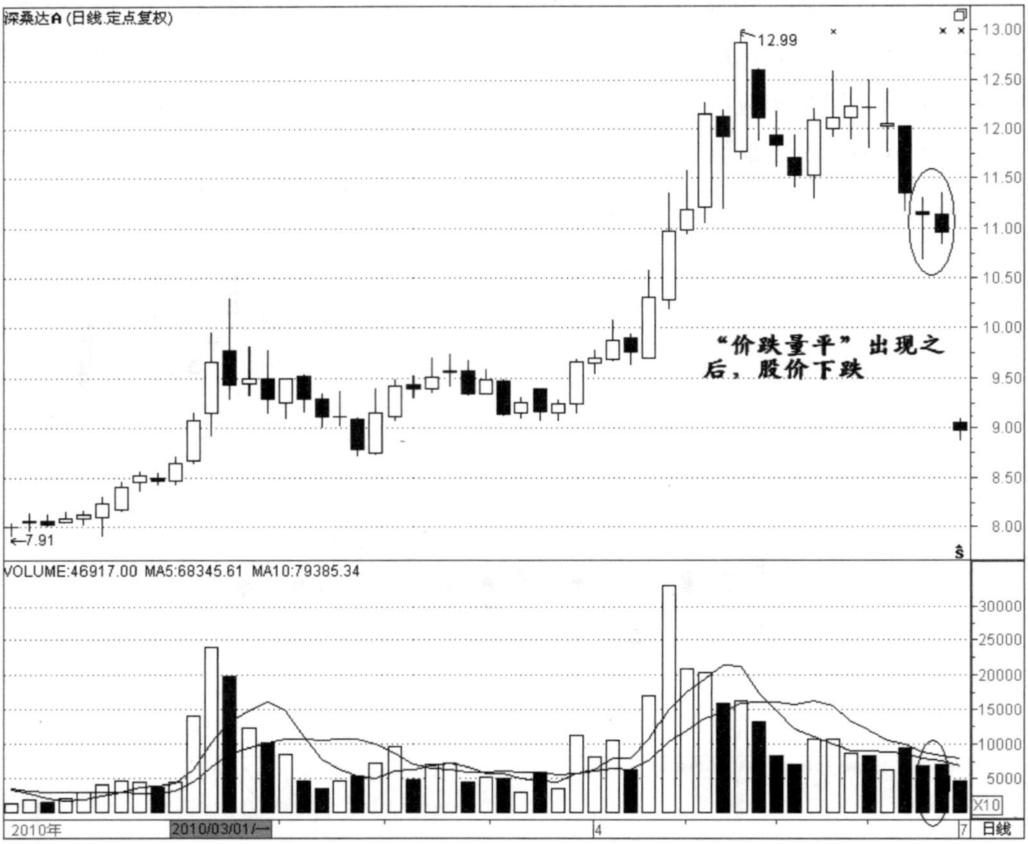

图 3－14　深桑达 A“价跌量平”之后的走势

实例8 山东威达“价跌量平”

价格短期内出现了回升，然后在回升之后出现至少价格下跌，而且成交量基本不变，这就是所谓的“价跌量平”。此后股价会怎么走呢？如何去判断呢？请看图 3－15，山东威达从 8.17 元附近回升，上涨幅度还不到一块钱就出现了连续两日的下跌。而且，反弹的高点恰好在此前一个反弹高点附近，这表明 8.8～9 元之间存在较大的抛压，或者说阻力。但是大家注意到一点没有？在阻力附近股价虽然显著下跌，但是成交量并不是很大，这表明需求其实在减少，但是供求可能没有什么变化。也就是说在前期阻力附近其实抛盘并没有增加多少，只是场外的持币者不太愿意在前期阻力附近进场买入，也就是说把现金转换成股票的意愿显著下降了。愿意入场买入该股的资金数量下降了，接下来股价会怎样走？想必大家应该有自己的简单判断了。

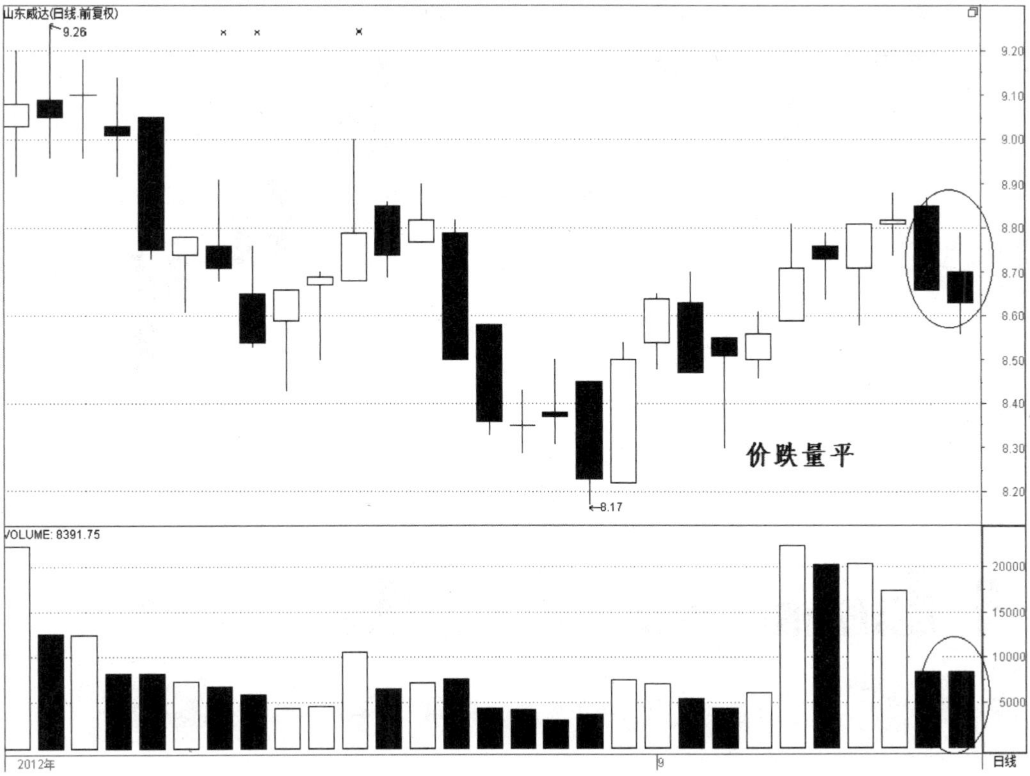

图 3－15　山东威达出现“价跌量平”

山东威达出现了“价跌量平”之后，股价接下来的走势如何呢？请看图 3－15。反弹受阻于此前的高点，头部附近先是放量，然后缩量，这表明需求显著下降，这是上面已经提到的一点。“价跌量平”之后股票逐日走低，基本上没有像样的反弹，而且成交量也萎靡不振，这其实还是符合“价跌量平”的特征，背后的原因还是因为需求不振，新资金不愿意入场买入，但是想要卖出股票的力量基本不变。价量分析其实就是这样去推理，然后得出结论。我们本教程给出的十二招其实就是“启发式”，只有真正懂得了背后的原理才能算掌握了价量分析的精髓。

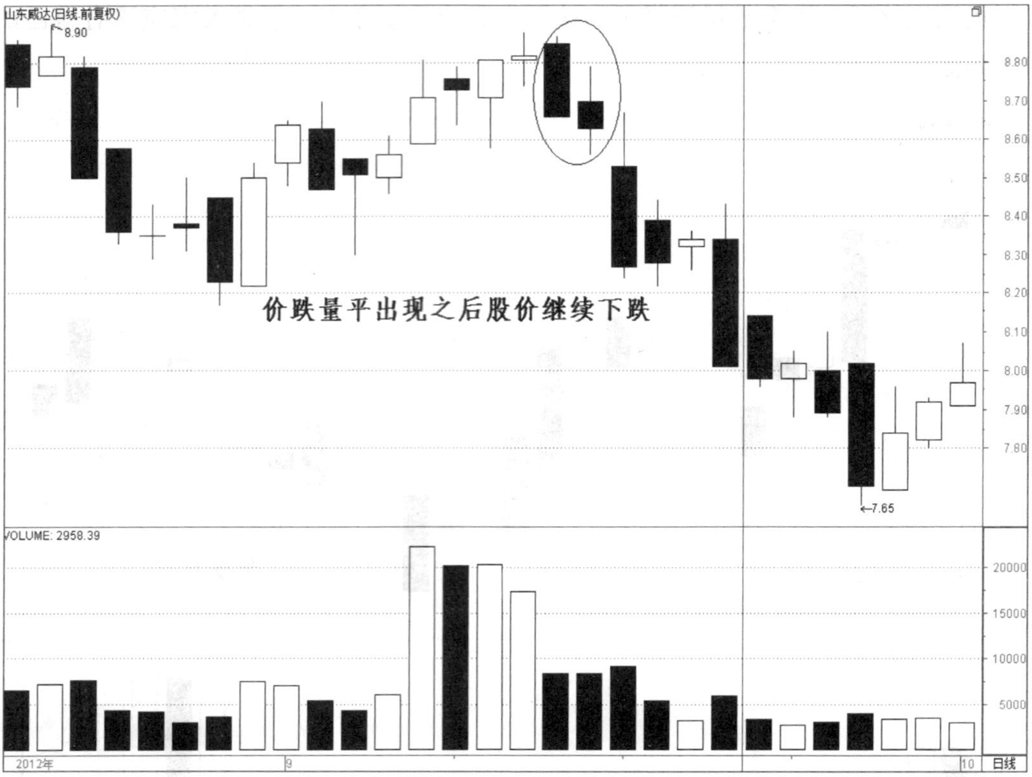

图 3－16　山东威达“价跌量平”之后的走势

实例9 巨轮股份“价跌量平”

请看图 3－17，巨轮股份数月内都在一个区域内波动，没有十分明显的大趋势，资金和一些不重要的消息促成了股价的这种波动，当然与大盘的走势也有较大的相关性。股价从区域高点下来，具体而言是从 7.72 元跌下来。由于缺乏显著的题材和大盘推动，个股下跌走势也并不是很干脆利落，在下跌中出现了两次持续两日以上的反弹。目前处于第二次反弹中，注意最近一日收盘价低于前一日收盘价，这符合了“价跌”的要求。此前一日是一根小阳线，最近一日是星体，也就说实体很小，表明上涨后多头力量由前一日的占优到今天的势均力敌，这表明空头力量重新聚集起来。这颗星体对应的成交量较前一日是基本不变的，这就符合了“量平”的要求。价格下跌，但是成交量基本不变，说明了什么呢？这表明“供给增加，需求减少”，综合作用就会导致价格下跌和成交量基本不变。价量综合起来分析看出了背后的供求关系变化，同时结合 K 线形态可以得出更加准确的结论。“价跌量平”对应着星体，这表明多头反攻力量已经衰竭了。

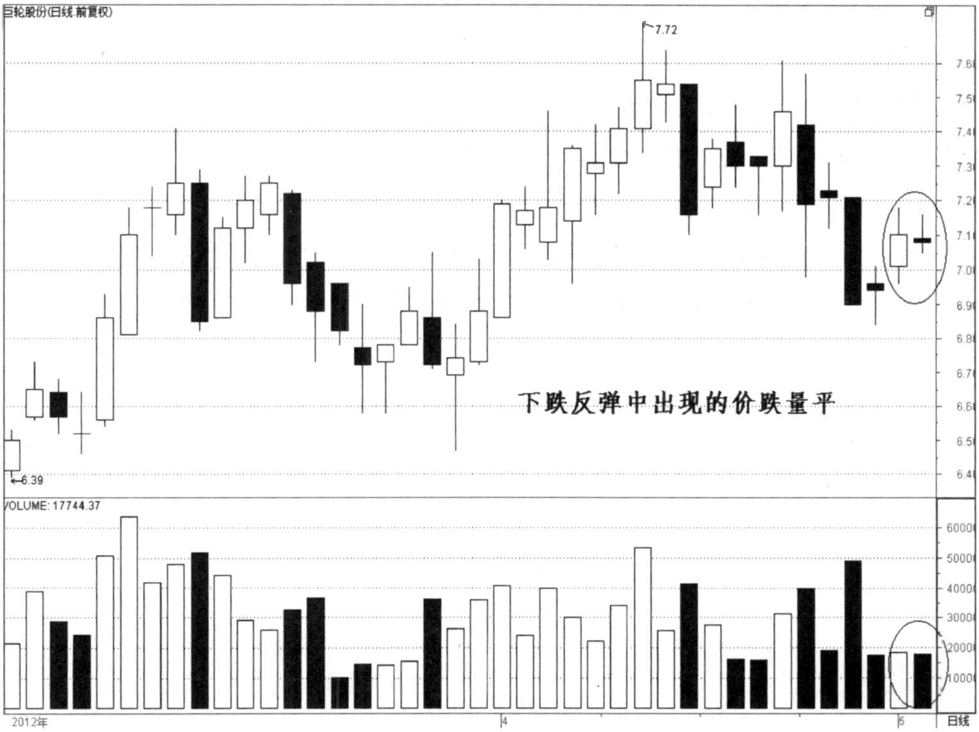

图 3-17 巨轮股份出现"价跌量平"

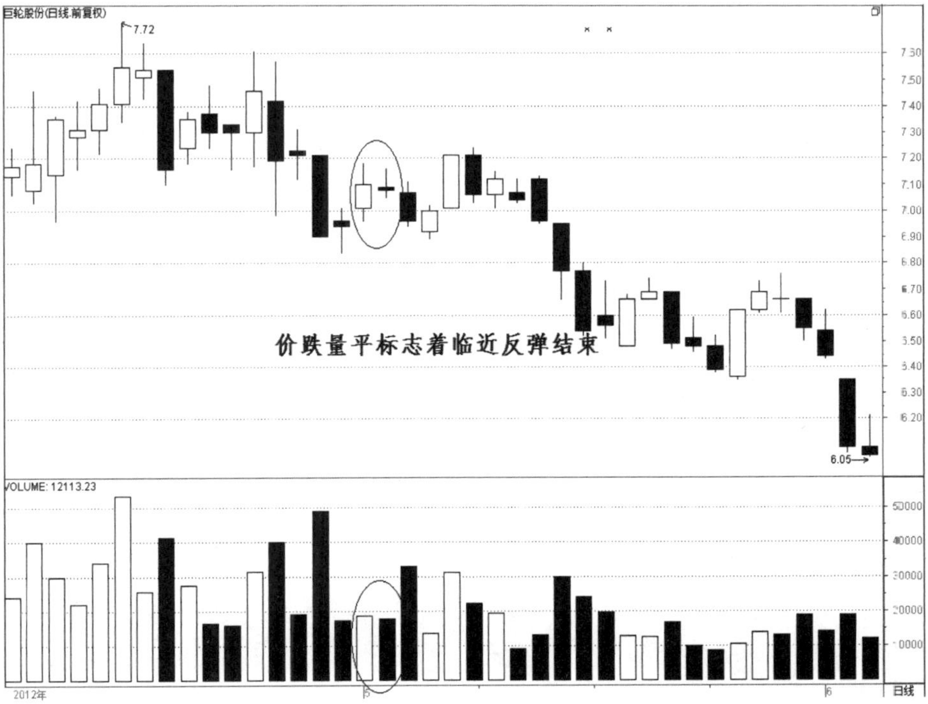

图 3-18 巨轮股份"价跌量平"之后的走势

巨轮股份出现了“价跌量平”之后，股价下跌之后立即再度反弹，不过很快就走出了继续下跌的走势，见图3-18。下跌过程中有一个比较有意思的情况，那就是跌时放量，涨的时候反而成交量不大，这说明什么呢？你能够从价量分析的角度把这个问题搞清楚么？“价跌放量”表明供给增加，而需求基本维持不变，或者说供给相对于需求显著增加。既然愿意买入的人不变，但是想要卖出的人却在增加，虽然没有达到天量的程度，这就表明卖方力量很足。“价涨量缩”表明上涨走势是由于供给减少导致的，而不是因为需求增加导致了，这样的上涨缺乏可持续性。

第四招

价涨量平

“价格上涨”可能有直接两个原因，一个原因是买方力量增强，另外一个原因是卖方力量降低。如何区别这两种情况呢？我们需要借助于成交量的信息：价格上涨而成交量放大，这表明买方力量增强导致了价格上涨；价格上涨而成交量缩小，这表明卖方力量降低导致了价格上涨。这里还存在第三种情况：成交量不变而股价上涨，这其实是买方力量增强而卖方力量减弱共同导致的。如果说“价涨量跌”是空头回补导致的回升行情，“价涨量增”是多头发力导致的上涨行情，则“价涨量平”比这两种行情都更加强劲。

实例1 中集集团"价涨量平"

请看图4-1，中集集团从9.93元上涨到13元左右，然后股价下探到11.3元一线，形成空中大双底之后快速拉升，成功突破此空中双底的颈线，突破的时候成交量放大，此后股价快速上涨到15.21元的高点，然后放量下跌，跌到13元附近回升。最近两个交易日收盘价上涨，相应的成交量保持一致水平，这就是典型的"价涨量平"模式，也就是说多头力量在增强，而空头力量在减弱，后市上涨的幅度和空间都非常大。短线炒家可以在第二天开盘的时候买入，同时将初始停损点设定在近期低点13元之下一些。为什么称为"初始停损点"呢？作为短线炒家，绝不能让全部的利润回吐给市场。因此随着股价逐步上涨，我们也应该将停损点跟着往上移动，而不能停留在原地，这个习惯大家一定要逐步培养起来。绝大多数短线炒家都没有设定停损点的习惯，更没有随着行情发展移动停损点的习惯，殊不知这些习惯是决定操作成败的关键。

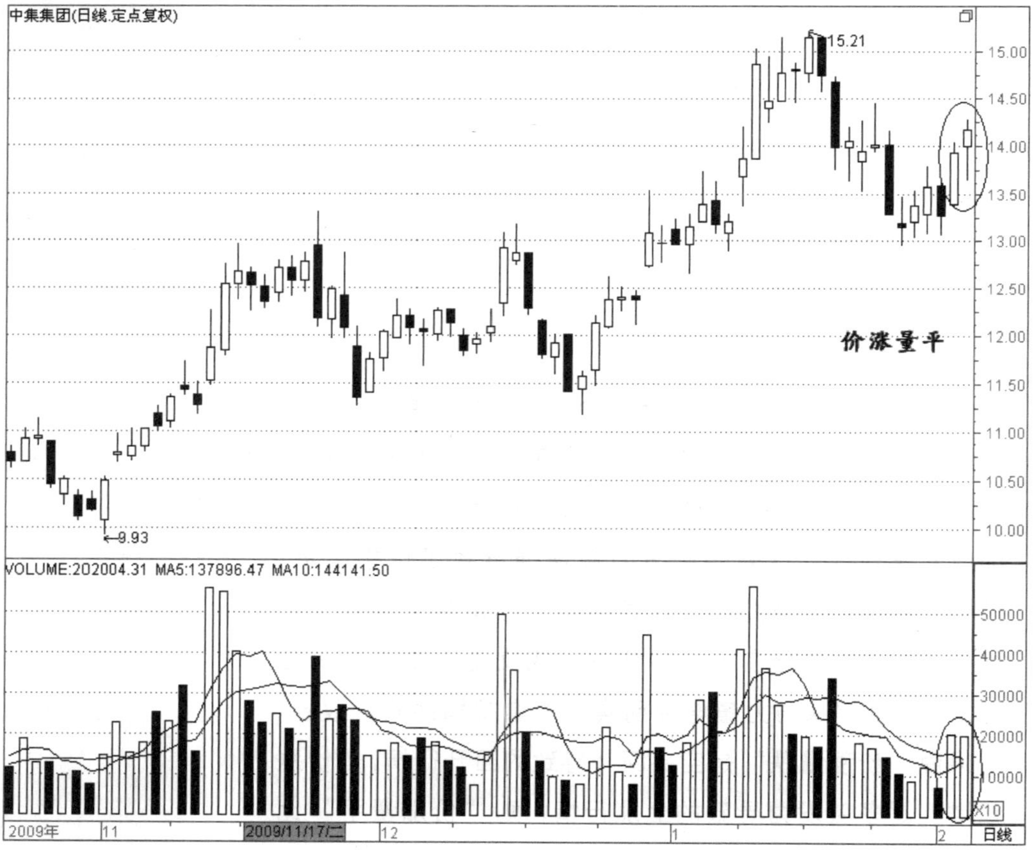

图4-1　中集集团出现"价涨量平"

中集集团出现了“价涨量平”之后股价并没有如预期的出现快速上涨，请看图4－2。股价连续三日下跌，虽然还没有触及停损点，但是跌破的可能性增加了。从这个例子中我们进一步认识到了设定停损点的必要性。任何技术分析都必须接受市场的检验，任何分析都有可能被检验为错误，所以我们必须对任何技术分析的结论采取审慎的态度，这就是要求我们必须设定停损点。在中集集团这个实例中，现在来看股价相当于在14元附近进行了一次反弹，这次反弹的高度显然低于15.21元的高度，如果现在股价跌破停损点，则下降趋势毫无疑问地被确认了。

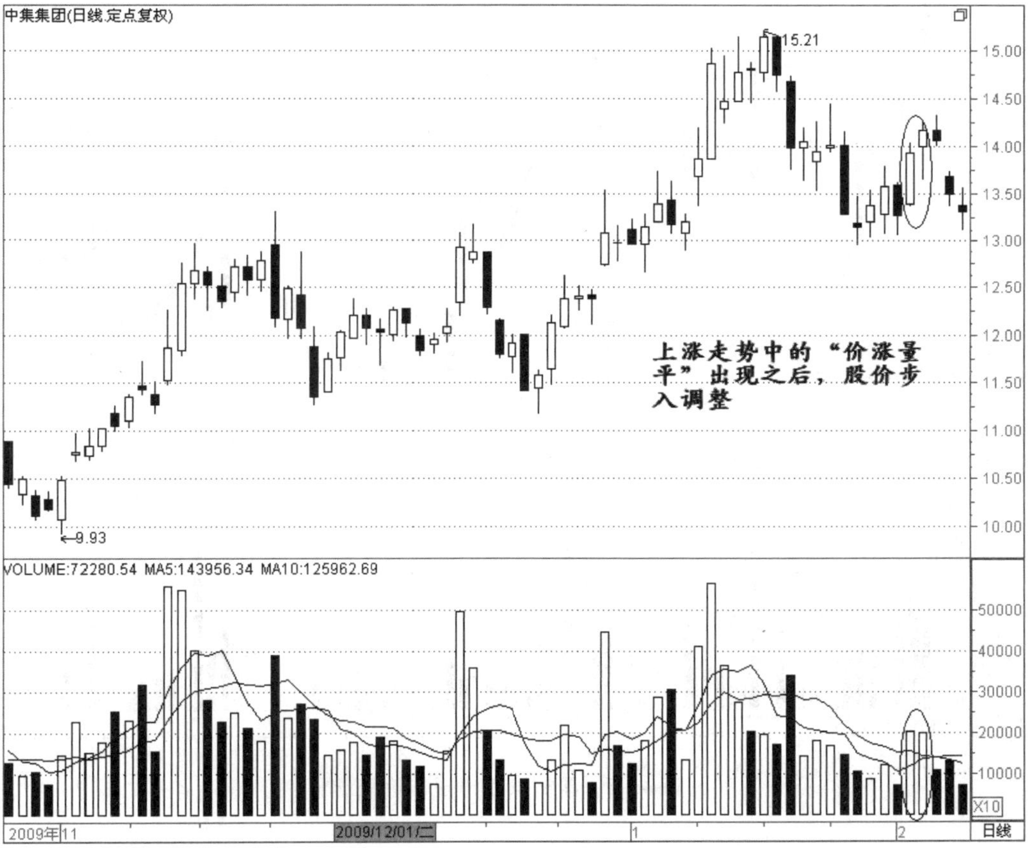

图4－2 中集集团“价涨量平”之后的走势

实例2 深纺织A“价涨量平”

请看图4－3，深纺织A从16.22元的高位下跌。股价在此之前也曾经接近16元的位置，第三次冲高突破16元，最高达到了16.22元。第三次突破其实是一个诱多的陷阱，此后股价大跌到11.5元。然后反弹到14元附近，维持区间内的震荡走势。最近两个交易日收盘价上涨，而成交量几乎不变，这就是典型的“价涨量平”形态。股价出现“价涨量平”形态，这表明股价有向上突破的要求。另外，虽然股价貌似在区间内震荡，其实低点在不断抬高，这也是一个趋势向上的标志。所以，我们可以选择在次日开盘买入该股，将停损点设定在最近低点 11.2 元以下一点。

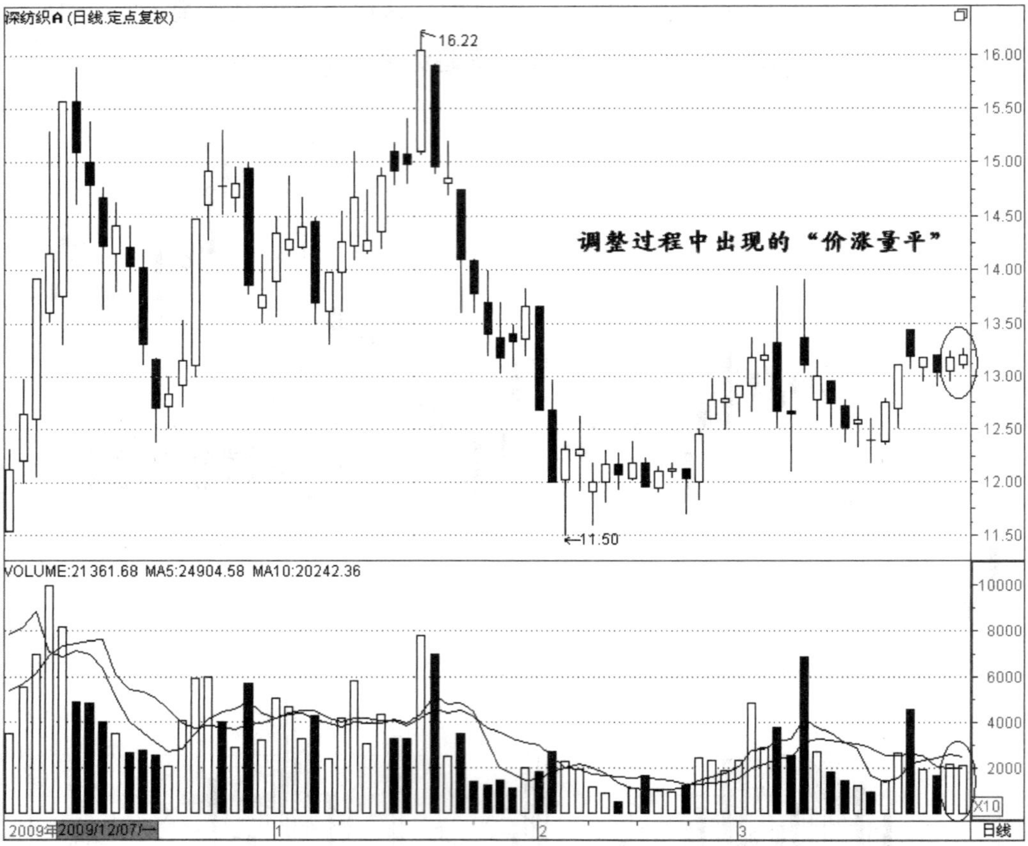

图 4－3　深纺织 A 出现“价涨量平”

深纺织 A 出现“价涨量平”之后，股价一路大涨，一直涨到 15.3 元附近才出现回调迹象，请看图 4－4。最近一个交易日将前一个交易日的大阴线吃掉了一半以上，况且目前股价离 16.22 元的高点还有一定空间，所以股价继续上涨的可能性很大。另外，成交量并没有出现天量，特别是大阴线下跌时成交量并没有放大，这表明主力出逃的可能性很小。所以，综合上述三点来看，股价进一步上涨的可能性很大。

图4-4 深纺织A"价涨量平"

实例3 方大集团"价涨量平"

请看图4-5，方大集团从10.57元的高点开始下跌，这是一根跳空后大幅走低的大阴线，这种阴线出现一般意味着股价将转入下跌趋势。此后股价逐步下移重心，一直跌到目前的位置，也就是8.5元附近。最近两个交易日收盘价逐步拉高，相应的成交量却维持在相同的水平，这表明股价出现了向上的迹象。股价一直维持在8.5元附近盘整，难道这里存在强大的支撑力量？不过，除此之外并没有更进一步的看涨信号，于是我们选择谨慎参与，也就是小仓量参与，并将停损设定在8元之下一点。

方大集团出现了"价涨量平"之后股价出现猛然拉升，请看图4-6。最初这个拉升大阳线对应的成交量也显著放大，这表明可能有主力介入。大阳线之后股价有消化浮筹的需要，但是股价仍旧强势调整，股价重心维持一个向上格局。涨到10

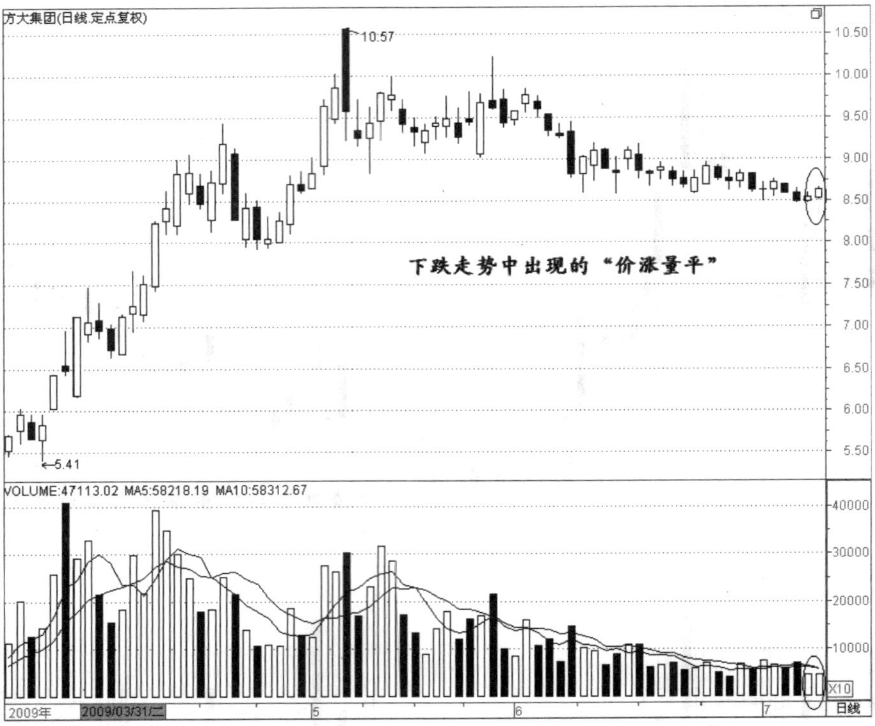

图 4-5　方大集团出现“价涨量平”

图 4-6　方大集团“价涨量平”之后的走势

元下方，抛压开始显现。不过，虽然有大阴线，但是成交量并没有显著放大，后市下跌的可能性并不是很大。在整个成交量分析中，要注意树立整体观念，不仅仅是与股价相结合起来分析，也需要与此前的成交量进行分析，特别是天量和地量。

实例4 辽通化工“价涨量平”

请看图4－7，辽通化工从14.71元的高点下跌，在10元附近出现了一次幅度较小的反弹。此后股价继续下跌，一直跌到了7.13元的低点，股价跳空向上，这里需要注意的一点是7.13元附近出现了“地量”，这是交投意愿下降的表现，也就是套牢者不愿卖出、浮筹减少的表现。最近两个交易日收盘价逐步拉高，相应成交量却基本维持不变，这表明买入力量在增强，而卖出力量同时在减弱，后市股价继续上涨的可能性和幅度都应该较大，这是典型的“价涨量平”模式。所以，我们可以在次日开盘时买入，将停损点设定在跳空缺口下边沿。因为一旦缺口回补，表明走势继续向下的可能性很大。缺口分为好几类，不管哪一类，缺口都是较强的支撑和阻力，所以我们通常可以利用缺口来设定停损。

图4－7 辽通化工出现“价涨量平”

辽通化工出现了“价涨量平”之后，股价调整了两天，下跌到缺口上边沿获得强劲的支撑，请看图4-8。调整很快结束，股价立即恢复上涨走势，一直冲高到12元附近，在整数关口出现了长脚十字，股价开始回调。其实在下跌途中，在12元附近股价就出现了较为犹豫的走势。要注意股价的对称原理，对于预测股价当前的走势非常有效果。第一种对称是前一段相反走势和目前走势在形态上的对称，第二种对称是前一段相同走势和目前走势在幅度和时间上的对称。这里我们利用了第一种对称原理进行分析，希望大家明白其中的道理，以便更加灵活地运用到自己的实际操作中。

图4-8　辽通化工“价涨量平”之后的走势

实例5 农产品“价涨量平”

请看图4-9，农产品最近一段时间的走势是一个发散三角形。这种走势在罗伯特·D. 爱德华所著的《股市趋势技术分析》里被归类为最不好操作的形态，因为不便于设定停损。股价最近几天从 15.19 元的高点开始下挫，快速破掉了前几日的低点，创出新低 13.6 元。不过，最近两个交易日收盘价走高，相应的成交量却维持着相同水平，这是典型的“价涨量平”模式，也就是说卖出意愿在减少，而买入意愿在增加。另外，这里需要注意另外一点，那就是在下跌过程中成交量并没有涌出，这表明套牢的买家还并不打算出货，他们并不恐慌，对于个股走势的未来他们抱有很高的期望值，他们很乐观，这为未来的上涨奠定了基础。

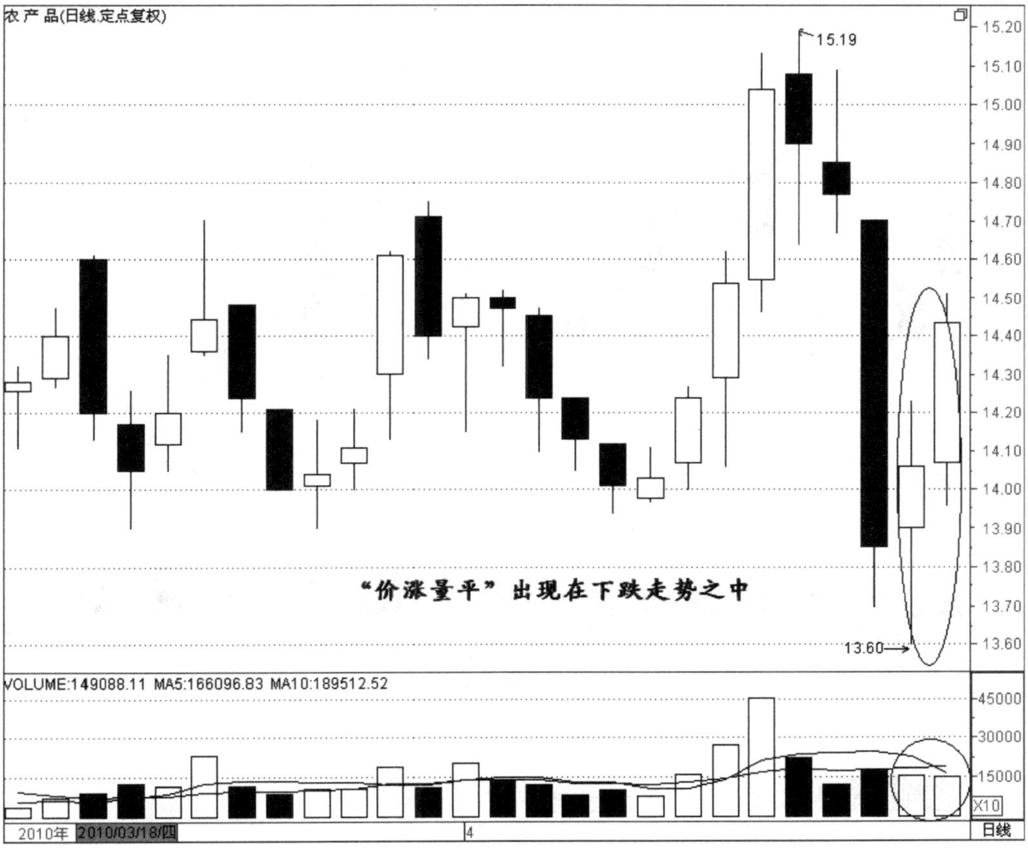

图 4－9　农产品出现“价涨量平”

农产品出现了“价涨量平”之后，股价快速创出新高，突破了前期高点，短期内最高升到了 15.88 元，请看图 4－10。创出新高之后，股价高位强势盘整，似乎等待进一步的上涨。为什么我们这样认为呢？第一，股价在前期高点获得支撑，收盘基本在前期高点附近，并没有跌回去；第二，最近几个交易日的下影线都比较长，这代表盘中的空头都被打败了，下面支撑很强；第三，最近两个交易日是“看涨吞没”形态，也就是俗话说的“阳包阴”，这是一种较强的看涨信号，不少的证券投资类书籍中都有涉及到这一形态，“西方 K 线之父”尼森在其成名作中就反复提到了这一形态，所以我们对此要有清醒的认识才行。

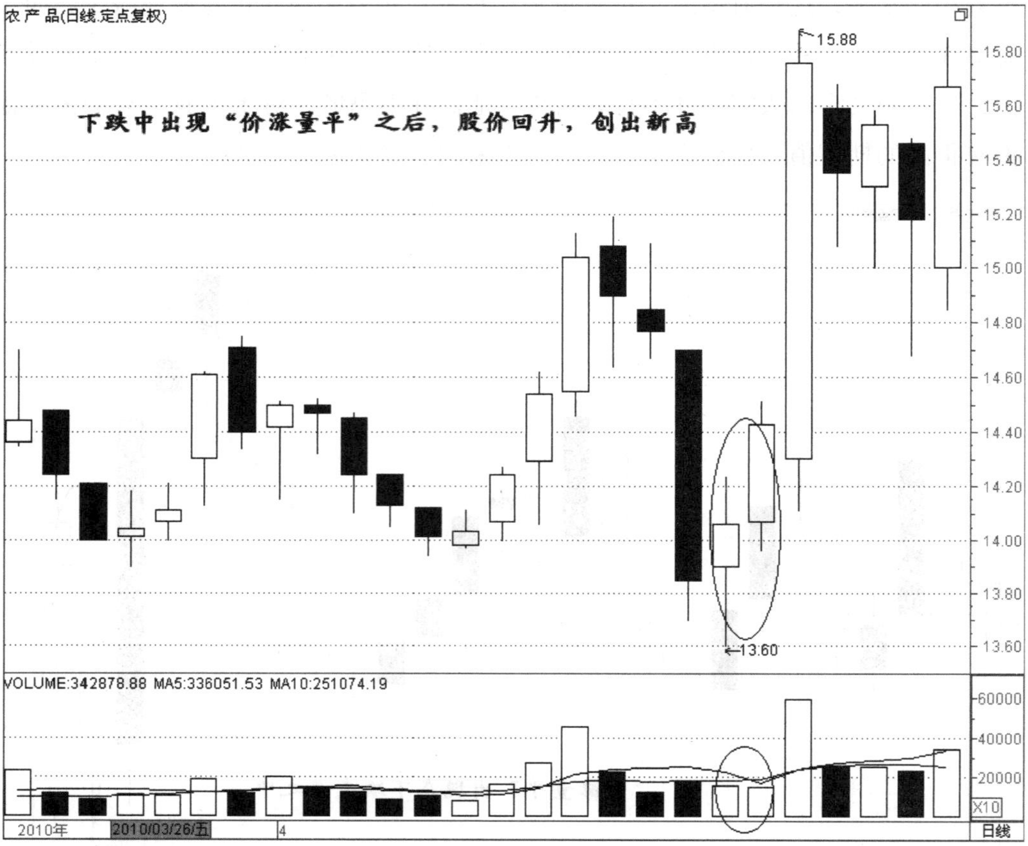

图 4－10　农产品“价涨量平”之后的走势

实例6 特发信息“价涨量平”

请看图 4－11，特发信息的上涨走势分为两个阶段。第一个阶段时快速冲高，形成近乎垂直的上升走势，这波走势很快遭遇调整，在 7.8 元一线存在沉重的抛压。然后，股价回落到 6.4 元的水平，然后开始第二阶段上涨，股价跌跌撞撞地向上爬升，股价花了很长时间才突破了 7.8 元的高点。这是多头在遭遇了第一阶段空头阻击之后，采取缓慢推进的办法来克服 7.8 元上方阻力。突破其实也分为两次，第一次快速回落，第二次在维持在高位，最近两个交易日就是第二次突破。最近两个交易日收盘价拉高，相应的成交量却呈现出相同水平，这就是典型的“价涨量平”模式。第二阶段走势的低点在逐步上升，这表明多头相对于空头而言力量逐步增强，结合“价涨量平”模式，我们决定在次日开盘时买入这只股票。停损怎么设定呢？沃恩设定在7元附近，这个位置在上升趋势线之下不远，既可以很好地控制风险，又能过滤市场走势的不规则噪音。

图4－11　特发信息出现“价涨量平”

请看图4－12特发信息出现“价涨量平”后，快速冲高到8.23元，但是收盘回落，接着又出现了两日的调整，但是调整幅度不大，并没有触及我们的停损点，于是可以接着持股。接着一个交易日高价跳空拉高，涨势恢复。这里有两个信息需要注意，拉升阳线出现之前，阴线是一根小十字星，成交量也萎缩了，这表明下跌动能不足。第二个信息是阳线出现伴随着向上跳空高开，这表明上升动能很足。所以，整体来看特发信息继续上涨的可能性很大。

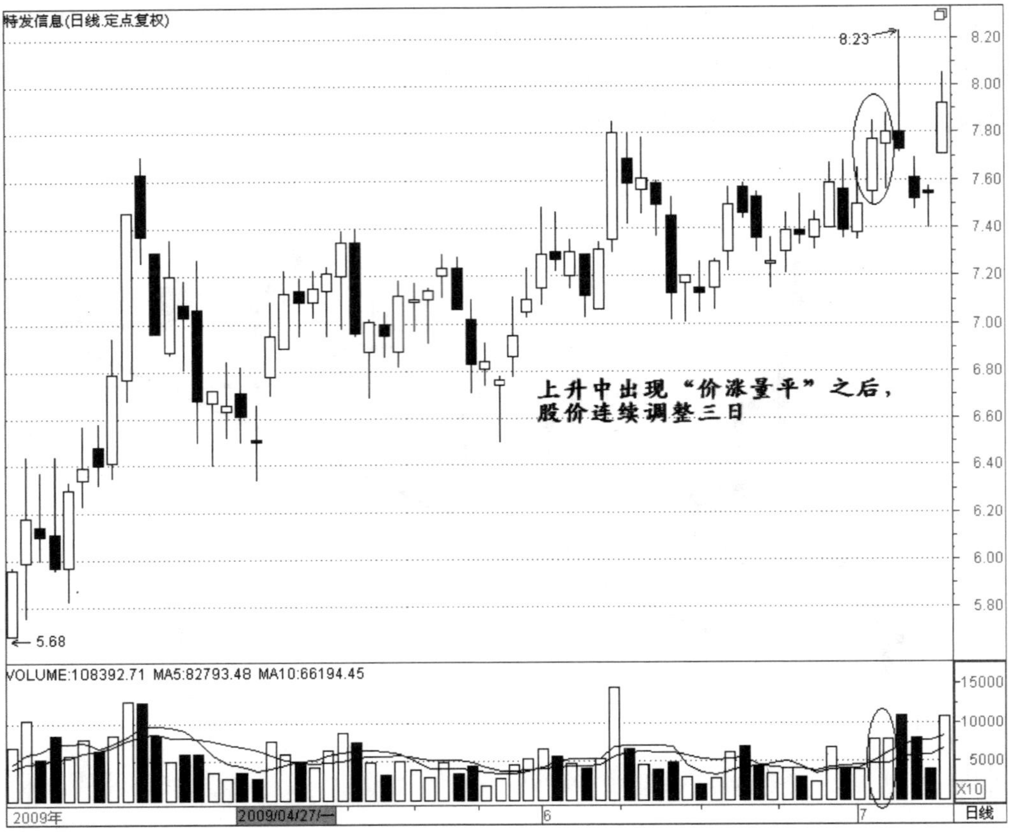

图 4－12　特发信息"价涨量平"之后的走势

实例7 中信海直"价涨量平"

请看图 4－13，中信海直最近两度上冲到 8.8 元附近，然后快速回落，在 7.3 元有强支撑存在。现在股价位于 7.3 元附近，股价收盘拉高，相应的成交量基本维持相同水平，这就是典型的"价涨量平"模式。除此之外，前一日 K 线下影线很长，这表明下档支撑确实很强，综合这些信息来看，股价后市有一定上涨空间。于是，炒家可以在次日开盘时买入，将停损设定在 6.9 元下方一点。

请看图 4－14，中信海直出现了"价涨量平"之后，股价继续横盘整理，但是并没有创出新低，而是发动了向上的强劲攻势，直到一根大阴线出现，股价才开始新一轮的调整。调整到起涨点附近出现了"早晨之星"，然后股价开始主升浪，快速拉出一波犀利的涨势。在放出天量之后，股价开始回落，放出天量的价位恰好在前期高点附近，这表明很多抛盘开始在这个地方涌出，因为他们认为股价要突破这个价位是非常困难的。

图4－13　中信海直出现"价涨量平"

图4－14　中信海直"价涨量平"之后的走势

实例8 红日药业“价涨量平”

请看图4－16，红日药业从15.67元的低位快速跳涨到18.22元，然后下跌，跌到16.9元附近又开始恢复上涨。最近三个交易日股价持续上涨拉出三根阳线，而且最近一个交易日的成交量与此前一个交易日的成交量基本一致，这就是“量平”。加上此前的收盘价走高就是“价涨量平”，这意味着供给减少的同时需求增加。从市场心理的角度怎么看“价涨量平”呢？供给减少意味着持有筹码的人不愿意卖出，也就是所谓的“惜售”，需求增加意味着持有现金的人愿意多买进或者是有新的买家进场，这就是所谓的“抢筹”。一方面是“惜售”，另一方面则是“抢筹”，那么股价未来是涨的可能性大还是跌的可能性大呢？有了上面的分析，接下来涨跌其实是比较容易看清楚的，至少能够看个大概出来，这就是价量分析的魅力所在。

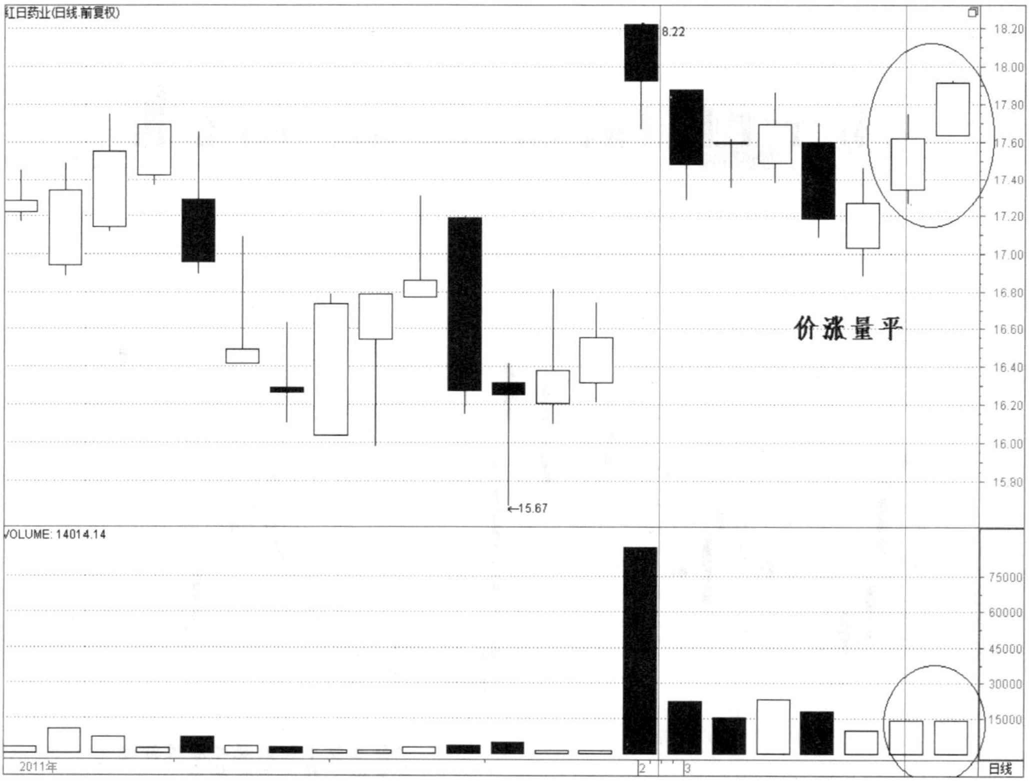

图4－15　红日药业出现“价涨量平”

出现“价涨量平”之后，红日药业的股价持续上涨，连续一周多都是上涨，见图4－16。在“价涨量平”之后的股价上涨过程中成交量逐步放大，这就是所谓的

"价涨量增"，需求在增加导致价格和成交量同时上涨，而供给基本不变。

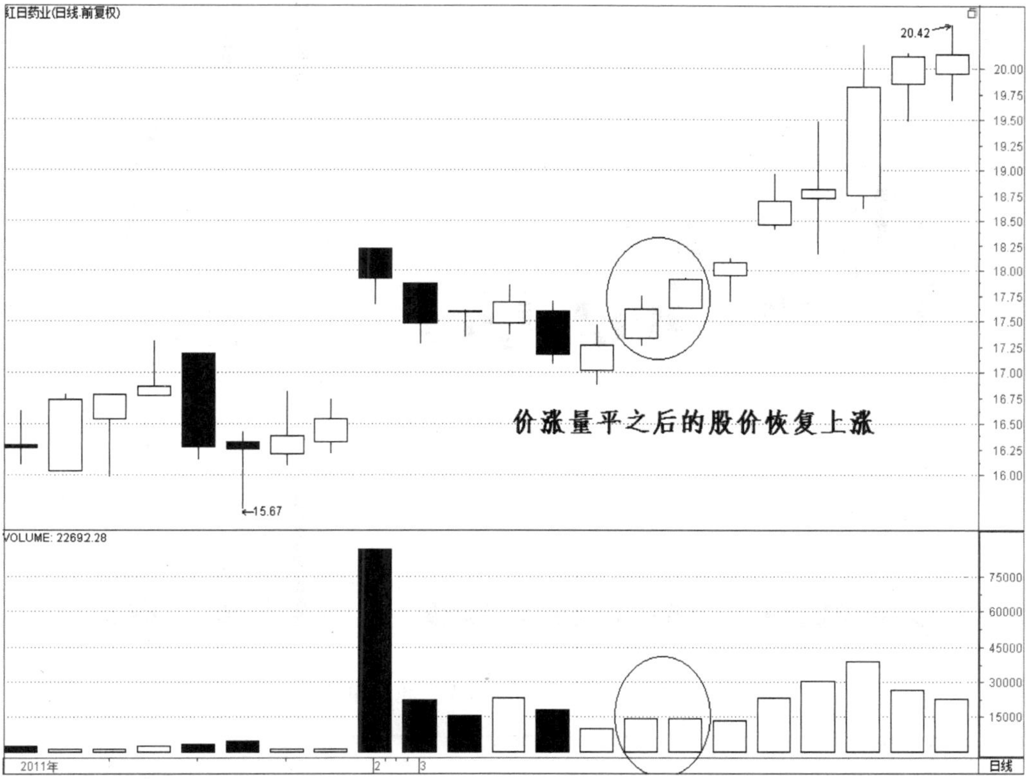

图4-16　红日药业"价涨量平"之后的走势

实例9 同花顺"价涨量平"

请看图4-17，同花顺在前期震荡横盘之后突然出现了飙升，成交量放得很大，最高冲高到19.99元，然后形成小平顶，可以看出20元价位存在阻力。股价此后从19.5元附近一路下跌，跌到17.5元附近出现了回升。下跌过程中有几个较为显著的特征：第一个特征是股价曾经在盘中快速下挫但是很快拉升，然后花费数日才重新完成下跌，这表明多方也不是完全无还手之力；第二个特征是下跌过程中成交量逐步变小，这表明下跌过程中需求量是在减少，但供给量，也就是卖出意愿，基本保持不变，并没有争相卖出的情况；第三个特征是目前两天回升出现之前股价做了一个类似于十字星的K线形态，而且成交量也比较小，这表明多空双方在这里取得了一个均势，而在此之前空头是占优势的，现在多头又扳成平局；第四个特征是股价目前企稳的位置恰好处于前期的盘整区附近，明显受到该区域高点的支撑。

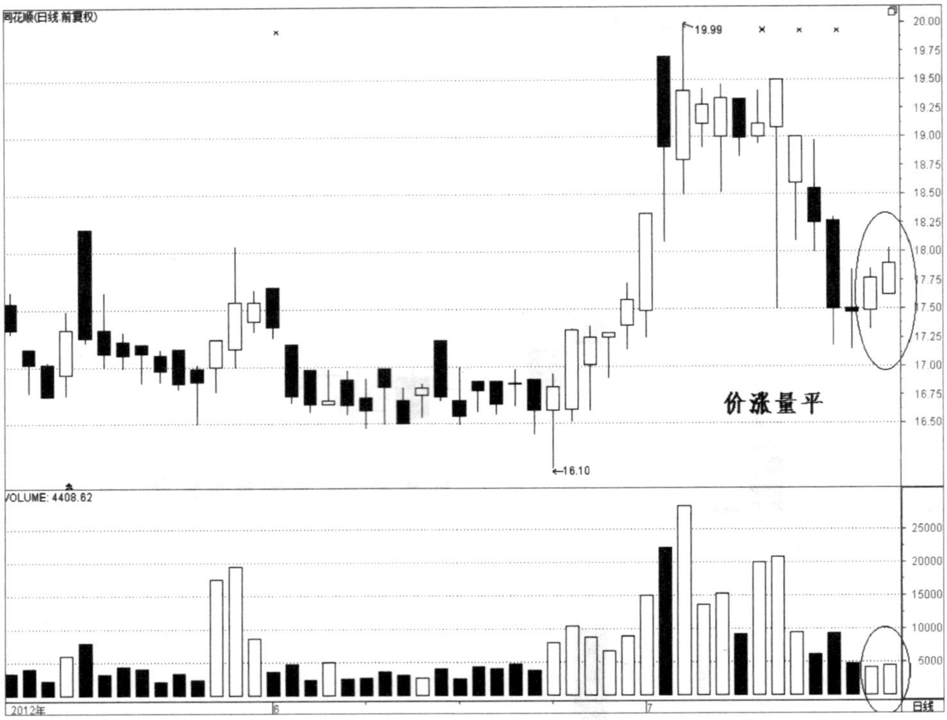

图 4－17　同花顺出现“价涨量平”

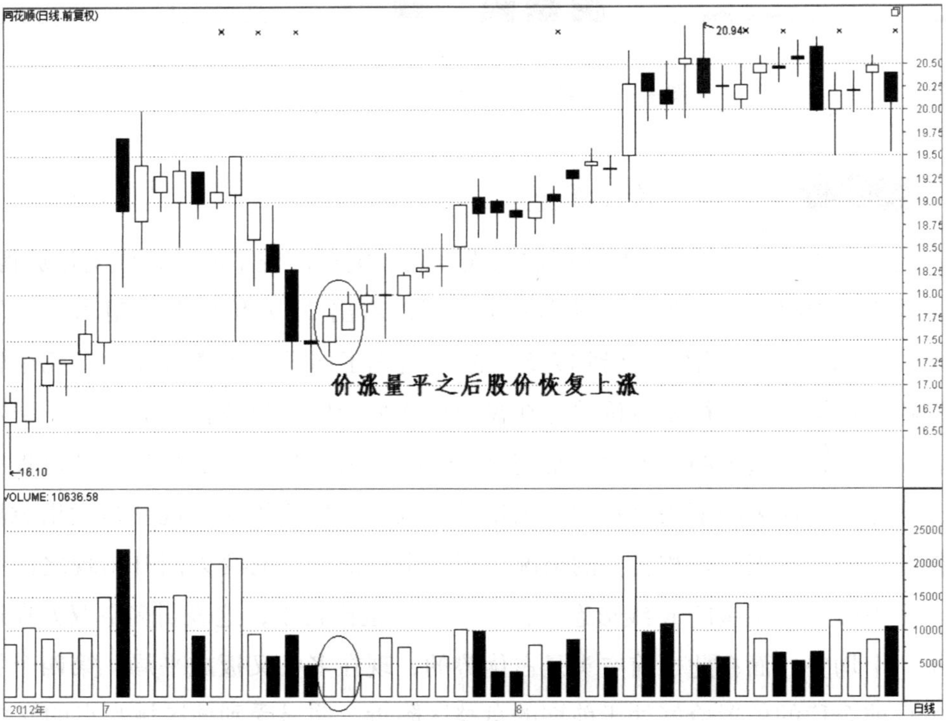

图 4－18　同花顺“价涨量平”之后的走势

同花顺出现了“价涨量平”和诸多看涨特征之后，股价会怎么走呢？请看图4-18，股价呈现45°倾角上涨，这波上涨突破了前期高点。正如我们前面提到的一样，股价维持45°上涨或者下跌能够使得走势变得更稳，同花顺此轮上涨持续的时间就比较长。

第五招

价平量缩

“价平”表明意味着要么买家力量和卖家力量维持在以前的水平，或者是两者增加了相同的幅度，或者是减少了相同的幅度。那么，究竟是哪一种情况呢？这个就需要结合成交量来进行分析了，如果股价保持不变，而成交量缩小，则表明需求在减少，同时供给也在减少。市场交投意愿下降了，市场可能是在趋势发展过程中进行一定的休息，之后蓄势推进。如果在上升走势中出现了“价平量缩”，则后市倾向于继续上升；如果在下跌走势中出现了“价平量缩”则后市倾向于继续下跌。所以，“价平量缩”既可以为我们继续持仓提供信号，也可以为我们开立新仓提供信号。“价平量缩”相当于是K线分类中的持续形态，表明走势将继续，懂得了这点我们就能更好地对股价走势进行分析了。毕竟，在股价走势中“价平量缩”出现的频率是非常高的。下面，我们就来看一些具体的实例吧。

实例1 常山股份"价平量缩"

请看图5－1，常山股份从11.58元的高位下跌，下跌过程中先是正常量，然后放出大量，接着暂时企稳止跌。股价最低跌到了9.7元，然后股价作微幅反弹，很快股价紧靠低点盘整，最近两个交易日的收盘价几乎是一样的。后一个交易日的成交量缩小，与价格模式一起构成了"价平量缩"模式。这表明在目前价位，市场分歧较少，多方没有太多意愿推高，空方也没有太多意愿推低，不过考虑到股价此前曾有大幅的下跌，股价继续下跌的可能性很大，于是我们应该进一步观察个股走势。

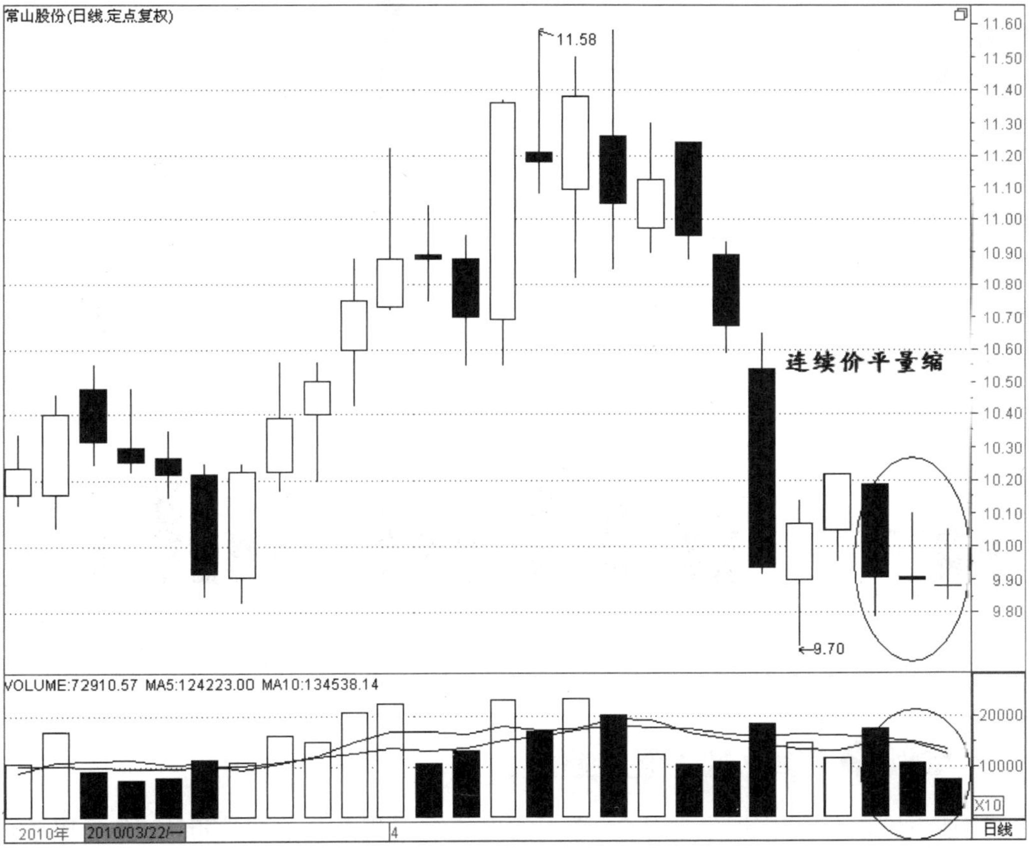

图5－1　常山股份出现"价平量缩"

请看图5－2，常山股份出现了"价平量缩"之后，次日开盘股价就大跌，最低一度下探到8.21元，目前跌势还在继续发展过程中。其实，在10元附近的调整将股价跌势分成两段，我们可以利用对称原理来估计第二段下跌的可能幅度，一般而言第二段下跌的幅度是第一段的 1 倍，或者是 1.618 倍。这个规律大家可以自己去短线个股走势上寻找，慢慢就会上手，然后再去实际操作中加以运用。前面我们还提到过另外一种对称原理，希望大家将这两种对称原有利结合起来使用，这样可以提高短线操作的成功率，这两种对称原理有利于我们高效地估计目标。

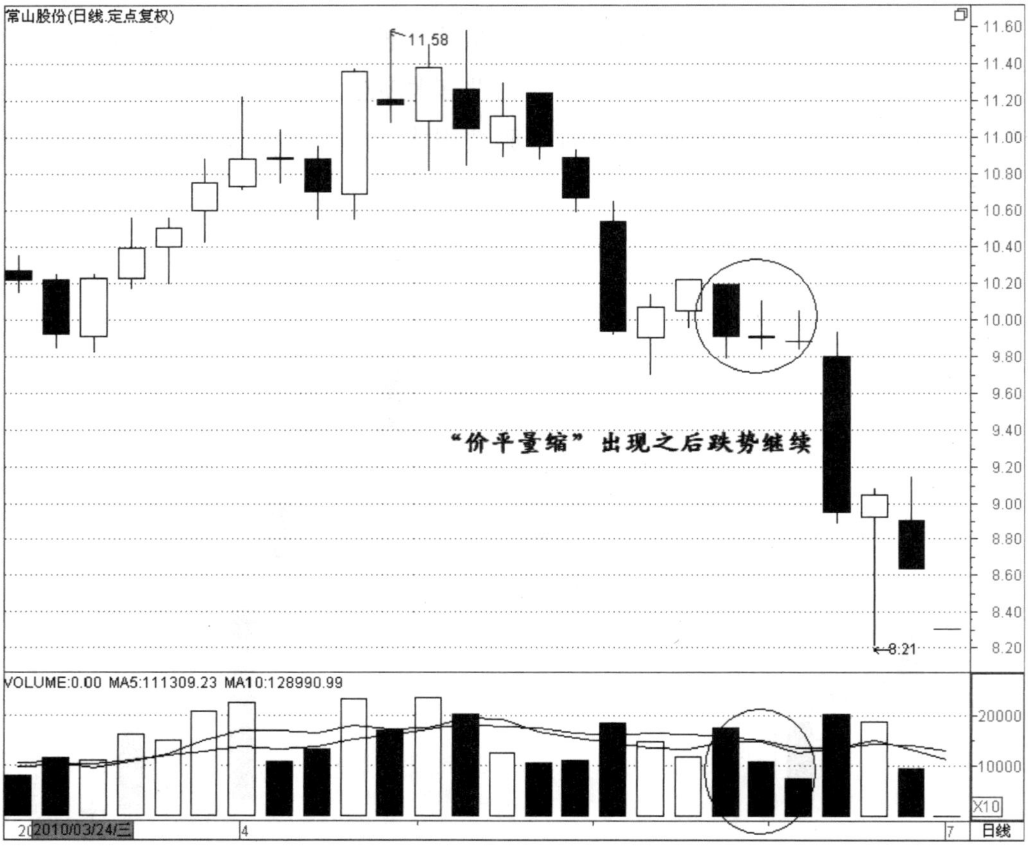

图 5－2　常山股份“价平量缩”之后的走势

实例2 许继电器“价平量缩”

请看图 5－3，许继电器从 21.2 元的地位缓慢爬升，走势接近 45°角，属于比较稳定的上涨走势。上涨过程中，成交量和股价配合得比较恰当，具体表现为“价涨量增”和“价跌量缩”。最近两个交易日，收盘价一样，第二个交易日的成交量萎缩，这是典型的“价平量缩”。虽然，最近一个交易日的上影线很长，但是相应的成交量并不是“天量”，所以目前的 K 线形式更像是“仙人指路”。综合上述各个方面的分析，我们可以得出结论：后市继续上涨的可能性很大。所以，我们应该在次日开盘时买入。那么，如何设定初始停损点呢？现在这种情况还真不好设定停损点，因为明显的阻力位置距离现价都比较远，只能结合大家的资金情况来设定停损点。比如，设定账户资金的5%作为停损额，当亏损达到总资金的5%时卖出。

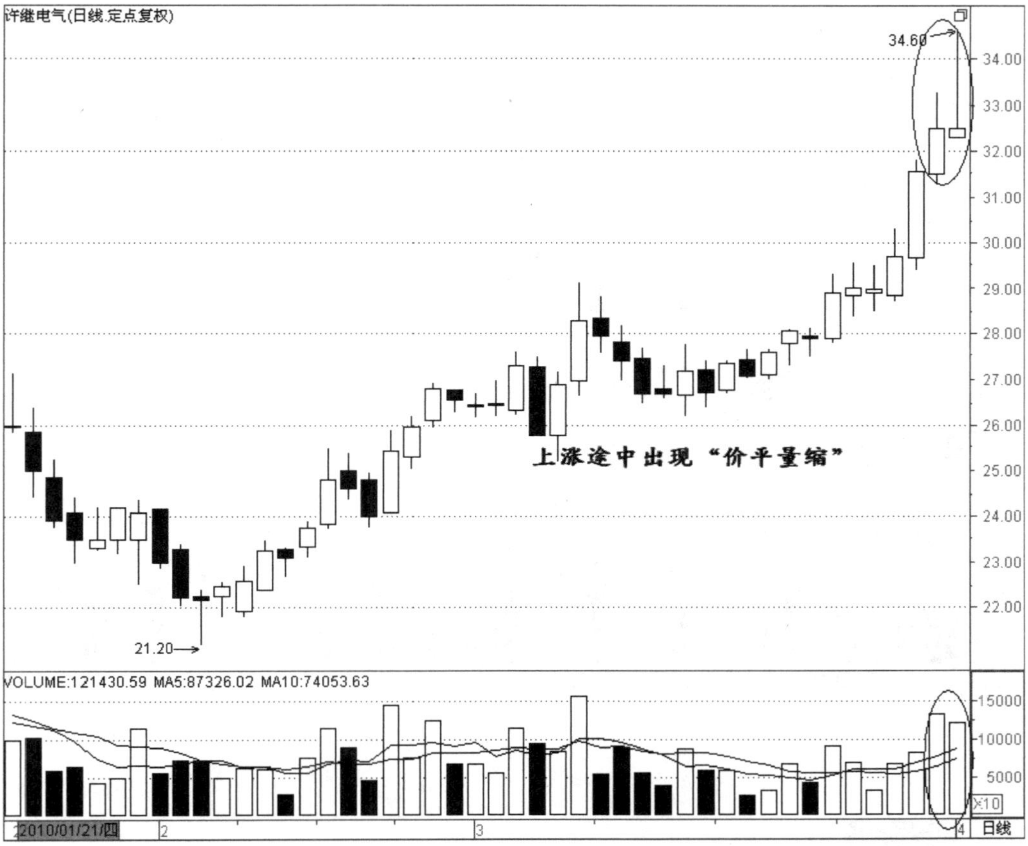

图5－3　许继电器出现“价平量缩”

许继电器出现了“价平量缩“之后，股价回调了一日，但是并没有出现深度下跌，很快就创出了新高，请看图5－4。需要注意的是上涨过程中，调整基本上是以横盘的方式展开的，而且调整时放出的量也不是很大，这表明上涨过程中抛压较轻，后市进一步上涨的动力很大。另外，股价此前一个阶段的上涨主要是小阳线，目前中阳线和大阳线开始增多，这是否意味着股价已经进入主升浪了呢？这里告诉大家一个辨别主升浪的方法，股价持续以中阳线或者大阳线拉升，中间夹杂横盘窄幅调整，这种一般是主升浪。如果股价调整幅度很大，而上升幅度并不太大，虽然整体向上，但是绝对上升幅度却不大，这种走势一般不是主升浪。

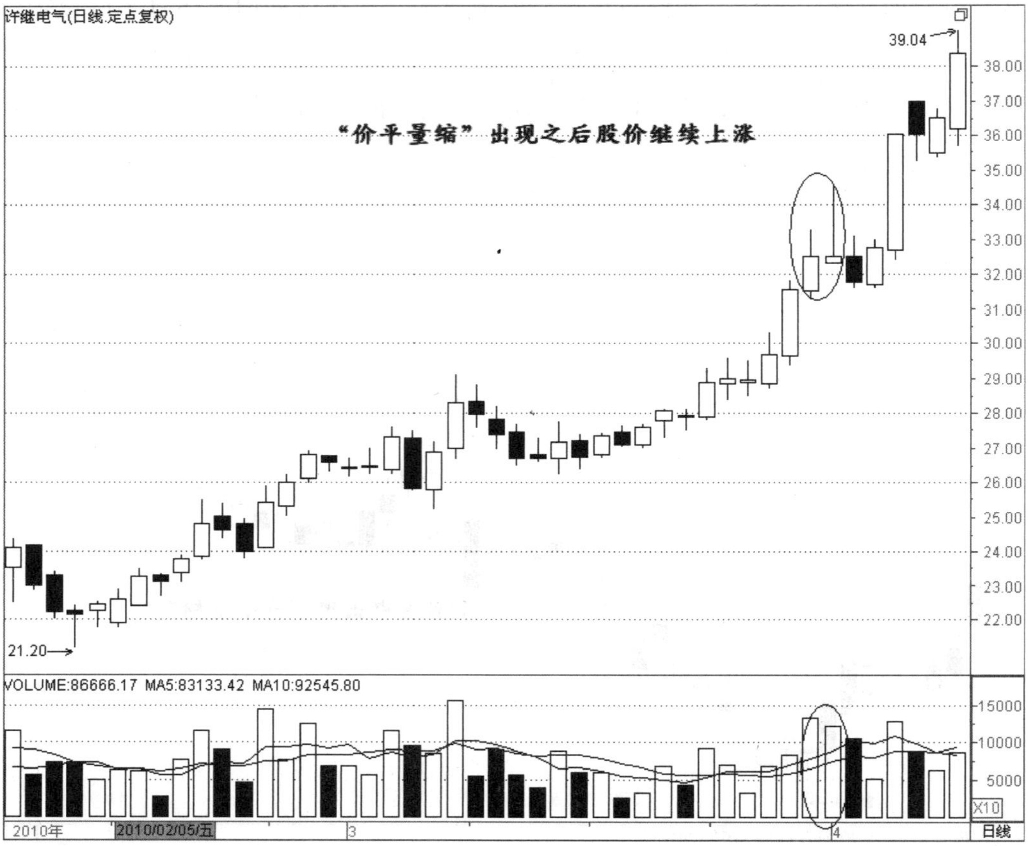

图5－4　许继电器“价平量缩”之后的走势

实例3 ST张股“价平量缩”

请看图5－5，ST张股从一个较低的位置向上爬升，爬升到7元附近开始长时间横盘整理，最近两个交易日出现了新一波的拉升，两个交易日的收盘价基本上是一样的，相应的成交量却呈现出缩小状态。目前两个交易的价量表现是典型的“价平量缩”，后市进一步上涨的可能很大。另外，我们需要注意到一个特别的现象。此前股价曾经盘中上到7.2元以上，但是很快以流星线收盘，这表明上档抛压很重。股价开始高位消化抛压，长达十几天的横盘整理之后，股价跳升到高位，拉出长阳线，这被称为“出水芙蓉”。接着一天是一根下影线很长的K线，收盘在高位，这表明下档支撑很足。综合各个方面的分析来看，这只股票后市上涨的概率确实是很大的。

请看图5－6，ST张股出现了“价平量缩”之后，迅速展开一波气势如虹的涨

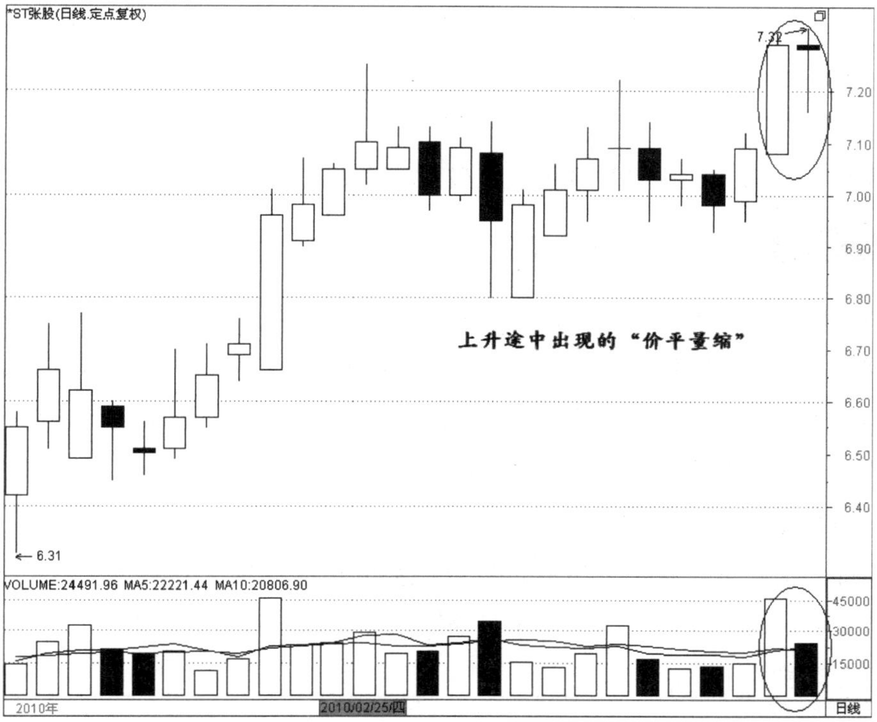

图 5-5 ST 张股出现"价平量缩"

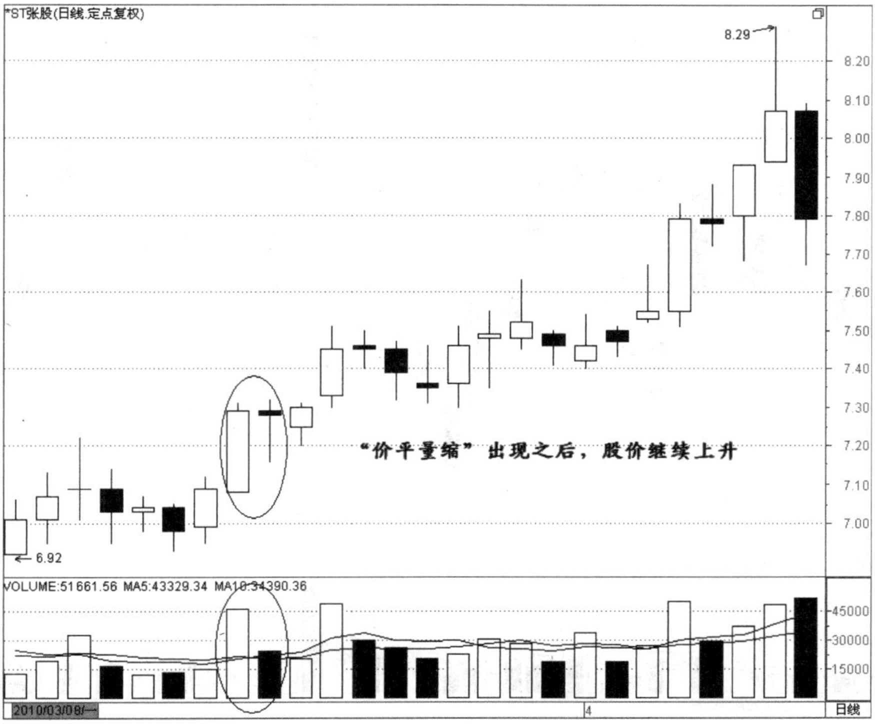

图 5-6 ST 张股"价平量缩"之后的走势

势，最高达到8.29元，直到最近一个交易日出现了大阴线，“阴包阳”形态使得股价的上涨态势可能终止，加上阴线放出了天量，后市下跌的可能性大大增加了。这里要补充一点：“天量”的单独出现本身就是很值得炒家警惕的信号，如果加上另外的看跌K线形态，则见顶的可能性极大，比如流星线对应着“天量”等等。

实例4 ST珠江“价平量缩”

请看图5-7，ST珠江最近一段时间走势非常震荡，下跌到6.7元获得支撑，上窜到8.64元遭受阻力。从8.64元高点下跌之后，股价反弹到8元附近，反弹不创新高，表明趋势向下，目前股价继续下跌。最近两个交易日股价基本收盘一致，相应的成交量却有萎缩，这就是典型的“价平量缩”。“价平量缩”意味着供给在减少，同时需求也在减少，市场交投意愿不足，观望情绪浓厚，属于修正时期。在趋势明确的情况下，修正之后股价继续趋势的可能性很大。本例中，ST珠江此前的趋势是明确向下的，所以“价平量缩”之后，股价继续下跌的可能性很大，我们采取空仓态度。

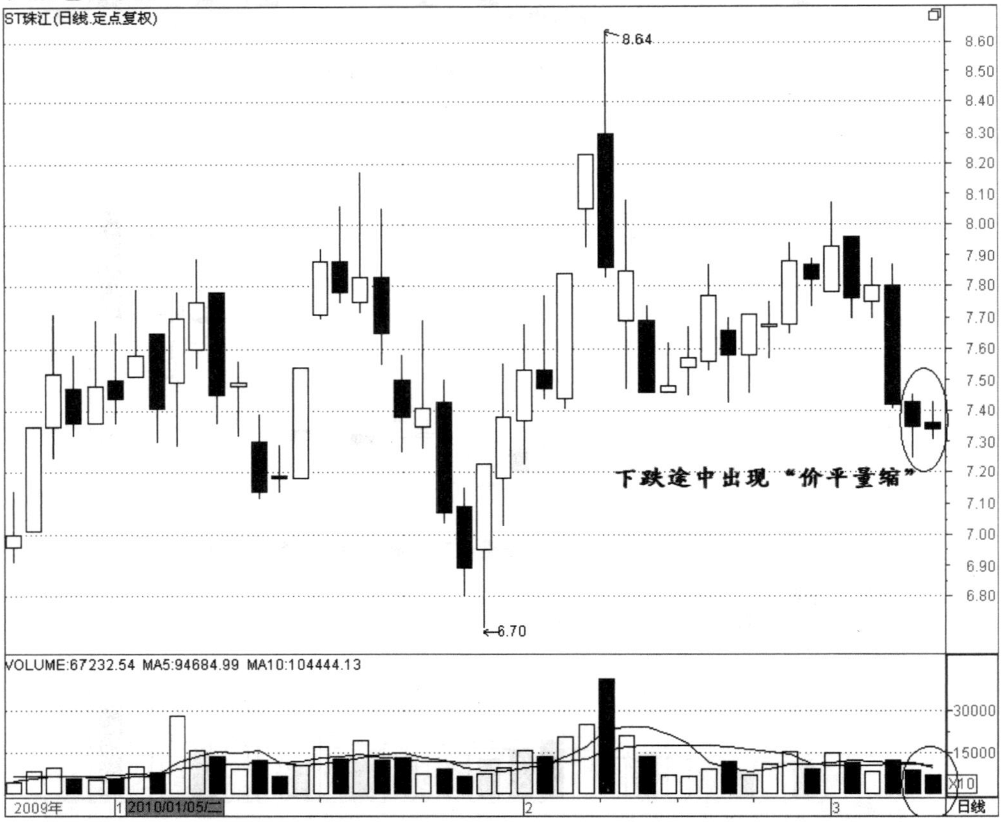

图5-7 ST珠江出现“价平量缩”

请看图5-8，ST珠江出现“价平量缩”之后，股价稍微上冲了一下，然后快速下跌，下跌过程中成交量显著缩小，这表明恐慌盘并没有涌出，现在很多持仓者还抱有一定的希望，随着下跌进一步加深，涌出的恐慌盘将加速跌势。不过，股价现在也面临支撑因素，股价从8.64元的高位下跌，目前正处于前期低点6.7元上方一点，所以继续下跌势必考验前期低点6.7元。如果股价在这个低位获得支撑，则可以考虑进场买入。当然，实际的买入需要考虑更多的问题，比如消息面等因素。

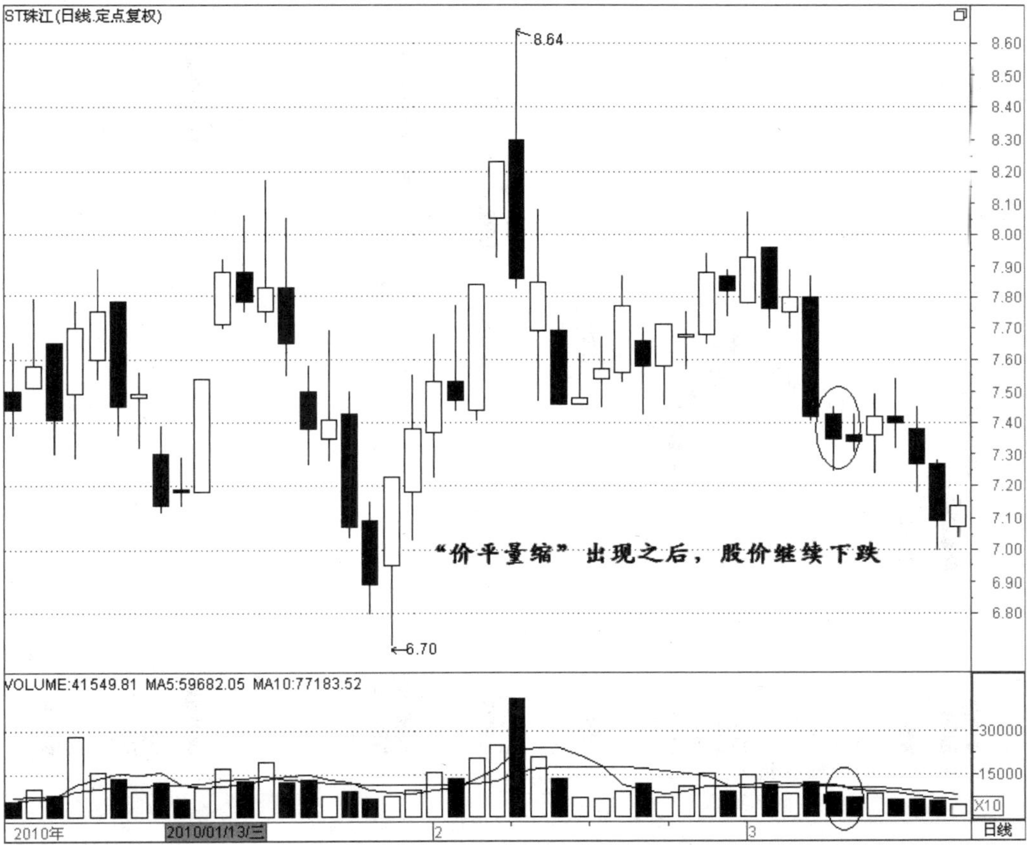

图5-8 ST珠江“价平量缩”之后的走势

实例5 ST华塑“价平量缩”

请看图5-9，ST华塑从8.42元的顶点逐步上涨，上涨过程中调整幅度比较深，但是调整低点越来越高，上涨高点也越来越高，这是趋势向上的典型特征。目前股价在11元下方一点蓄势待发，最近两个交易日股价收盘基本维持在同一水平，相应的成交量却呈现出萎缩状态，这是典型的“价平量缩”模式。前期涨势非常明显，趋势表现恰如其分，现在又出现了“价平量缩”，综合考虑起来，后市继续上涨的可能性非常大，所以我们考虑次日开盘买入。那么，如何为这笔计划中的买卖设定停损点呢？设定停损点一是不能过大，过大则起不到保护资金的作用；二是不能过小，过小则容易被市场的非趋势波动击中。因此停损点设定要合理，不能过大也不能过小。根据目前的走势来看，停损点设定在10元下面比较好。

图5－9　ST华塑出现“价平量缩”

请看图5－10，ST华塑从9.34元的低点逐步上涨后分阶段上涨，在出现了“价平量缩”之后，股价继续上涨，上涨模式同于此前，也就是上涨一段接着就是调整一段。目前股价最高上涨到12.36元，并没有出现“天量”表现，股价继续上涨的可能性还是很大的。另外，目前的价位已经突破了前期高点，所以短期内上涨上涨空间还是被打开了的。我们如何判断阶段性顶部呢？第一种方法是观察成交量，成交量不能继续放出更大的量，往往出现阶段性高点的可能性很大；第二种方法是观察阻力水平，如果股价接近前期高点则要考虑阶段性见顶的可能性很大；第三种方法是观察K线形态，如果K线形态出现了看空反转信号，则要考虑局部见顶的可能性。

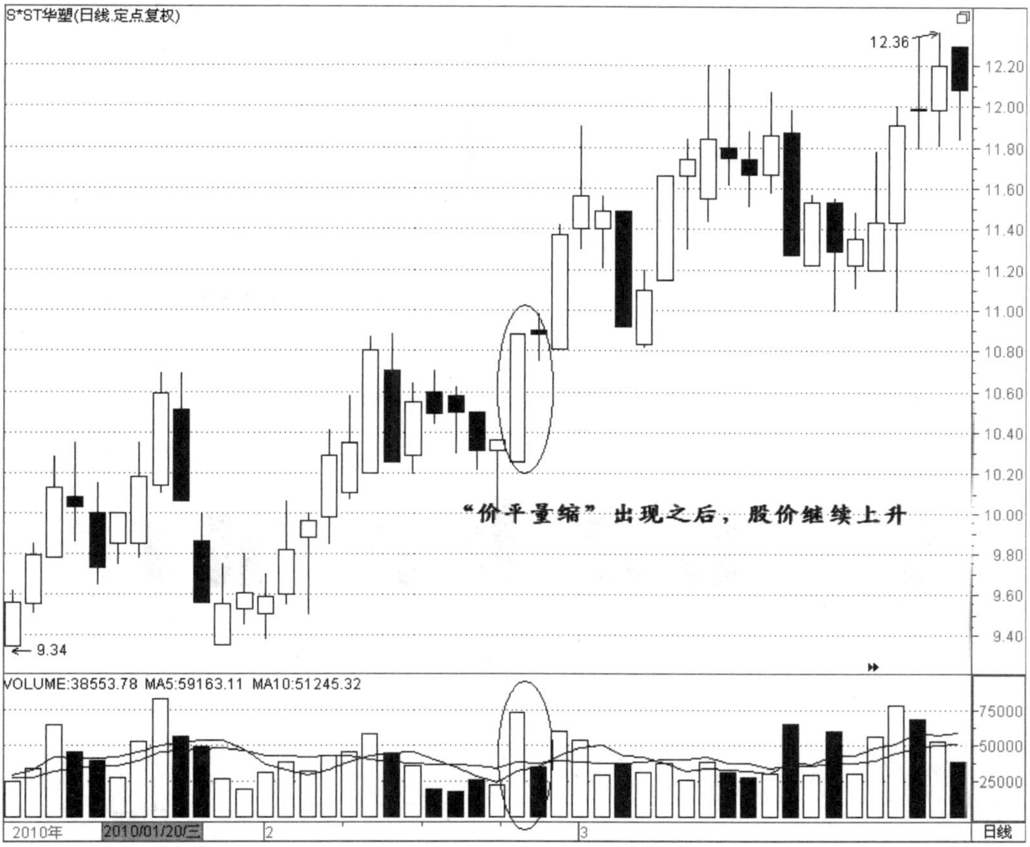

图5-10　ST华塑“价平量缩”之后的走势

实例6 穗恒运A“价平量缩”

请看图5-11，穗恒运A最近分两波上攻，中间一度调整到15元，在此整数关口获得支撑之后，快速上冲到17.78元。前一个交易日，股价跳空高开，然后却收出中阴线，是不是股价就要下跌了呢？根据目前的走势特征来看，下跌的可能性不大。原因有四：第一，虽然昨天收出了中阴线，但是对应的成交量却没有成为高点，更谈不上“天量”，第二，今天的K线是长脚十字，这表明下档支撑很强；第三，股价最低点三日都维持在前期高点之上，这表明市场处于高位盘整状态；第四，最近两个交易日收盘价基本一致，相应的成交量却缩小了，这是典型的“价平量缩”模式。综合上述四个因素的分析，股价后期上涨的可能性很大，我们可以在次日开盘时买入，停损放置在16.8元下方一点。

图 5－11　穗恒运 A 出现“价平量缩”

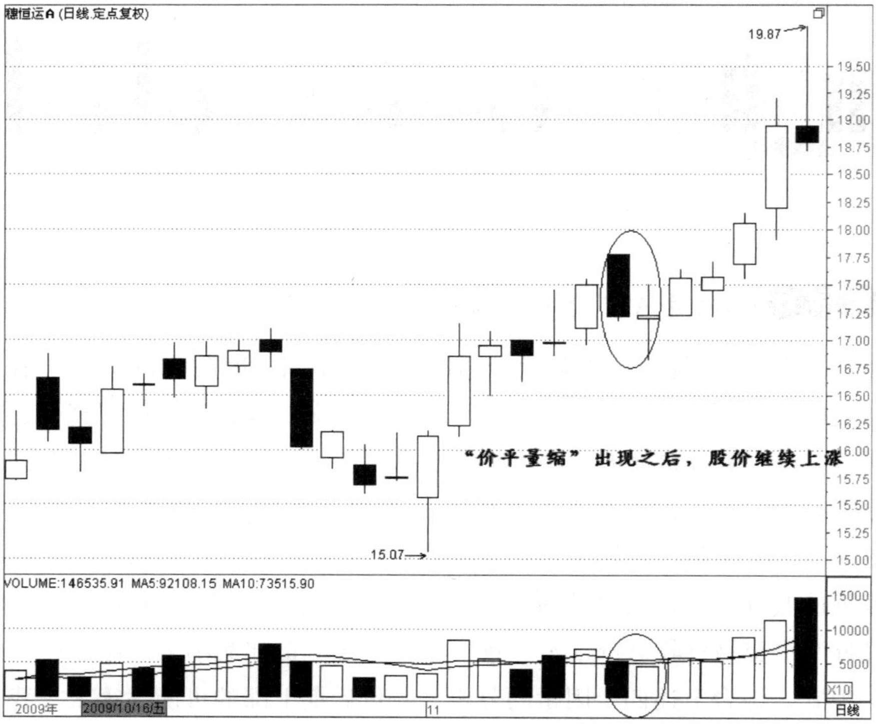

图 5－12　穗恒运 A“价平量缩”之后的走势

穗恒运A出现“价平量缩”之后，股价快速上攻，请看图5－12。股价连续上涨了四个交易日之后，出现了流星线，也就是K线上影线很长，这表明多头盘中突破失败，更为重要的是相应的成交量放出“天量”，这可能是下跌开始的信号。如果你对我们这里提到的要点感到陌生，那么应该复习一下此前的讲解，特别是关于顶点预判的技巧。

实例7 万家乐“价平量缩”

请看图5－13，万家乐从8.99元的低点开始上涨，这表明9元整数关口充当了一个很好的支撑位置。这里需要强调的是整数关口往往存在一定的支撑和阻力作用，所以结合其他方面的信息可以更高效地找出支撑和阻力。万家乐分两个阶段，上涨呈现出45°角，上升趋势比较明朗。上涨过程中，调整一般采用横盘整理的方式，涨时放量，跌时缩量，总体看来涨势良好。最近两个交易日，股价出现了两个比较重要的特征，第一个特征是前一个交易日出现的中阴线吞掉了此前一日的小阳线，这是一个“阴包阳”形态，后市看跌，但是相应的成交量却不是阶段性天量，所以这个看跌信号要大打折扣；第二个特征是最近两个交易日的收盘价基本一致，相应的成交量却呈现缩量，这是典型的“价平量缩”特征，由于此前股价呈现出上涨态势，所以股价继续上涨的可能性非常大。综合起来看，股价倾向于继续上涨，于是我们可以在次日开盘买入，停损放置在11元下方一点。

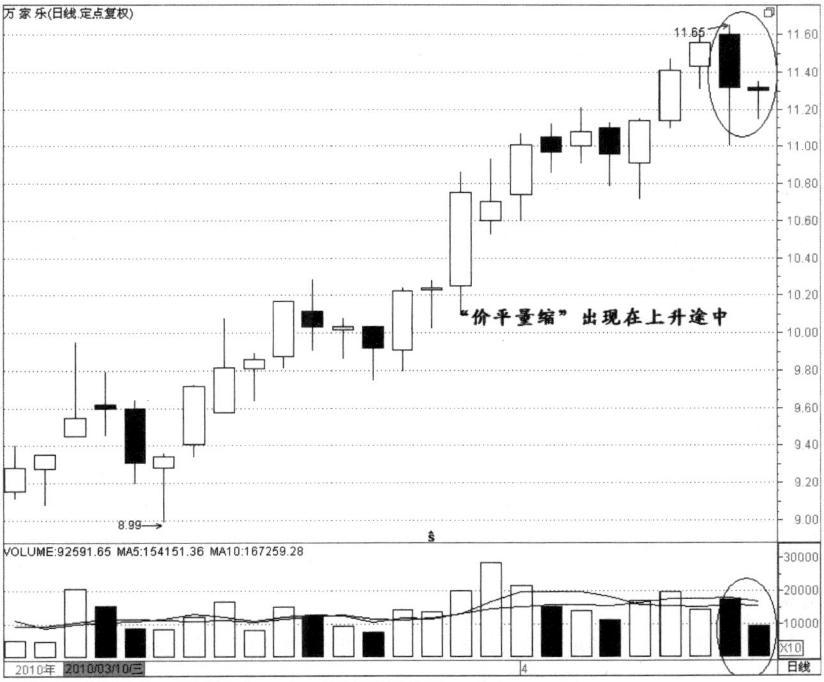

图5－13 万家乐出现“价平量缩”

请看图5-14，万家乐出现了“价平量缩”之后，股价继续上涨，不断创出新高，成交量温和放大，并没有出现天量，所以继续上涨是可以期待的。随着行情的发展，我们可以将停损跟进，以便保住到手的盈利，但是也不可以跟得太紧，以免被股价的偶然波动清扫出场，从而失去了更大的盈利机会。那么，如何恰当跟进呢？一般选择最近一个阶段性低点之下一些作为跟进停损点。

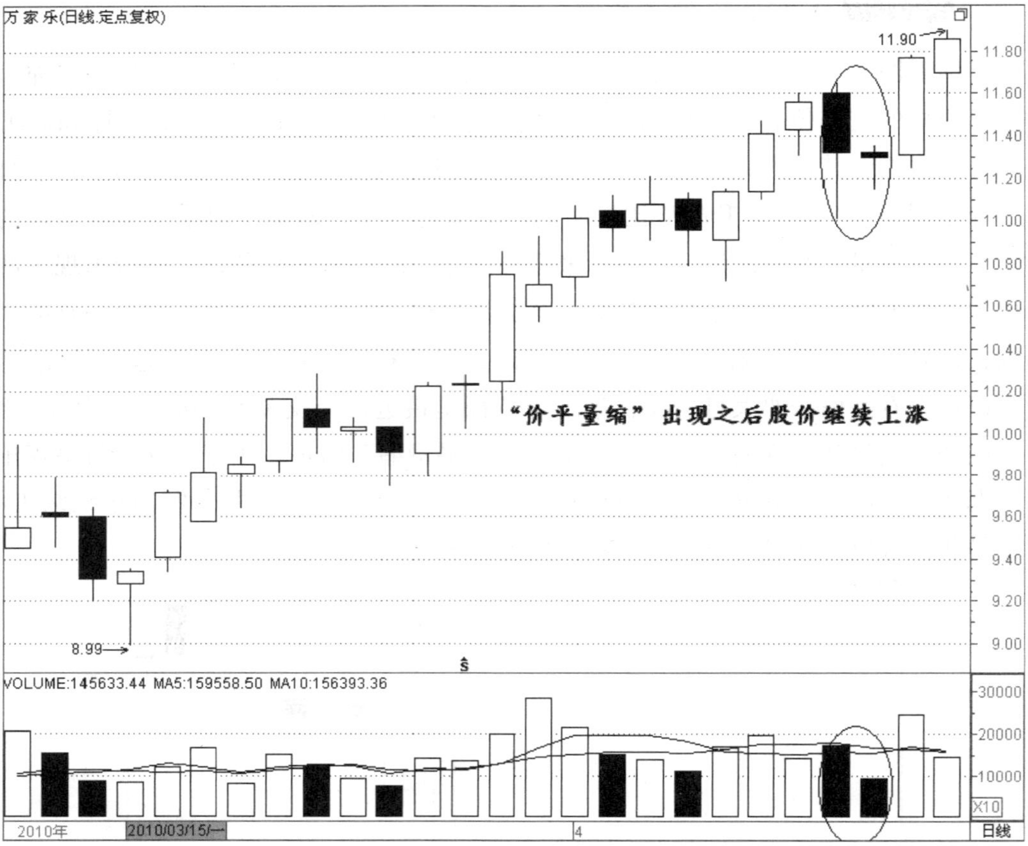

图5-14　万家乐“价平量缩”之后的走势

实例8 超图软件“价平量缩”

请看图5-15，超图软件先是从25.43元的高位下跌，跌到19元整数关口价格企稳然后拉升，上涨呈现45°角，这种上涨比较能够持续。上涨到23.5元附近股价出现横盘整理迹象，相应的成交量也是放大，这有点近似于“价平量增”，而且是上涨过程中出现的，这有什么含义呢？大家可以回过头去查阅第一招“价平量增”的相关内容，简单来讲就是供给和需求同时增加了，上涨过程中如果出现这种情况则表明需要调整了，甚至可能出现反转下跌。超图软件出现了下跌，其中还有一根大阴线。但是，大家注意到没有。这个大阴线对应的成交量并不是很大，虽然有放量但是却不是大量，这表明下跌中抛盘并不多，有点惜售的意味。但是，我们还需要进一步的细致分析才能下结论，这就是技术分析概率的一面。最近三个交易日，股价的最低点都高于此前这根大阴线的最低价，成交量也缩小了，是不是意味着多空在这里再度恢复了均衡，那么接下来会怎么走呢？最近一个交易日收盘价与前一日基本一致，同时成交量却显著缩小，这就是典型的“价平量缩”，愿意买的人少了，愿意买的份额少了，同时愿意卖的人和愿意卖的份额也少了，市场交投转清淡了。换句话来讲，越来越多的买家认可目前的价格是合理的，没有认为价格被低估了；越来越多的卖家也认可目前的价格是合理的，没有认为价格被高估了。既然市场上越来越多的人在目前价格上取得共识，那么就只有越来越少的人认为目前的价格是不合理的，需要被改变，所以成交量就很少。“价平量缩”表明暂时均衡，如果空头再度发力在还将继续下跌，而且这种情况还比较常见，不过有一个特征是利多的技术信号，那就是最近一个交易日的K线其实是十字星形态，上影线显著长于下影线，表明有较大的力量盘中试图上冲，这个就有点类似于“仙人指路”。

图5-15　超图软件出现“价平量缩”

超图软件出现“价平量缩”之后股价怎么走呢？请看图5－16，“价平量缩”之后股价反弹，快速拉升（这点就不同于“价平量缩”的常见情形了），在前期高点附近再度止步下跌。我们本书介绍的价量十二招基本上还是一个局部分析工具，只能对中短期走势作出研判，对于大的趋势研判可以从两个角度入手：第一个角度是将K线调整到周线图甚至月线图，将价量十二招运用于其上；第二个角度是将均线分析引进来，关于均线十二招我们这里就不赘述了，大家可以参考我们的《均线十二招》。

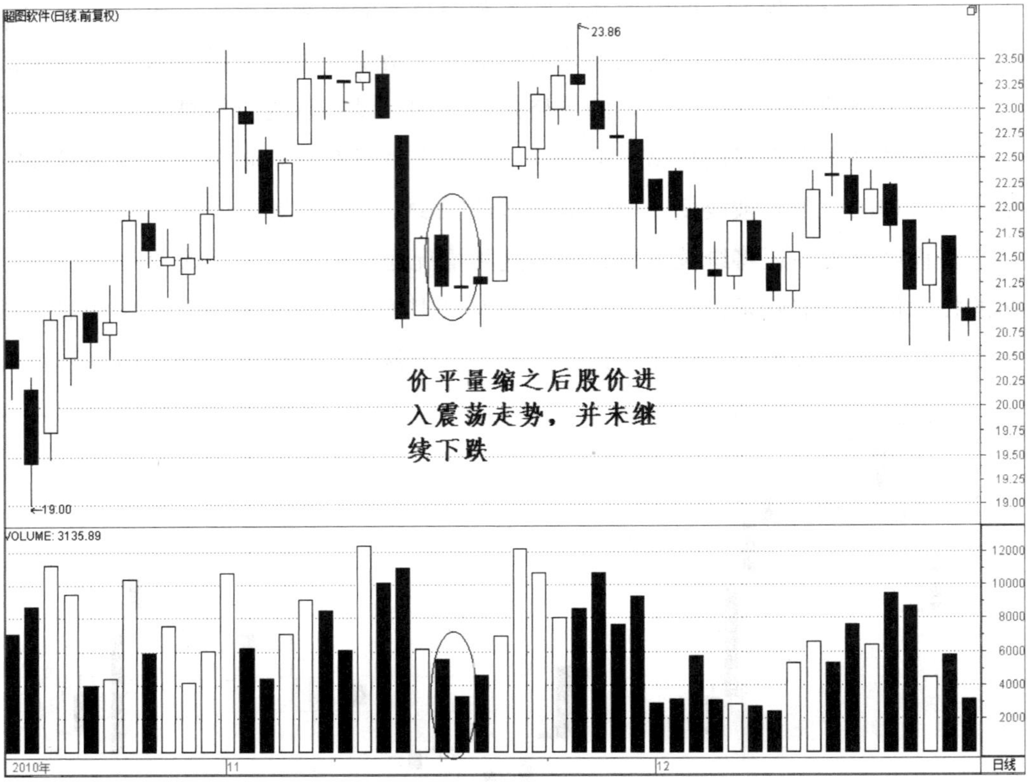

图5－16　超图软件“价平量缩”之后的走势

实例9 梅泰诺“价平量缩”

请看图5－17，梅泰诺从9.18元高位下跌，回升一日之后再度暴挫，拉出一根大阴线，相应的成交量也放得很大，表明下跌初期主力出逃的可能性更大一些，也不排除散户群体恐慌性出逃，不过后者的可能性很小。在顶部形成初期散户容易抢筹，在底部形成初期散户容易群体性恐慌出逃。大阴线出逃之后，梅泰诺的股价就呈现45°角下行走势，跌到7.76元附近就下不去了。最近三个交易日出现了小幅反弹，其中最近两个交易日的收盘价基本一致，这就是“价平”了。最近一个交易日的成交量小于此前一个交易日的成交量，这就是“量缩”。“价平量缩”表明双方暂时取得均衡，而其这个均衡处于小幅反弹之后，难道多头就这点实力么？单从技术面来看确实是这样的：第一，反弹幅度很小，相对于此前的下跌幅度而已，反弹不高就出现了均衡，就熄火了；第二，最近一个交易日的K线形态是十字星，而且位于前一个交易日的收盘价和最高价附近，这表明涨到这个价位后多头力量从占优转为均衡了；第三，较长的下影线，相应的上影线却较短，这表明盘中空头其实有点占优，反弹中出现空头占优，这表明反弹已经乏力了。

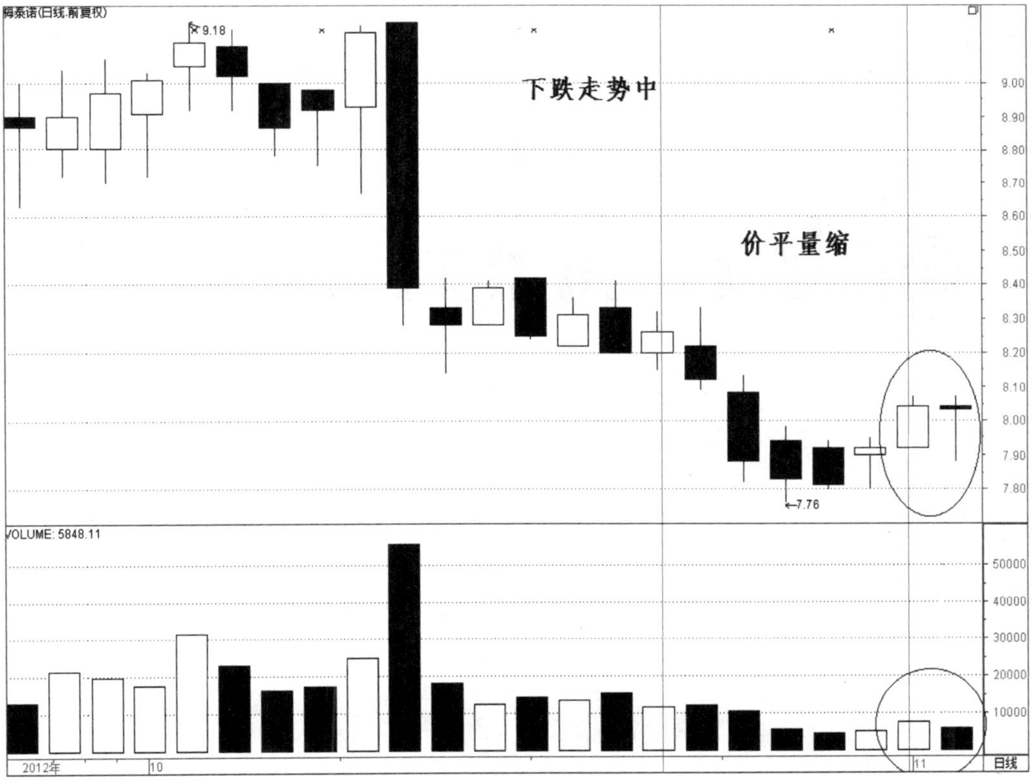

图5－17　梅泰诺出现“价平量缩”

梅泰诺在下跌走势中出现了反弹，反弹中出现了“价平量缩”，此后的走势如何呢？请看图5－18。反弹中出现“价平量缩”之后，股价又出现了一日“价平量平”，完全均衡了，然后股价开始下跌，一直跌到7.33元附近。

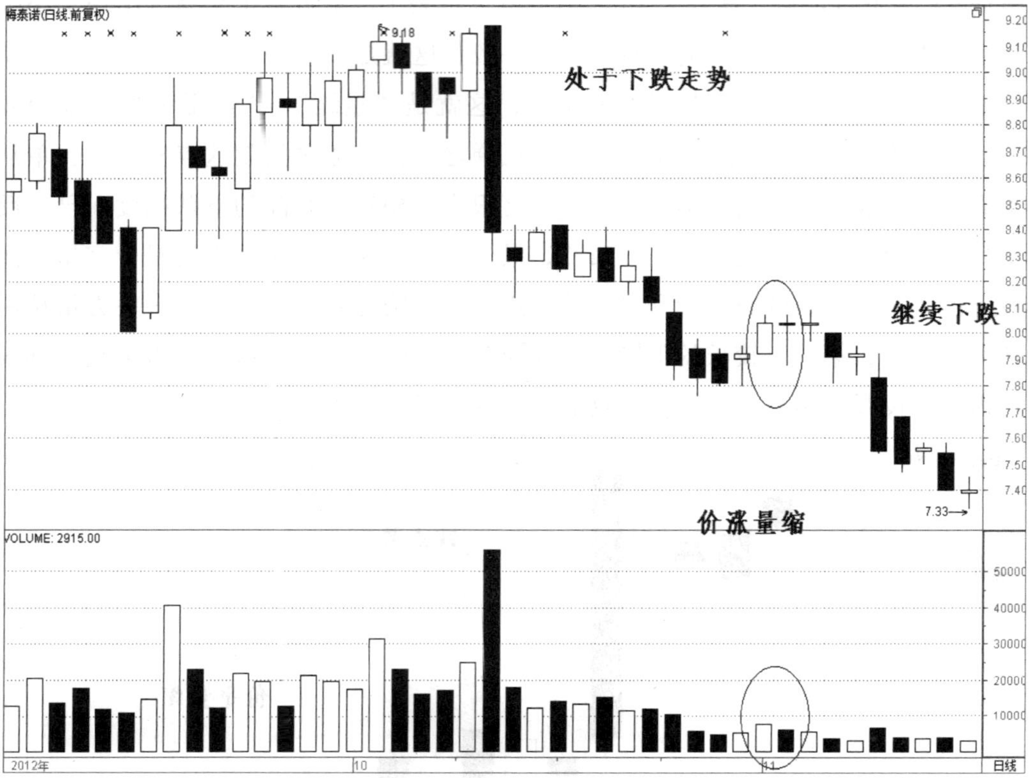

图5－18　梅泰诺“价平量缩”之后的走势

第六招

地量见底

“地量”是指阶段性最低成交量，怎么定义阶段性呢？这个就要看你的时间结构了，长时间段的最低成交量一般对应长期股价低点，短时间段的最低成交量一般对应短期股价低点。但这里需要明白一个问题，“地量”与股价低点并不一定是一一对应的关系，有可能是稍微错位。股价走低并不能表明市场已经见底，所以股价下跌很多并不能作为见底的依据。但是不少散户恰恰是根据下跌绝对幅度来判断是否见底，这样去判断往往取得不聊预期的效果。根据成交量来判断股价的相对位置是比较有效的，“地量”出现往往意味着底部出现，股价肯定要上涨，只有上涨的高度则取决于该“地量”是多长时间段内的最低成交量。通过本章众多实例的演示，希望大家能够很快学会通过“地量”去判断股价的阶段性底部。

实例1 烟台冰轮“地量见底”

请看图6－1，烟台冰轮从7.55元的高点下挫，跌到5.42元止跌，反弹后升到0.5回档位置附近再度下跌，最终还是在5.42元附近止跌，再度反弹，不过高点后迅速下跌。第三次来到5.42元附近，这时候股价数日拉出阴线，最近一个交易日成交量呈现“地量”，这或许意味着出现买入机会。我们重新来理一下思路，在前期股价低点附近出现了地量，这就是现在最重要的信息，所以股价后市回升的可能性很大。我们可以考虑在次日开盘时买入，停损放置在5元附近。

图6－1 烟台冰轮出现“地量见底”

请看图6－2，烟台冰轮出现“地量”之后，股价一路拉升，接连突破前期多个高点。升势的最后一段出现了跳空缺口，这个缺口目前为止还没有得到回补，表明支撑强劲。现在股价似乎在形成一个震荡头部，而且“天量”也出现了，所以后市可能进行必要的修正活动。

图6-2 烟台冰轮"地量见底"之后的走势

实例2 江淮动力"地量见底"

请看图6-3，江淮动力从高位下跌到5.7元然后微幅反弹，反弹到6.7元附近受阻回落，目前在前期低点5.7元附近形成整理走势，面临方向选择。最近两个交易日股价小幅盘整，紧贴下方支撑，更为重要的是最近两个交易日的成交量非常小，形成了"地量"。"地量"形成表明市场交投意愿降低到极致，准备卖出的筹码极少。

请看图6-4，江淮动力出现"地量"之后，股价连续上涨，上涨角度为45°，说明这一涨势能够良性发展，上涨空间很大。最近几个交易日股价出现了调整，而且出现了流星十字线，高位横盘整理时成交量放得很大，这是一个比较危险的信号。如何识别高位横盘整理是强势整理还是转势信号呢？其中一个诀窍就是看成交

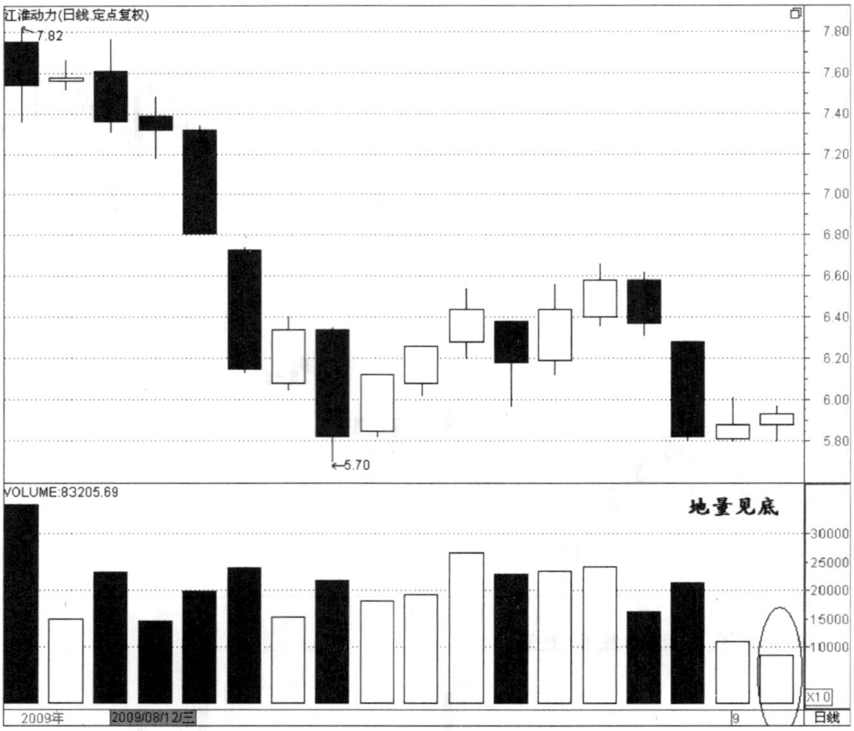

图 6－3　江淮动力出现“地量见底”

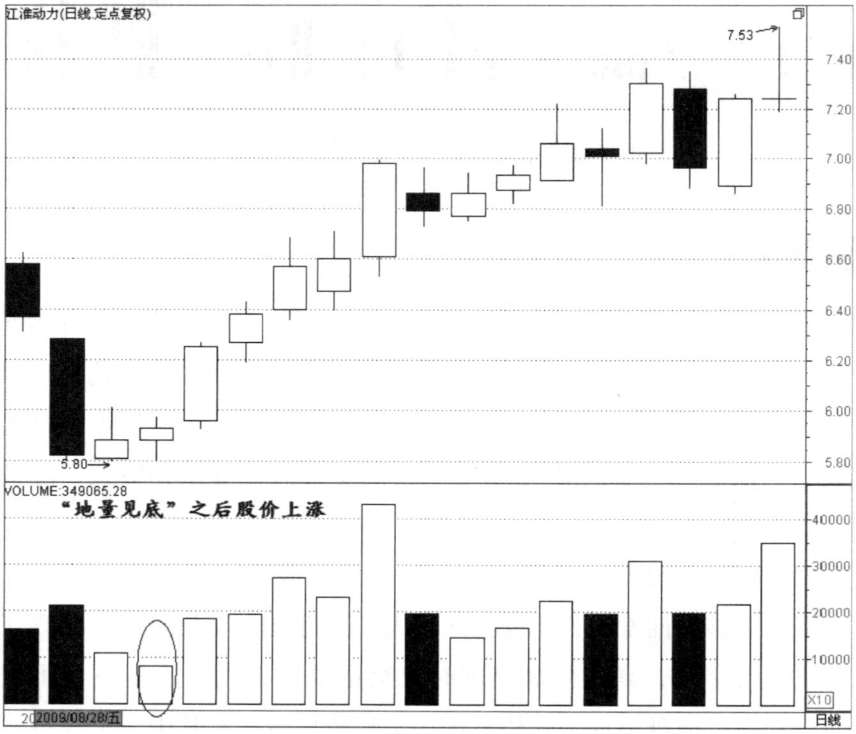

图 6－4　江淮动力“地量见底”之后的走势

量，如果高位横盘整理的时候成交量缩小，则这种整理就是强势整理；如果高位横盘整理的时候成交量放大，则这种整理就是弱势整理。

实例3 四川圣达“地量见底”

请看图6－5，四川圣达从10.88元的高点下跌，股价此后两次试图上攻此价位，均以失败告终，而且上攻末端都放出了阶段性的最大成交量，这表明10.8元一线价位的抛压沉重。股价最近一波下跌的开始阶段出现了反弹，反弹高点达到10.4元，并未触及前一高点，同时拉出流星线，这表明股价向下趋势确立。此后，股价一路下跌，一直跌到了8.16元附近。最近一个交易日呈现出地量水平，这是不是预示着下跌已经结束了呢？我们需要进一步的观察。可以看到股价在8.16元附近有两次左右的探底行为，而且股价跌到这个位置之后成交量缩得非常小。综合起来判断，我们认为四川圣达此后上涨的可能性非常大。

图6－5　四川圣达出现“地量见底”

四川圣达出现了“地量”之后，股价快速从8.16元的位置上升到前期高点附近，盘中一度创出新高，请看图6－6。上涨途中在前期反弹点附近出现了调整，调整中出现了流星线和“阴包阳”这些看跌信号，同时也放出了阶段性高点成交量，但是此后股价再度拉升，形成天量大阳线，由于此处对应前期高点，因此我们选择离场观望。为什么我们选择离场呢？第一，目前为止位于前期高点构筑的强阻力位置；第二，上影线很长；第三，放出了“天量”，如果次日成交量不能跟上继续放大，则“天量”基本确认，后市下跌的可能性很大。

图6－6　四川圣达“地量见底”之后的走势

实例4 承德露露“地量见底”

承德露露此前一直呈现上涨走势，请看图6－7。虽然此前的涨势调整很多，但是基本呈现出45°角，这表明股价后市上涨的空间还是存在的。股价上涨到27.48

元附近出现了深度调整，在 24 元整数关口和前期低点附近获得支撑，上冲不破前高，再度下探。目前股价处于 25 元整数位置，从形态上来看最近一个高点较前高低，而最近一个低点较前低高，这就使得股价处于收敛整理区域，接下来的行情分析就不太明晰了。不过，最近一个交易日成交量萎缩到了极致，同时前期并没有出现陡直拉升的情况，所以后市上涨的概率还是很大的。

图 6－7　承德露露出现“地量见底”

请看图 6－8，承德露露出现了“地量”之后，股价出现陡直上拉，这是主升浪开始的一种标志。此后，股价最高上到 30. 55 元，之后进入调整，调整过程当中成交量萎缩非常显著。这其实是一个新的入场买入机会，停损点设定在调整最低点下面一点即可。

图6－8　承德露露“地量见底”之后的走势

实例5 中鼎股份“地量见底”

请看图6－9，中鼎股份从16.52元高位下跌到12.34元低点，盘中迅速从该低点拉升，现在股价处于阴跌状态。最近一个交易日股价形成星体，相应的成交量收缩到了极致，这表明市场卖出意愿下降了，买入意愿也不高，交投不活跃，浮筹基本上没有，这个时候往往是主力介入拉升、做短庄的好时候。而且，12.34元附近明显有强劲的支撑，因为对应交易日的下影线很长。虽然，股价呈现下跌走势，不过结合上述两个因素分析，股价上涨的可能性很大，可以轻仓在这里做一把短线操作。

请看图6－10，中鼎股份出现了“地量”之后，开始连续几天上涨，调整几天后继续上涨，不断刷新上涨高点。不过，这里需要注意点，那就是在上涨过程中成交量放出了“天量”，这可能意味着上涨空间不会太大。为什么我们这么重视“天量”呢？因为“天量”代表着群众性的疯狂行为，意味着“最后的上涨”可能已经完成或者是接近完成。

图 6－9　中鼎股份出现“地量见底”

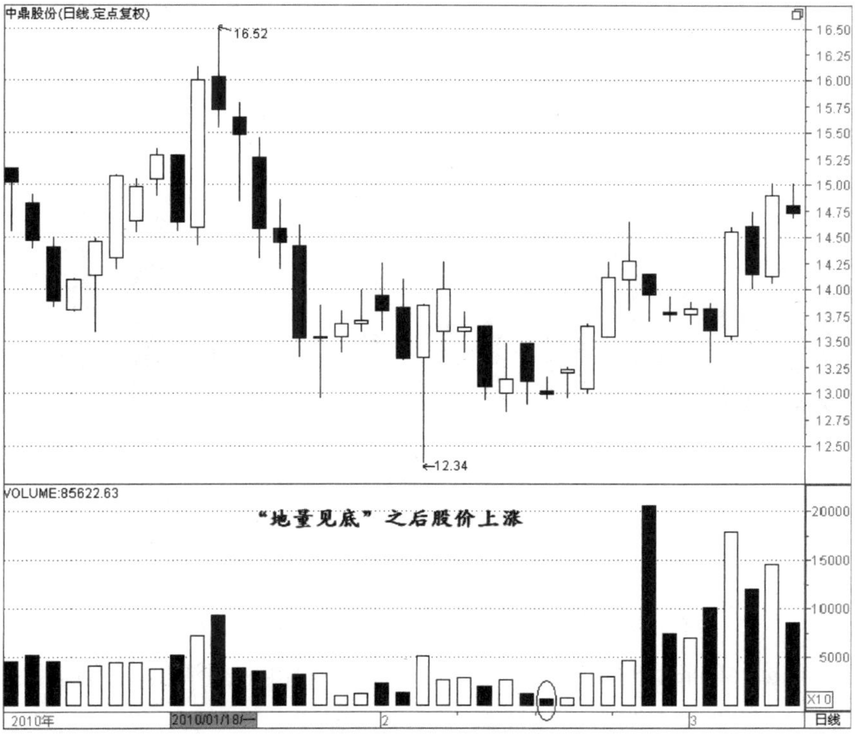

图 6－10　中鼎股份“地量见底”之后的走势

实例6 航天科技“地量见底”

请看图6－11航天科技从16元的高位下跌，跌到12.96元的低点，然后反弹到15.5元的高度，之后再度下跌。目前在前期低点12.96元的位置附近获得暂时的企稳。最近一个交易日成交量缩小到极致，这是典型的“地量”。考虑到是在前期低点附近股价企稳，同时成交量也萎缩到了极致，所以我们决定轻仓在这里介入一把。停损点也比较好设定，放置在最近低点之下一些即可。

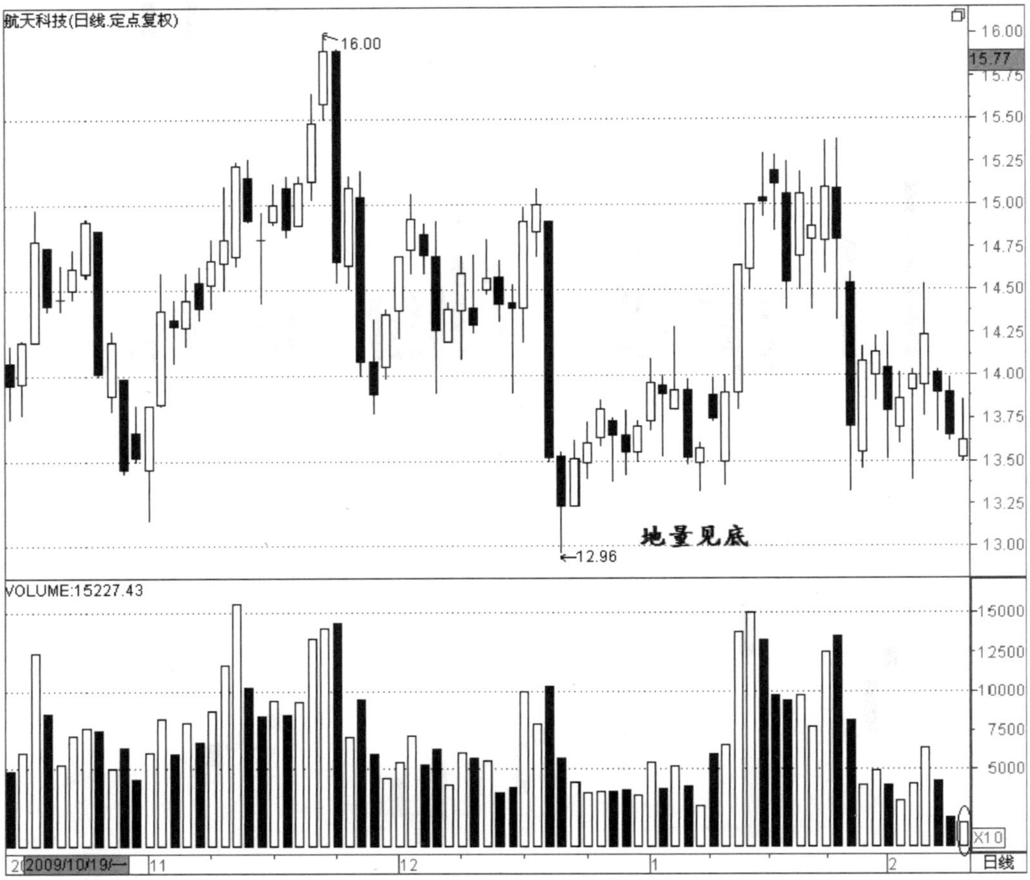

图6－11　航天科技出现“地量见底”

请看图6－12，航天科技出现了“地量见底”之后，股价连续上涨，成交量也跟着上涨。不过，涨到前期高点附近出现了“阴包阳”，股价拉出大阴线，成交量也确认了天量，看来及时卖出的时机到来了。我们再来理清卖出的理由：第一个理由是股价处于前期高点附近，而前期高点是显著的阻力位置；第二个理由是K线出现了“阴包阳”的看跌组合；第三个理由是“天量”被确认。关于“天量”进一步的讲解大家可以参考后面的相关章节。

图 6－12　航天科技“地量见底”之后的走势

实例7 南宁糖业“地量见底”

请看图 6－13，南宁糖业高位横盘之后，大阴线跌破整理平台，深度下跌后来到了 13. 12 元附近，开始在这一线进行整理。股价整理过程中形成了箱体，目前股价再次测试箱体下边沿。最近两个交易日，股价处于下边沿调整中，相应的成交量缩小到了极致，形成了典型的“地量”。进一步下跌的可能性下降了，我们准备抢一把短线上涨行情，停损设定在箱体边沿之下即可。

请看图 6－14，南宁糖业出现了“地量”之后，股价上涨幅度超过了我们的预期，除了中途有一过一次像样的调整之外，股价上涨趋势基本上都非常明显。虽然局部成交量有时候放得很大，但是与 20. 93 元的放量比较起来，这些放量都算不上

图 6－13　南京糖业出现“地量见底”

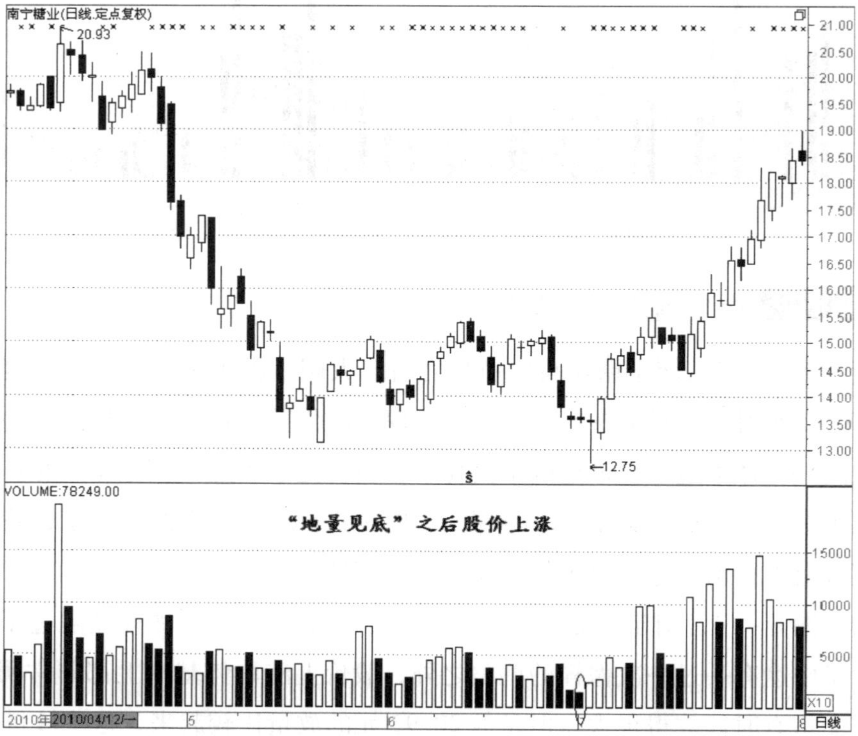

图 6－14　南京糖业“地量见底”之后的走势

是“天量”。目前，股价离前期高位平台已经不远了，要随时注意股价转势的可能性。股价见顶的几个特征，前面我们已经讲过了，大家可以结合《逃顶十二招》（白金修订版）进行了解。

实例8 福瑞股份“地量见底”

请看图6－15，福瑞股份从15.37元的价位持续下跌，中间几乎没有像样的反弹。下跌过程中有什么显著特征呢？第一，K线是阴多阳少，这点是趋势向下的特征；第二，阴长阳短，阴线基本是大实体阴线，阳线基本是小阳线，下跌力量总体上超过了上涨力量；第三，下跌波段显著长于上涨波段，这是明显的下跌趋势特征。福瑞股份持续下跌之后出现了近期以来的最低量，这就提示我们可能人气已经悲观到了极致，阶段性底部可能就在附近。

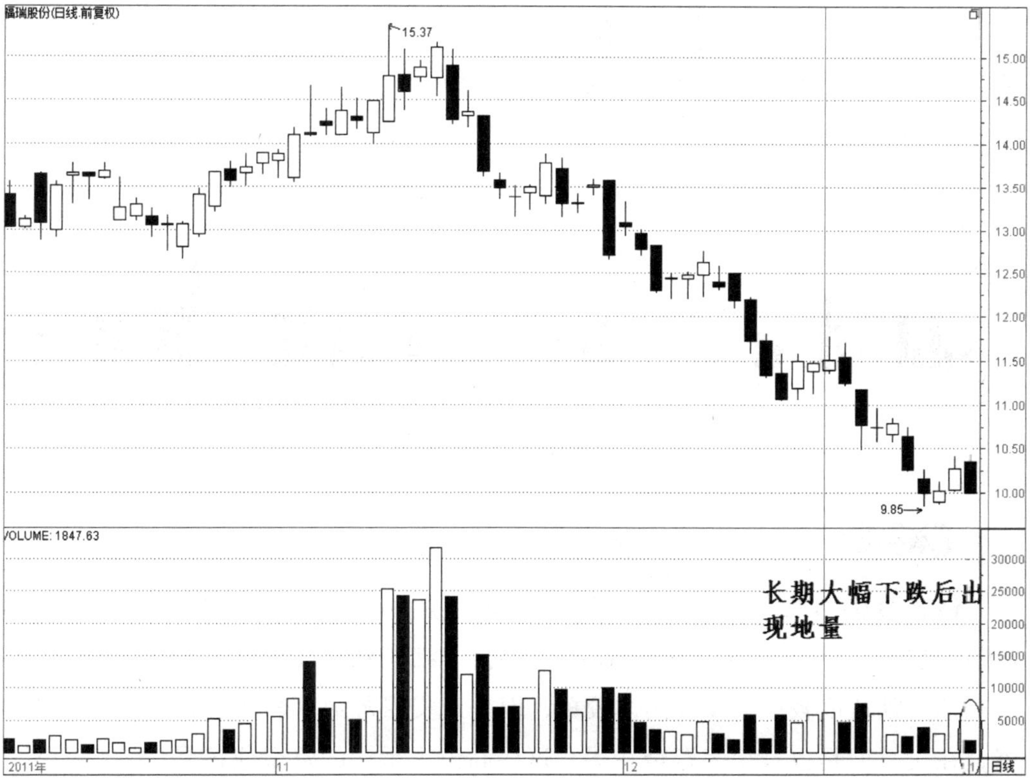

图6－15 福瑞股份出现“地量见底”

福瑞股份出现了“地量”之后，有什么样的表现呢？请看图6－16，地量出现之后股价继续下跌，第二天盘中创新低，但是收盘时被拉起，形成一根阳锤头线。

隔日一根中阳线形成，与之前的大阴线和阳锤头线构成了早晨之星形态。此后股价回升数日再度探底，形成一个更高的底部之后上涨，这是一个类似于双底的底部，此后股价一路上涨。

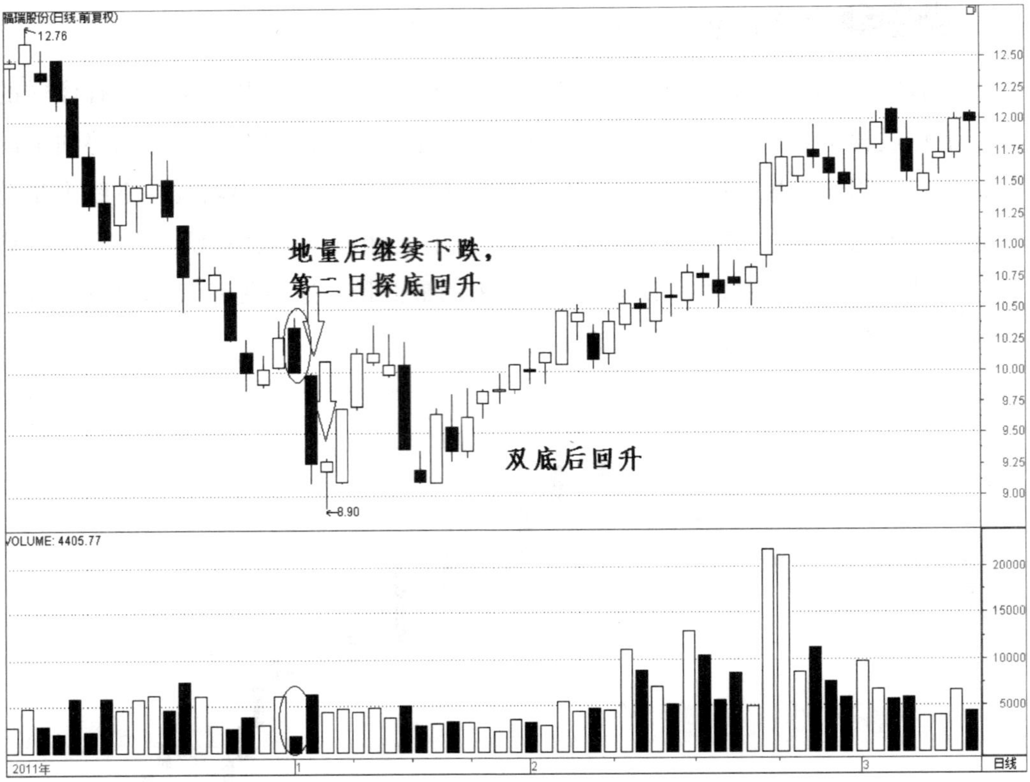

图 6－16　福瑞股份“地量见底”之后的走势

实例9 三川股份“地量见底”

请看图 6－17，三川股份从 7.32 元附近震荡上行，涨到 8.85 元附近形成了“天量见顶”的形态，这个形态在第十招会详细谈到。股价从 8.85 元的高点下跌，刚开始下跌速度较慢，K 线实体较短，但是成交量却放大较大，说明刚开始有很多资金在卖，但是也有很多资金在买。这些高位来承接的资金应该是散户，而卖出的一方应该是主力。然后，下跌加速，K 线实体较长，不过成交量整体有点萎缩，这表明想要卖出去的人可能不太容易出手，因为愿意接盘的资金不多，这样就有了缩量大跌的走势。成交量小到一定程度就出现了阶段性的“地量”，同时价格也开始横盘了，这个时候意味着抛压减少了，被套的人也麻木了。

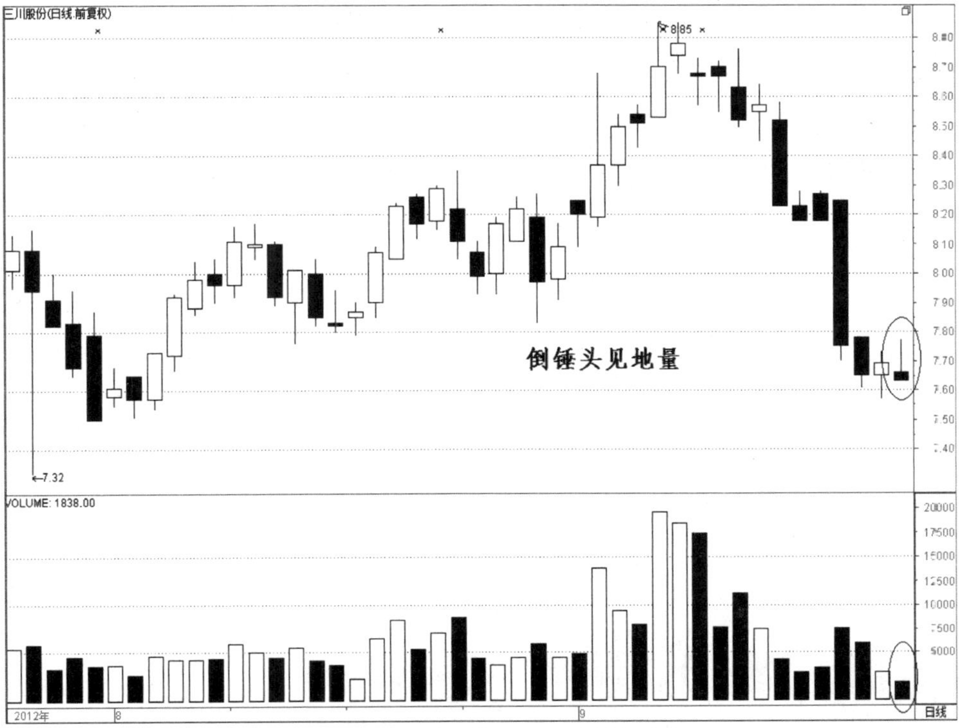

图 6－17　三川股份出现“地量见底”

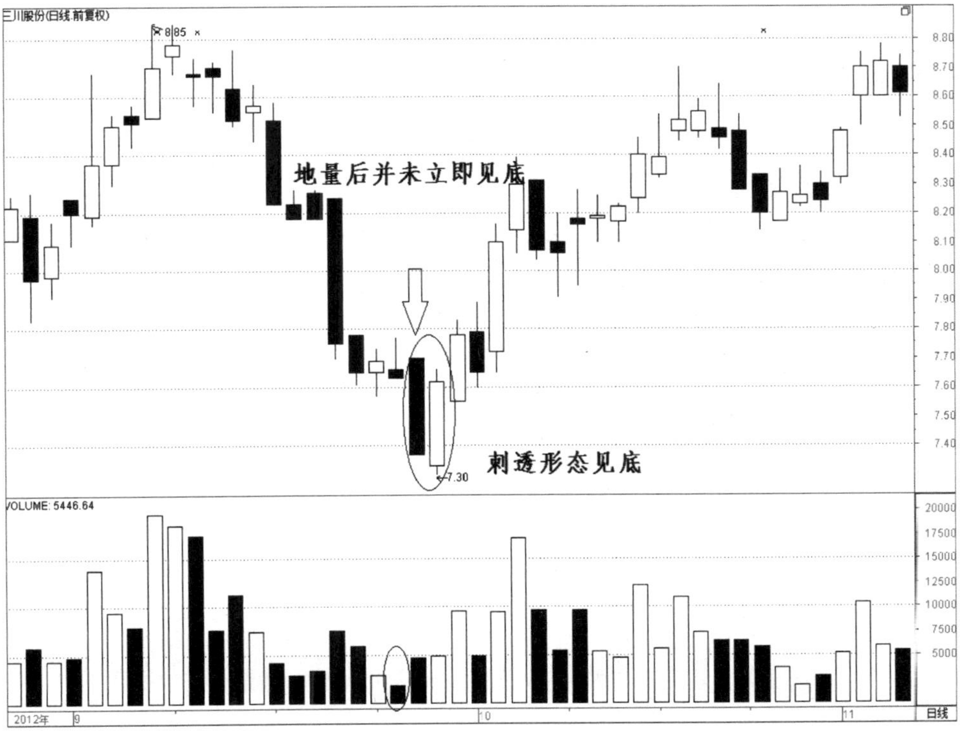

图 6－18　三川股份“地量见底”之后的走势

三川股份出现了“地量”之后，股价如何走呢？请看图6－18，地量后仍旧杀跌一日，这种情况很常见，也就是说地量当天并不是最低点，往往市场还会宣泄一次，把空头的力量耗尽，然后才会有力量往上走。三川股份的例子中，阴线打下去，然后低开阳线拿上来，一个典型的“刺透形态”，此后股价快慢结合，逐步上涨。

第七招 杯口柱量

前面六招介绍的成交量模式都属于简单形式，从本招开始我们要介绍六种复杂的模式。所谓的复杂，其实也是在简单的基础上产生和拓展的，又或者是基础形式的镜像形式，比如“地量见底”和“天量见顶”就是互为镜像的价量模式。我们本课先从“杯口柱量”开始讲起，毕竟此前的价量形态讲解基本上围绕两根价量柱来展开，现在我们需要从更多的价量柱展开分析。“杯口柱量”就是指在几根成交量柱合成像杯子一样的形态，具体而言就是形成杯口的两根阳量柱要等高，期间的成交量柱要低。当成交量形成了“杯口柱量”形态，后市上涨的可能性就很大了。下面，我们就结合一些具体实例来介绍“杯口柱量”形态的研判和运用。

实例1 福星股份"杯口柱量"

请看图7－1，福星股份从11.95元的高点快速下跌到7.53元的低点，此后股价展开反弹。显然，反弹受到了10元整数关口压制，股价最终回落到8元位置获得支撑。此后，股价并没有创下新低，而是转而上攻，最近几个交易日的成交量形成了"杯口柱量"，这种模式出现说明此后股价上涨的可能性很大。于是，我们可以考虑在开盘次日买入。那么，如何设定停损呢？如果设定在8元以下就太远了一些，这时候可以单纯从资金管理的角度来设定。

图7－1 福星股份出现"杯口柱量"

请看图7－2，福星股份出现"杯口柱量"之后，股价快速上行，最高上涨到了10.74元，股价成功地突破了前期重要阻力，目前高位也没有放出天量，所以后市进一步上涨的可能性很大。

图7－2　福星股份"杯口柱量"之后的走势

实例2 ST欣龙"杯口柱量"

请看图7－3，ST欣龙在上涨到7.38元之前，曾经一度下探到5.8元附近，而且在这次探底之前不久股价有一次显著放量，结合后面的迅猛拉升走势来看，这个可能是短线主力强势介入的信号。股价从7.38元高位下跌时并将没有特别大的放量，但是看得出成交量还是在一般水平偏上一点，这表明资金在出逃。股价跌破了前期低点，但是很快止步，相当于前期低点支撑仍旧发挥了效果。股价最低跌到了5.58元，此后股价快速上扬到了6.2元附近，并在此水平受到阻力。最近一个K线的下影线很长，这表明下档多头力量比较强劲。更为重要的是成交量出现了"杯口柱量"形态，后市进一步上涨的可能性非常大。

请看图7－4，ST欣龙出现了"杯口柱量"之后，股价横盘一日之后迅速上攻，

图 7－3　ST 欣龙出现“杯口柱量”

图 7－4　ST 欣龙“杯口柱量”之后的走势

成功突破这段时间的整理平台。目前股价价升量增，价量配合得很好，更为有利的条件是目前股价离7.38元高位较远，还存在一定上涨空间，并且目前成交量并没有出现过度大量，更没有出现“天量”。

实例3 煤化气“杯口柱量”

请看图7－5，煤化气从21.95元的高位下来一直处于下跌走势，最近一度创下11.8元的新低。最近几个成交量股价从低点起来，然后“杯口柱量”。“杯口柱量”出现表明股价后市还会有一段上涨行情。所以，我们决定在次日开盘买入，同时将停损设定在13元下方一点。

图7－5 煤气化出现“杯口柱量”

请看图7－6，煤化气出现“杯口柱量”之后向上连续推进，这时候成交量出现了“天量”，而且股价接近前期下降大平台，这可能表明在升至阻力位的过程中很多炒家都在卖出，因为他们对股价突破此阻力抱有较低的期望值。因此，此时最好也卖出这只股票，等股价走势明朗之后再作打算。

图 7－6　煤气化"杯口柱量"之后的走势

实例4 金马股份"杯口柱量"

请看图 7－7，金马股份从 10.11 元高位下跌，在此顶部附近的成交都非常活跃，成交量比较大。随着下跌加深，成交量逐步缩小。股价下跌呈现 45°角，下跌过程中偶有放量，特别是在 6.5 元一线，股价以后反弹到这一线可能面临较大的阻力。股价在 6.5 元附近横盘整理，最终被打压到 5.32 元水平，这时候"地量"出现了，股价继续下跌的可能性下降了。更为重要的是最近几个交易日股价形成了"杯口柱量"，后市看涨的几率很大。

请看图 7－8，金马股份从 10.11 元的高位下跌后低位出现了"杯口柱量"，接

图 7－7　金马股份出现“杯口柱量”

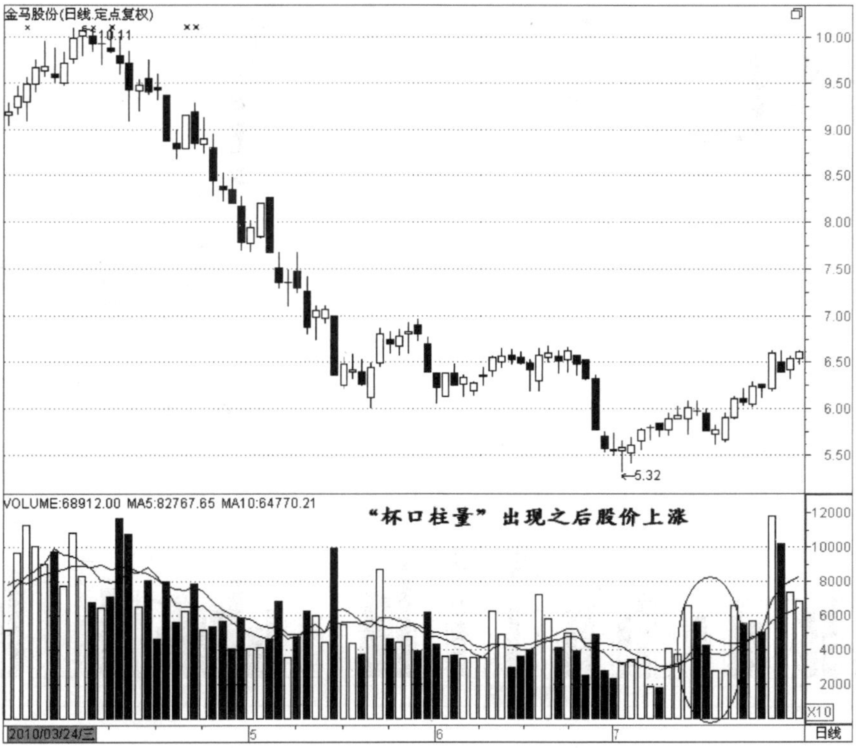

图 7－8　金马股份“杯口柱量”之后的走势

下来的走势如我们预期一样上涨。不过，上涨到 6.5 元附近就出现了“天量”，而且 6.5 元这个位置本来就是前期成交量密集区域，阻力自然很大，所以这里有很多抛盘涌出自然就不奇怪了。那么，我们应该如何操作呢？理智的操作是退出观察，等待股价远离这个区域再说。

实例 5 新大陆“杯口柱量”

请看图 7－9，新大陆从 14.6 元的高位开始下挫，在股价接近这个价位的时候，成交量放得很大，基本相当于是“天量”，这表明还有大量的盘子在这里涌出，上档压力沉重。股价从 14.6 元高点下跌的初期出现过一次反弹，反弹高点在 14 元，然后拐头向下，这就确认了下跌趋势。股价一路下跌到 10.18 元才止跌，这时候成交量缩小很多，相当于是“地量”，股价出现了回升。近几个交易日股价出现了“杯口柱量”，这预示着后市上涨的可能性很大。

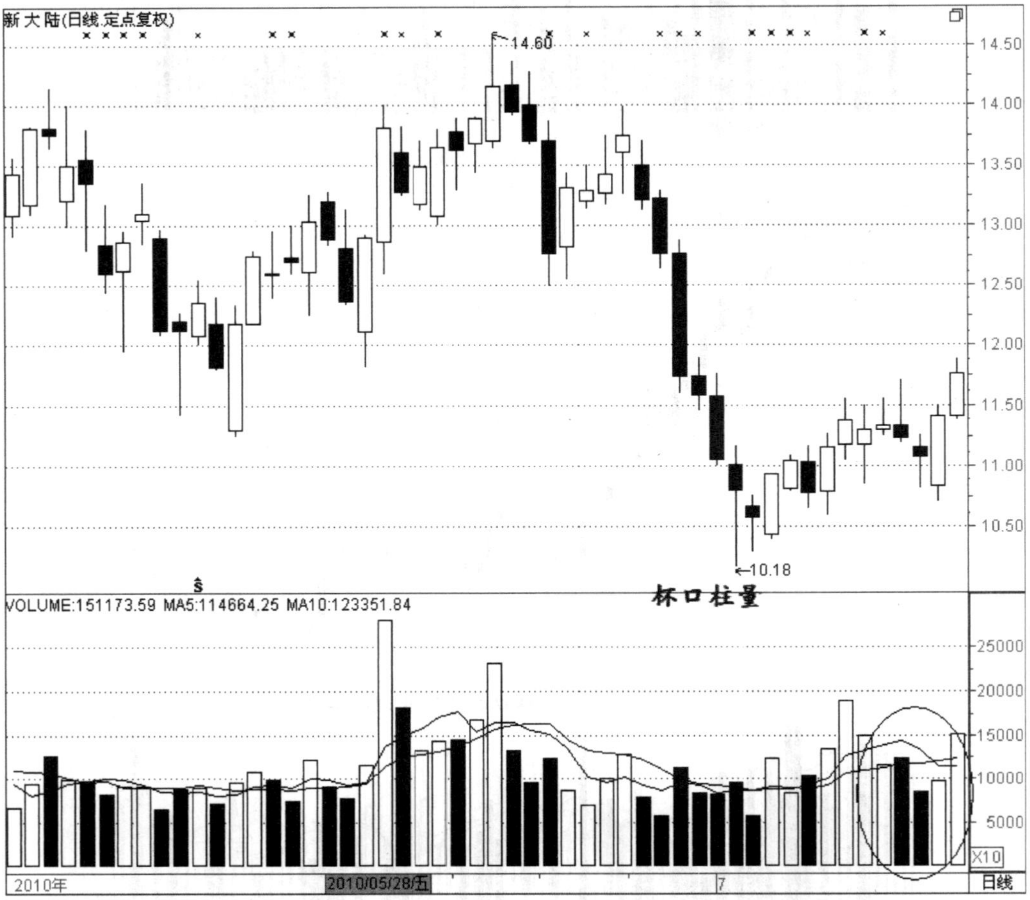

图 7－9　新大陆出现“杯口柱量”

请看图7－10，新大陆出现了“杯口柱量”之后，股价如预期一样上涨，上涨呈现45°角，没有“天量”出现，该股后市进一步上涨的可能性非常大，可以继续持股，以便赚取更多的利润。

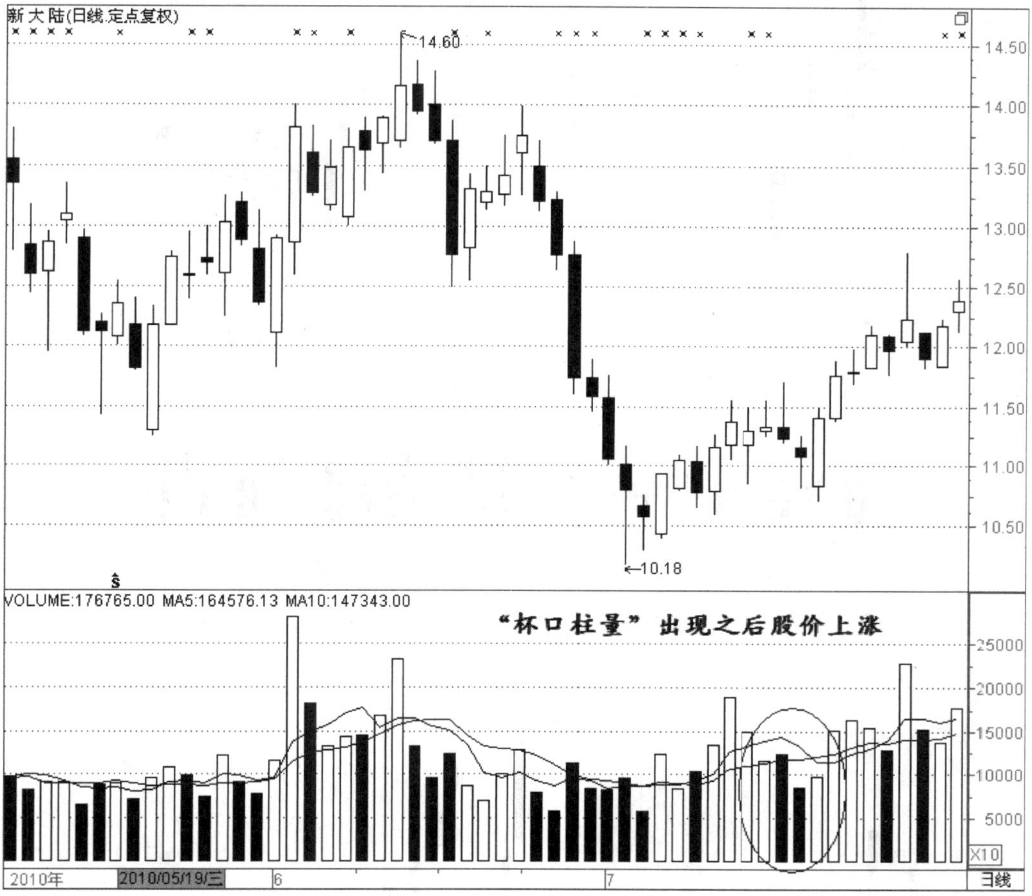

图7－10　新大陆“杯口柱量”之后的走势

实例6 华兰生物“杯口柱量”

请看图7－11，华兰生物前期走势构筑了一个箱体结构，这个箱体的上边沿在52.36元，下边沿在40元。股价从52.36元跌下来，最低跌到39.70元，这个位置恰好位于箱体下边沿。此后，股价一路上涨，现在成交量形成了“杯口柱量”，后市继续看涨。

请看图7－12，华兰生物形成“杯口柱量”之后，股价快速拉升，角度稍微大于45°，所以后期可能有调整可能。目前整个涨势中，“价涨量增，价跌量缩”的

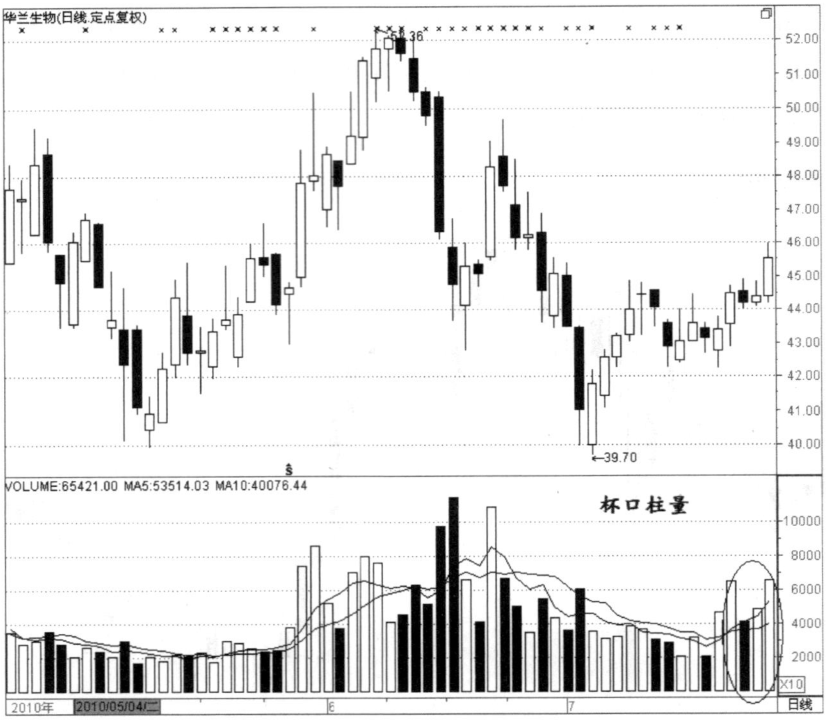

图 7－11　华兰生物出现“杯口柱量”

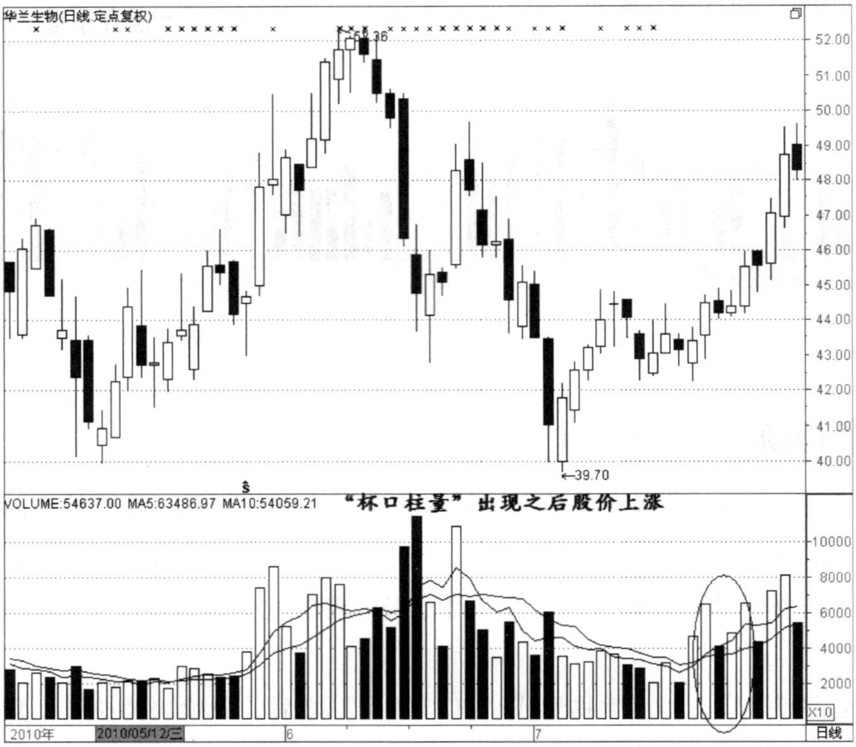

图 7－12　华兰生物“杯口柱量”之后的走势

比较明显，这是有利继续上涨的一面。况且，股价目前正处于前期高点附近，50 元整数关口面临较大的压力，按照我们的习惯会降低仓位，避免利润出现大的回调。

实例7 江苏三友“杯口柱量”

请看图 7-13，江苏三友近期走势处于震荡下行状态，高点在 8.48 元。低点在 6.8 元附近，最近股价两度跌到这个位置，这表明这一线买盘强劲，短期内不会失手。最近，股价从 6.78 元快速回升，相应的成交量为“杯口柱量”，后市进一步上涨的可能性很大，可以在次日开盘买入，停损设定在 7 元附近。

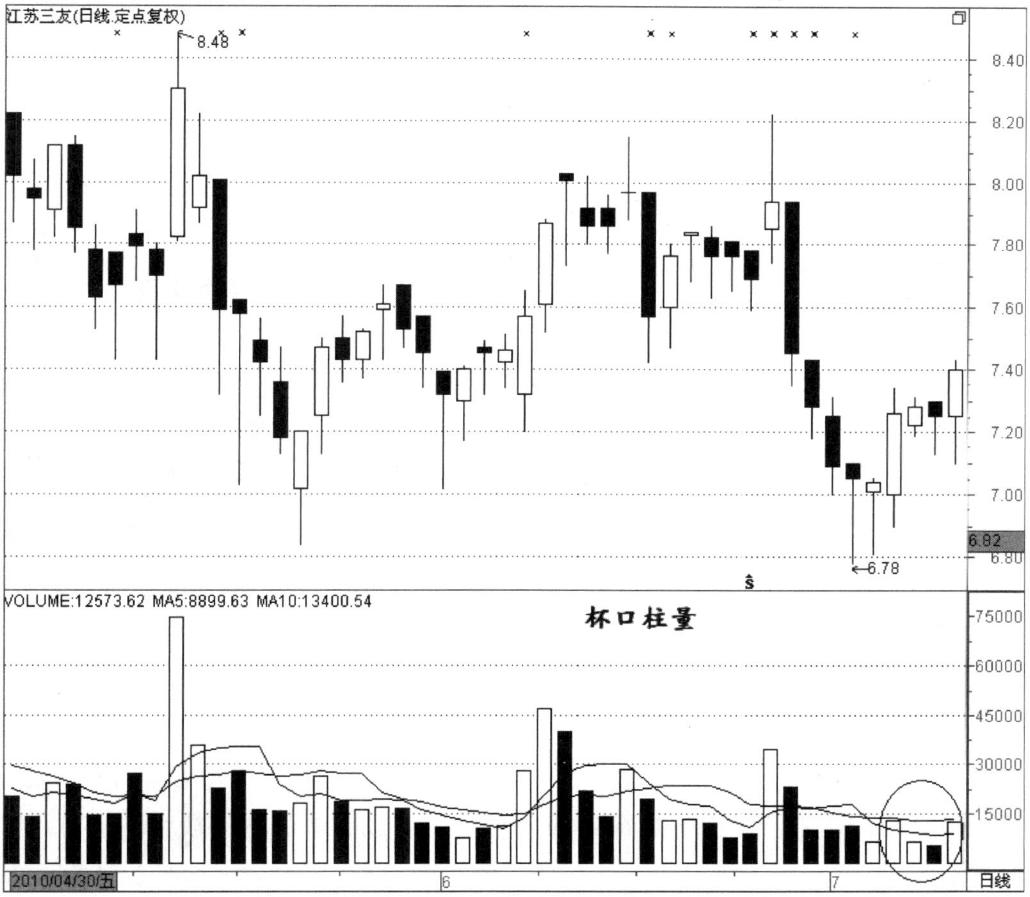

图 7-13 江苏三友出现“杯口柱量”

请看图 7-14，江苏三友出现了“杯口柱量”之后，股价维持 45°角的继续上涨格局。现在股价快要接近前期高点 8.22 元，出现了一颗纺锤线形态，不过成交量并没有放出“天量”，这表明后市继续上涨的可能性还是有的，不过我们按照习惯会降低仓位。

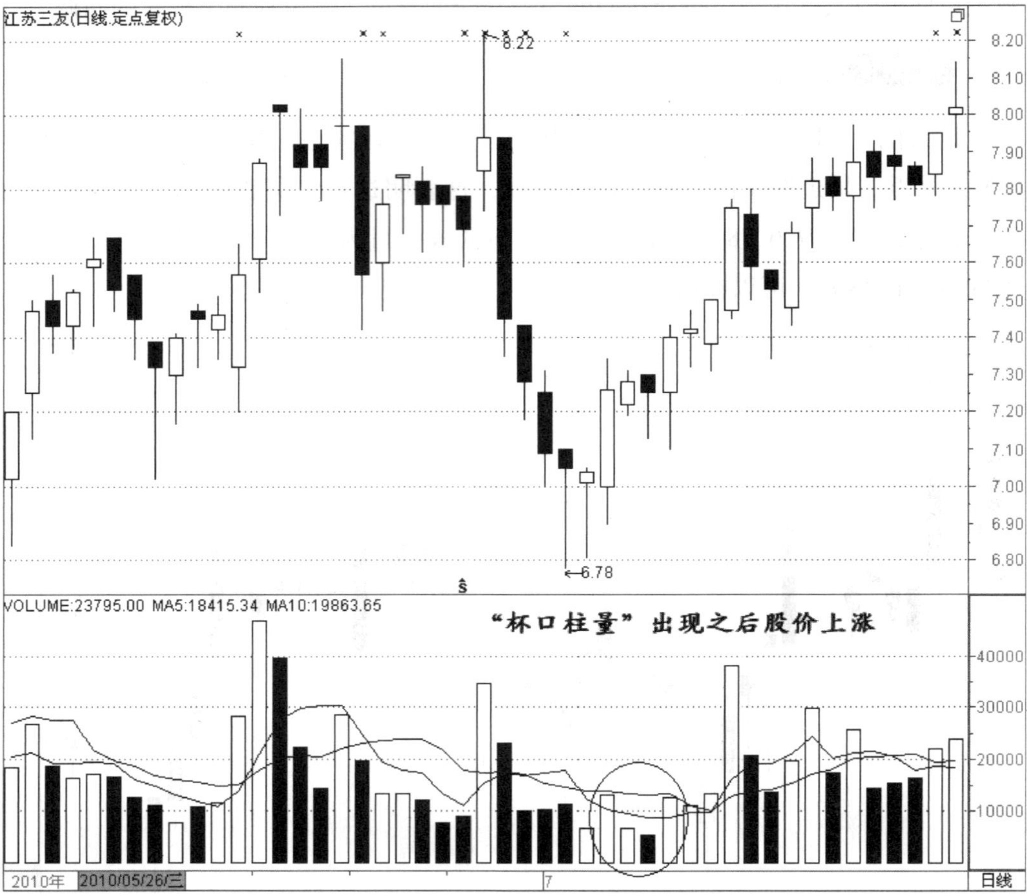

图 7－14　江苏三友"杯口柱量"之后的走势

实例8 三川股份"杯口柱量"

请看图 7－15，三川股份的价格从 8.85 元下跌，跌到 7.3 元附近回升，是反弹还是反转我们还不清楚。不过最近的回升伴随着成交量的些许放大，这有点符合"价涨量增"的特征。最近三个交易日三川股份出现了"杯口柱量"，中间一日调整是缩量下跌的，上涨却是放量阳线，接着上涨的可能性很大，所以初步可以断定这波上涨是反转而不是反弹，至少是幅度较大的反弹。"杯口柱量"其实里面隐含了"价跌量缩"和"价涨量增"两个类型，完整来讲，"杯口柱量"其实往往是"价涨量增"接着"价跌量缩"再接"价涨量增"，只不过两个"价涨"对应的"量增"高度基本一致。

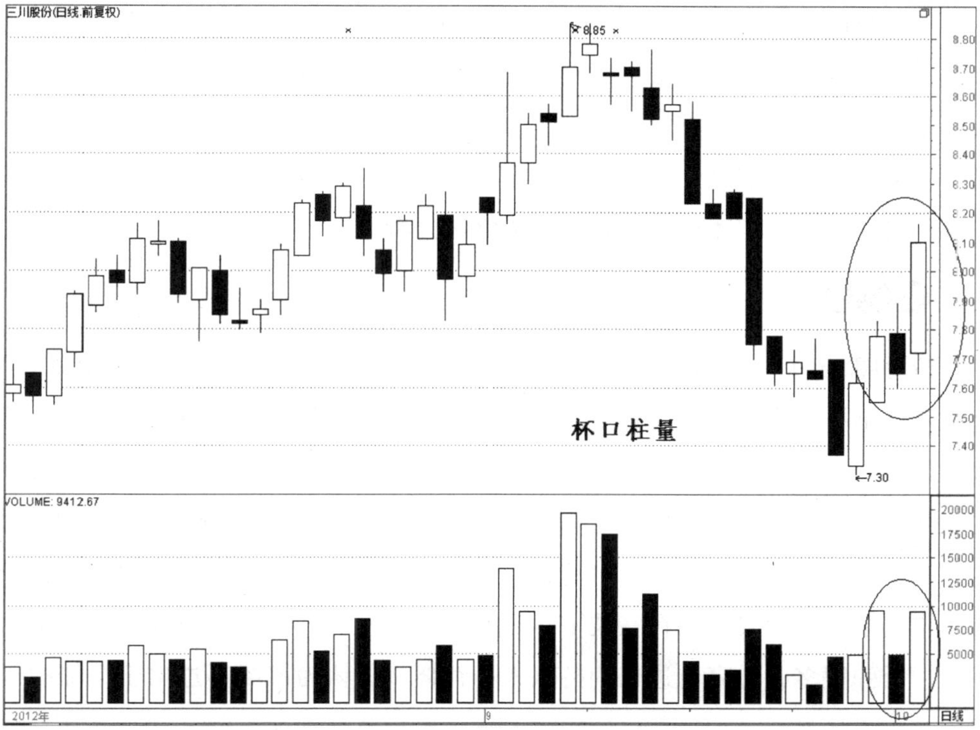

图 7－15　三川股份出现“杯口柱量”

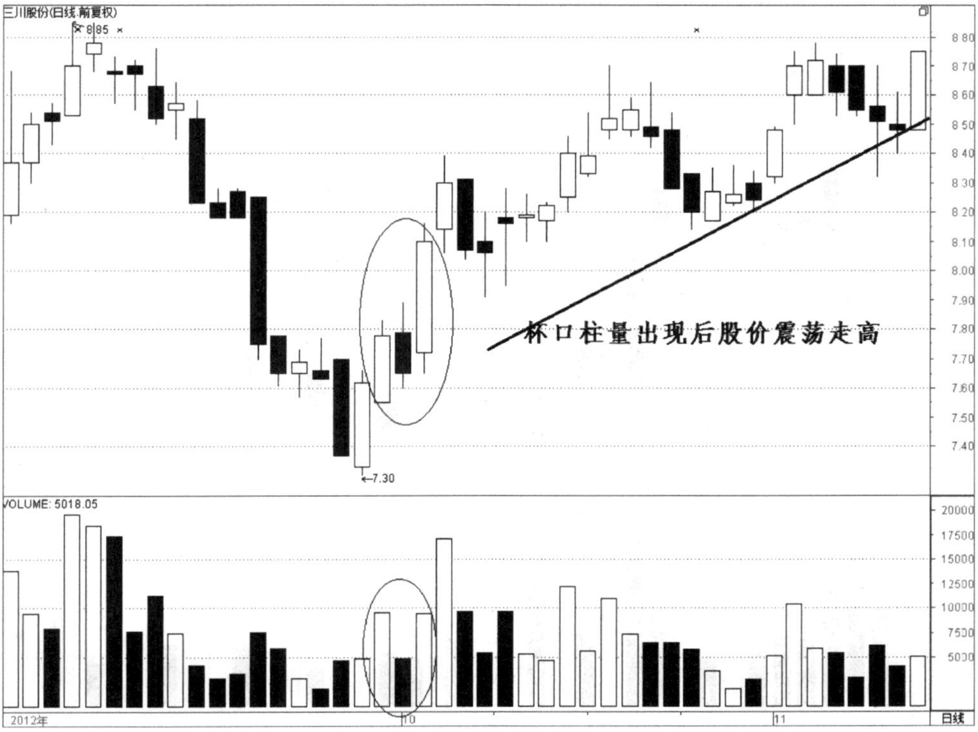

图 7－16　三川股份“杯口柱量”之后的走势

三川股份出现了“杯口柱量”之后，股价实际上是怎么走的呢？请看图 7－16，三川股份的价格没有跌到“杯口柱量”对应价格线之下，这表明这个位置的买入者处于盈利状态。上涨过程中，“价涨量增”和“价跌量缩”的特征非常明显，我们应坚定持仓的信念。所以，大家应该在学习本书的过程中将前后的知识和技巧结合起来使用，这样才能真正学通学透价量分析。

实例9 顺网科技“杯口柱量”

请看图 7－17，顺网科技从 23.78 元下跌，刚开始跌势较缓，然后就加速下跌。这里不得不提一下任何一波趋势的特点，那就是基本分为两个阶段，第一个阶段是慢速走势，走得比较震荡；第二阶段是快速走势，走得相当迅速。具体来讲，在一波上涨趋势中，股价刚开始会走得比较震荡，上涨不是很明显，幅度也不是很大，往往调整复杂，这个阶段持续时间较长，然后股价就会在较短时间内快速拉升，这就是市场情绪的爆发。而在一波下跌趋势中，股价刚开始下跌较为缓慢，下跌幅度不大，反弹很多，让高位进场的持股人心存侥幸，认为市场不过出于上涨的调整过程中。等市场参与者们还在迟疑中的时候，股价就会加速下跌，这个就让参与者们猝不及防了。顺网科技加速下跌到 17.7 元附近，然后开始上涨，涨到 21.5 元附近出现了“杯口柱量”，接下来的走势会怎么样呢？

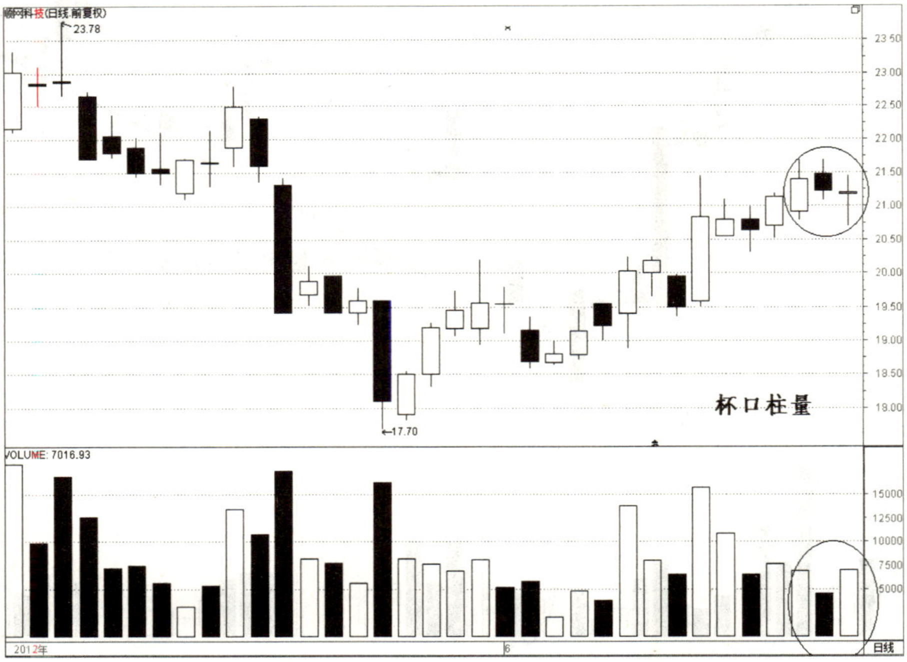

图 7－17 顺网科技出现“杯口柱量”

请看图 7－18，顺网科技出现的“杯口柱量”其实有一个很重要的特征是收阳。这天收的其实是一根近似于十字星的 K 线，这表明上涨力量不是很足。果然，股价并没有立即上涨而是震荡，但是并没有深幅下跌，经过宽幅震荡之后才上行。

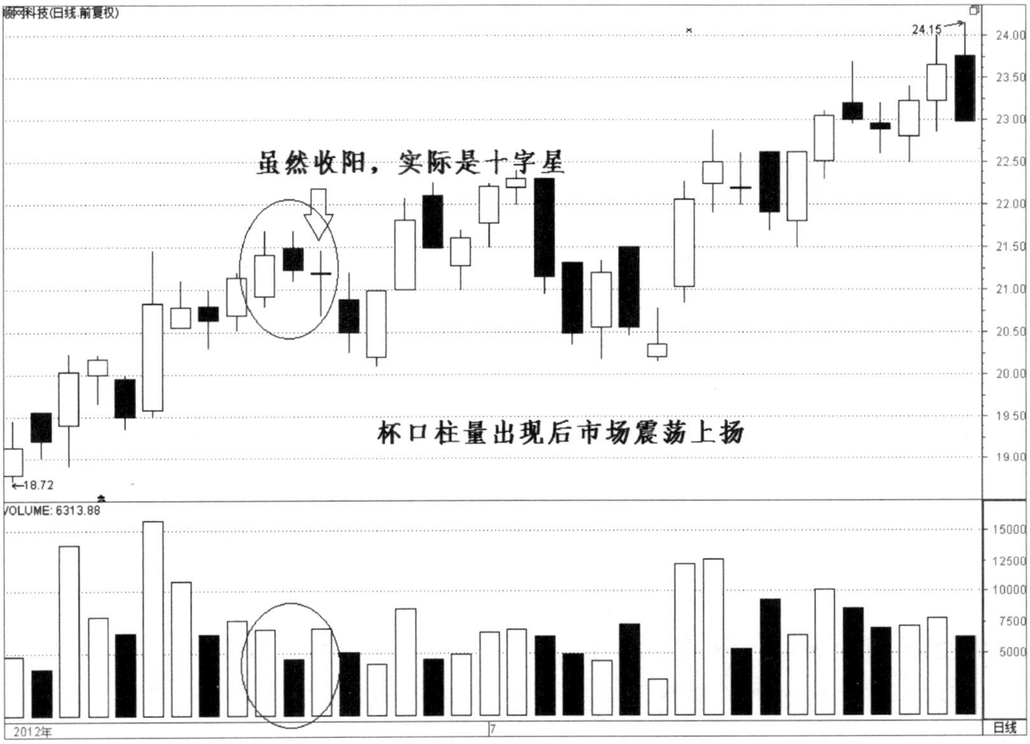

图 7－18 顺网科技“杯口柱量”之后的走势

第八招

水平柱量

“水平柱量”是阳线成交量基本一致的情况，这种情况下股价可能继续上涨的可能性很大。“水平柱量”和“价跌量平”以及“价涨量平”还是存在区别的，因为“水平柱量”要求相应的两个K线都必须是阳线，后面两种情况却不是这样的。需要注意的是“水平柱量”不能出现“阴柱“，大多数初学这个形态的人都容易把这些搞混。简单来讲，“水平柱量”就是用来发现上涨机会的工具。水平柱量也有复杂形态，比如连续三根K线成交量一致，甚至四根，当然这些都是在最基本的形态基础上形成的，我们仍然可以利用最基本的思想去分析这种复杂的情况。同时，还需要注意的是“水平柱量”的“一致”其实不太可能完全一致，但是越是接近则可靠性越高，这就是所谓的价量分析艺术的一面。下面，我们就结合一些具体的实例来看如何识别和利用“水平柱量”吧。

实例1 承德露露“水平柱量”

请看图8－1承德露露最近一段时间的走势呈现曲折上升走势，调整幅度很大，上涨幅度略大于调整幅度，这是典型的主力洗盘拉升手段，在不知不觉中将价位拉到一个较高的水平，为主升浪做准备。在这个过程中，绝大多数散户都会承受不住而退出，由于新承接的散户成本在不断抬高，所以股价进一步上涨的可能性和幅度都很大。最近几个交易日，股价反弹过不了高点，不过最近几个交易日出现了“水平柱量”，后市继续上涨的可能性还是很大的。

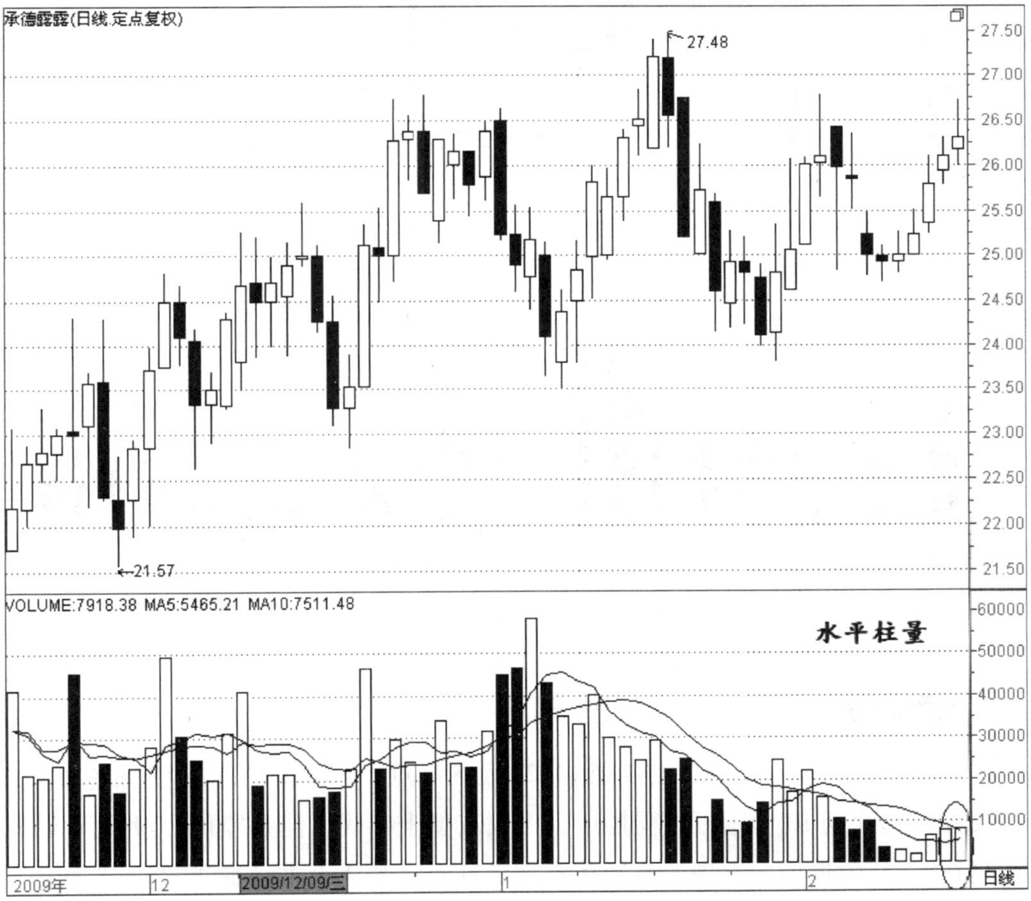

图8－1 承德露露出现“水平柱量”

请看图8－2，承德露露出现“水平柱量”之后快速拉升，快速突破了前期高点，在30.55元形成新高点后回落，不过这时候成交量相比前期而言并不算“天量”，所以调整后继续上涨的可能性还是很大的。另外，股价在30元附近形成额流星线和“阴包阳”，后市调整的可能性很大。

图 8－2　承德露露“水平柱量”之后的走势

实例2 高鸿股份“水平柱量”

高鸿股份从 8.8 元低点上攻到 14.27 元的高点，之后下跌，在 11 元整数关口获得支撑，反弹到 13 元附近遭受抛压，形成流星十字线。但是股价并没有深度回落，而是在 12 元附近横向整理，最近几个交易日形成了“水平柱量”，后市上涨的可能性很大。

高鸿股份形成“水平柱量”之后，股价进一步上涨，成功突破了 13 元的阻力，接近前期高点 14.27 元，后市进一步上涨的可能性还是很大的。因为该股还没有出现“天量”，现在也没有出现看跌 K 线形态。

图 8－3　高鸿股份出现“水平柱量”

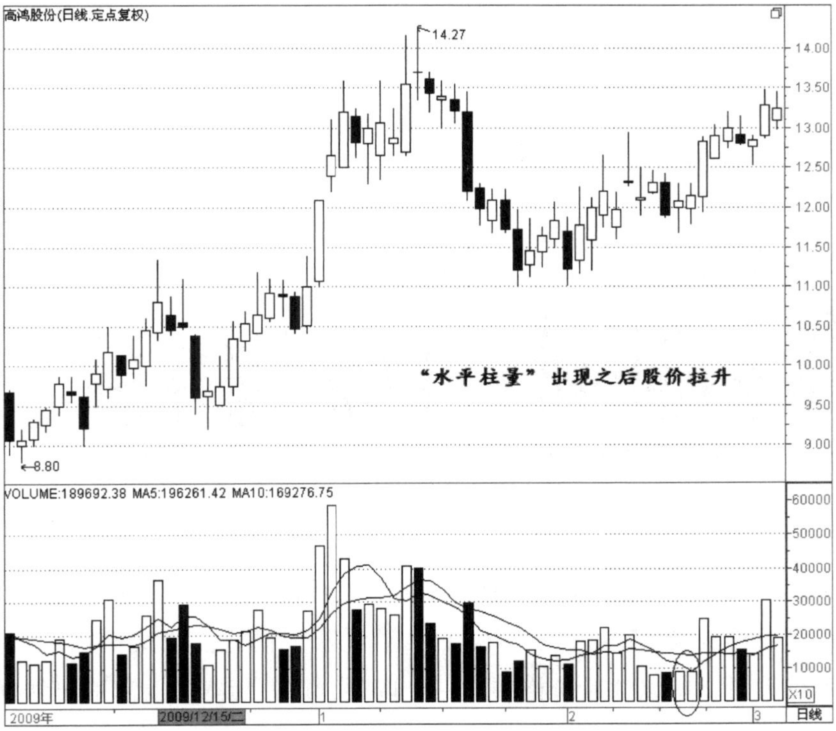

图 8－4　高鸿股份“水平柱量”之后的走势

实例3 五粮液“水平柱量”

请看图8-5，五粮液从29.85元高位下挫，在23元整数关口获得支撑，然后反弹到27元附近再度回落，创出新低22.2元。目前股价继续上升，最近两个交易日成交量形成了“水平柱量”。虽然目前接近27元阻力位置，但是进一步上涨的可能性很大。我们决定在次日开盘时买入，停损设定在24.5元附近，因为25元附近是一个小平台，存在一定支撑。

图8-5 五粮液出现“水平柱量”

请看图8-6，五粮液出现“水平柱量”之后股价以45°角持续上涨，顺利突破前期高点。股价在28.5元下方形成了“阴包阳”模式。成交量出现阶段性高点，但是并不算天量，所以此后价格将有一个调整，调整后继续上涨的可能性很大。

图 8－6　五粮液"水平柱量"之后的走势

实例4 海印股份"水平柱量"

请看图 8－7，海印股份在 14.73 元附近形成了一个阶段性成交量高点，此后股价大幅下跌到 9.82 元。此后股价在 9.82 元附近形成了低点，成交量也在这附近形成阶段性低点，V 字形反转发生了。股价快速回升到 13 元附近，这一线是前期下跌的整理小平台，套牢盘较多，股价一来到这里就迎来了大量的抛盘，成交量放出"天量"，股价应声下跌。最近两个交易日形成了"水平柱量"模式，股价可能止跌企稳，然后发动新一波的攻势。

请看图 8－8，海印股份出现"水平柱量"之后，股价持续拉升。顺利突破前期高点，目前处于 14 元附近区域整理，蓄势上攻 14.73 元前期高点的迹象明显，可以进一步持仓待涨。

图8－7　海印股份出现“水平柱量”

图8－8　海印股份“水平柱量”之后的走势

实例5 同力水泥“水平柱量”

同力水泥从12.83元分两波下跌，请看图8－9。第二波下跌的起点位于12元附近，这附近出现了大量的抛盘，成交量放出了“天量”，此后股价快速下跌，在9.41元获得强支撑，盘中被迅速拉起，形成长长的下影线，这表明下档买盘强劲，这时候地量也形成了，阶段性底部出现了。股价最近几日开始回升，最近两个交易日出现了“水平柱量”，股价进一步上涨的可能性很大。

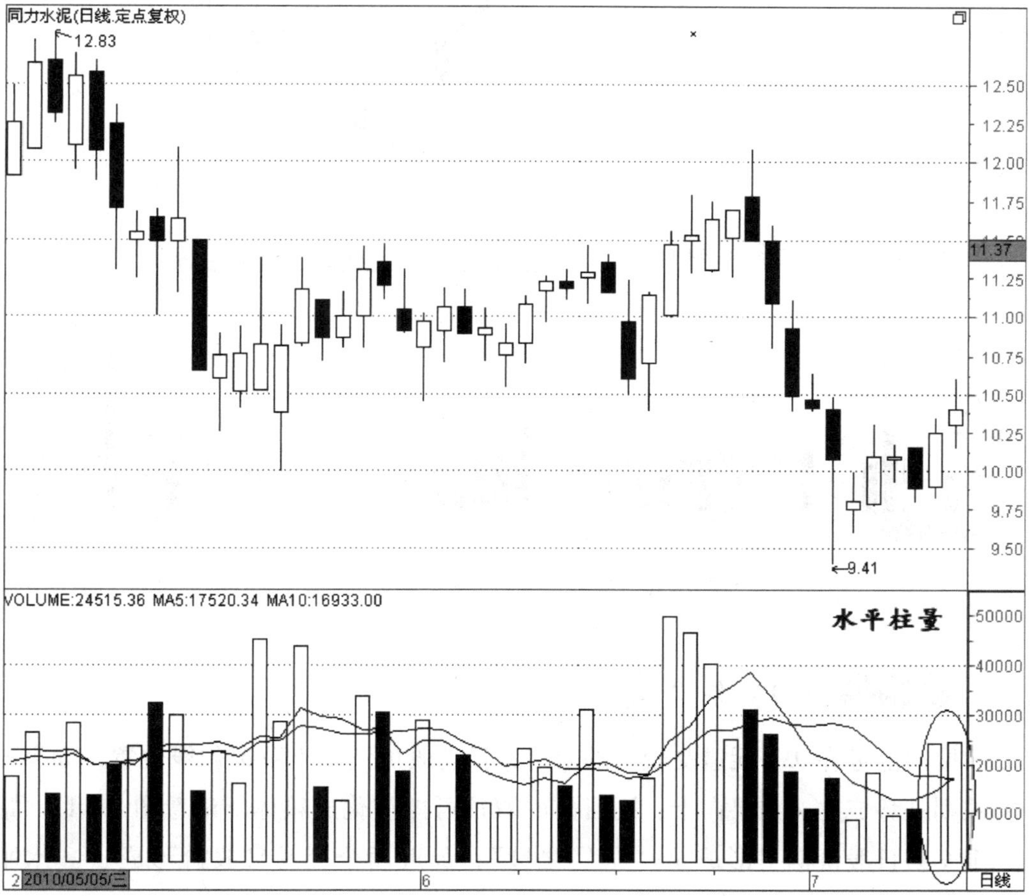

图8－9 同力水泥出现“水平柱量”

同力水泥出现“水平柱量”之后，股价快速上行，突破前期高点，请看图8－10。在12元附近横盘整理，同时放出“天量”，看到这种情况我们会选择降低仓位，很明显这个位置有大量的抛盘。另外，为什么我们不选择全部卖出呢？这是因为虽然“天量”出现了，但是股价却高位强势横盘，横盘位置在前期高点之上，上涨可能性还是较大的。

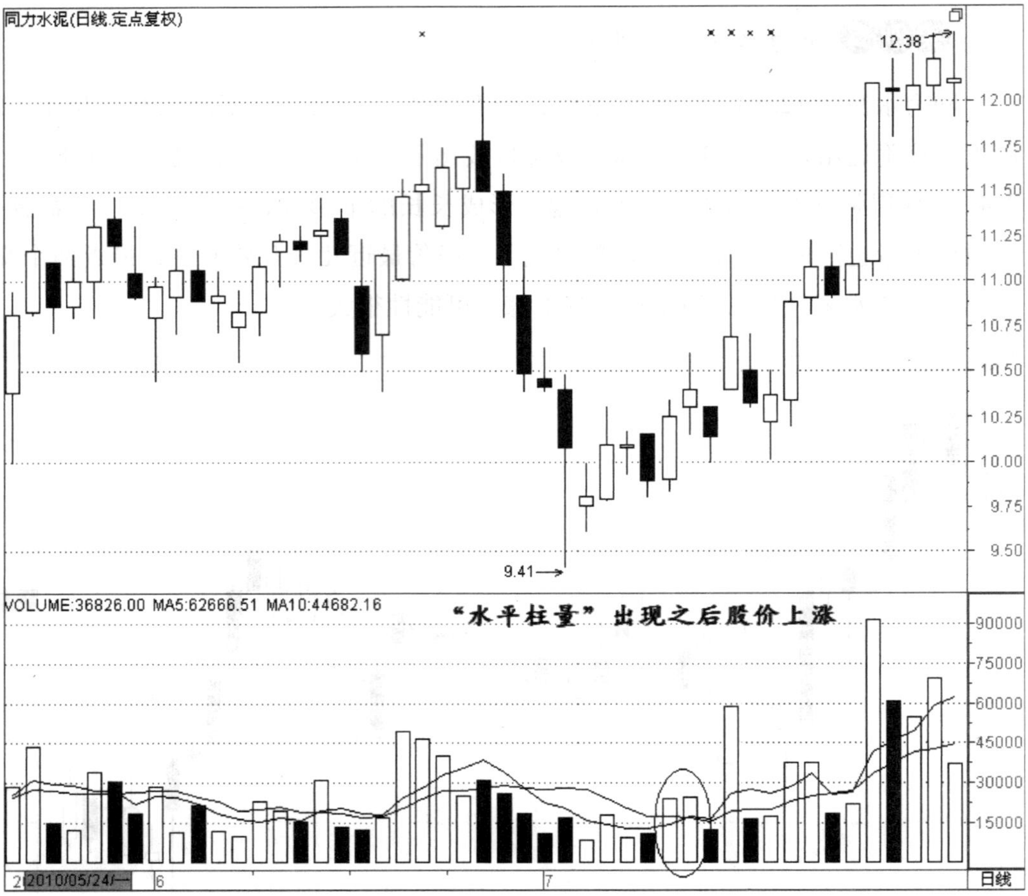

图 8－10　同力水泥"水平柱量"之后的走势

实例6 厦门港务"水平柱量"

厦门港务在9.4元遭受较大的阻力，目前股价正处于双顶颈线位置，如果向下突破则跌势成立，如果向上，则目前的双顶可能演化成箱体，请看图8－11。最近三个交易日股价似乎形成了"早晨之星"，最近两个交易日股价形成了"水平柱量"模式，后市继续上涨的可能性很大。现在回过头来看此前的走势，9.42元这个高点对应着"天量"，而目前的股价低点对应着成交量低点，因此后市回升的可能性很大。

请看图8－12，厦门港务出现了"水平柱量"之后，股价目前已经连续上涨了两个交易日，似乎形成了新的"水平柱量"，后市继续上涨的可能性很大。再来看上涨空间，基本上可见阻力在9.42元附近，而目前上涨才刚起步，所以空间很大。

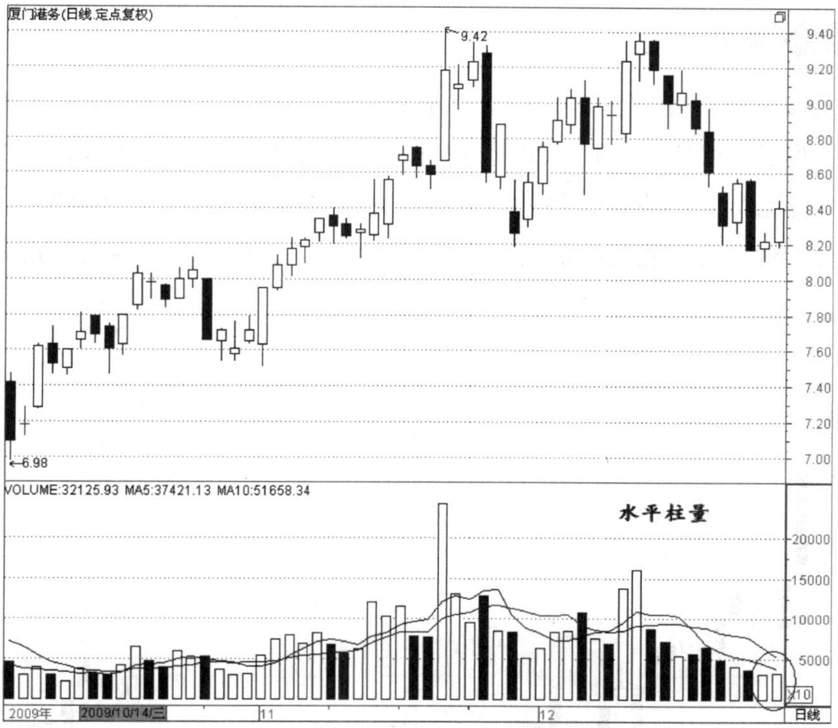

图 8－11　厦门港务出现“水平柱量”

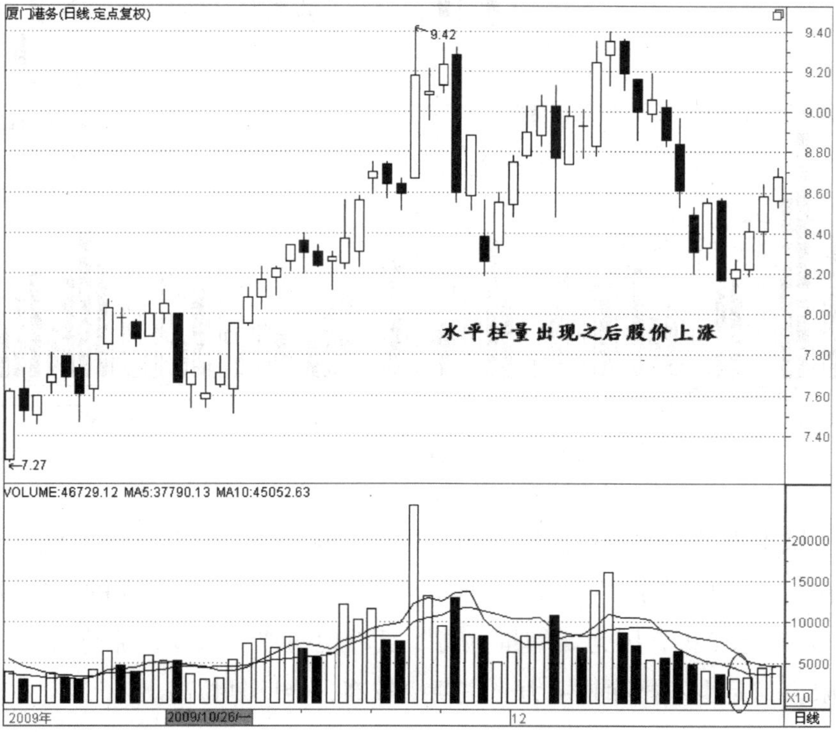

图 8－12　厦门港务“水平柱量”之后的走势

实例7 嘉凯城“水平柱量”

嘉凯城近期一直处于下跌走势，请看图8－13。第一波下跌到7.5元附近获得和支撑，形成圆弧底，但是很快就在右杯口暴跌，形成新低7.1元。在7.1元之上形成了“早晨之星”形态，另外最近两个交易日形成了“水平柱量”，后市进一步上涨的可能性很大。我们决定在次日开盘进场买入，停损放置在7.1元下方一点。

图8－13　嘉凯城出现“水平柱量”

嘉凯城出现了“水平柱量”之后，股价大幅上升，顺利突破了前高，请看图8－14。在8.5元形成了“天量”，但是后一日的股价却是拉高的，这种情况下的“天量”应该忽略掉，因为“缩量拉高”反而说明浮筹减少，涨势可期，虽然幅度可能有限，但是也不排除是主力坐庄期望较高，会反复拉高。

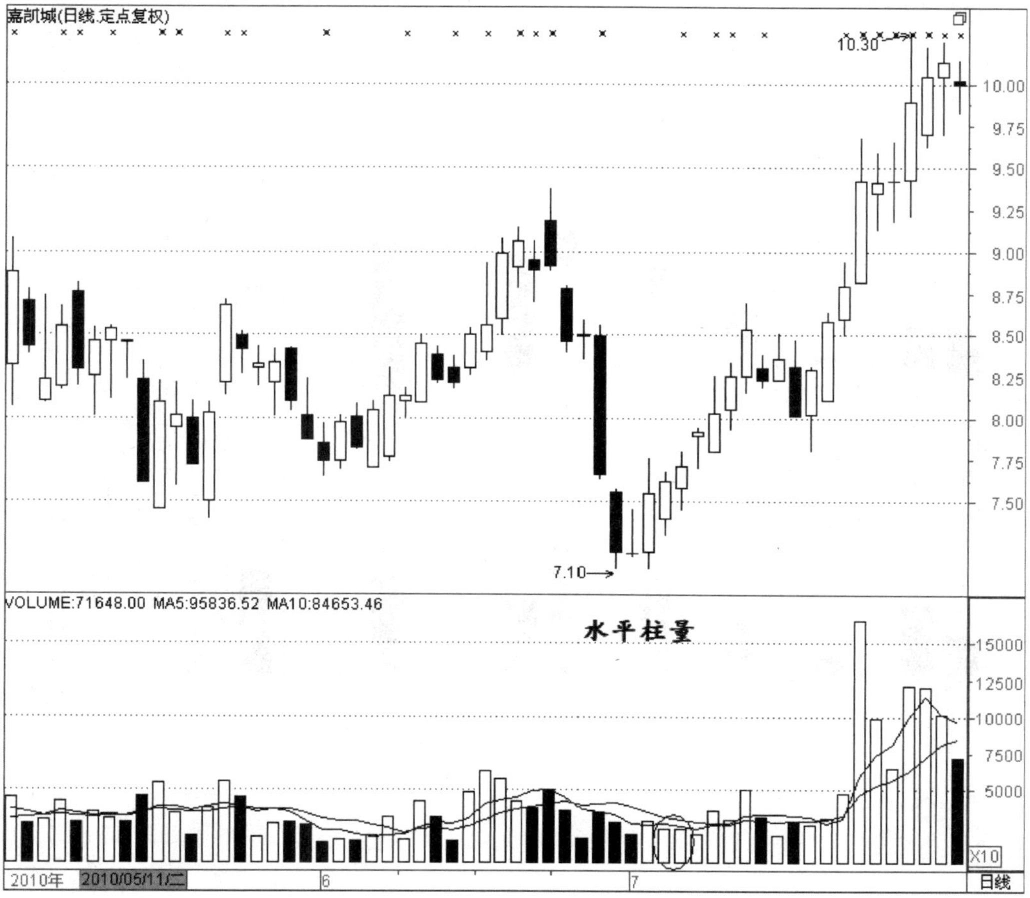

图 8－14　嘉凯城“水平柱量”之后的走势

实例 8 中航电测“水平柱量”

“水平量柱”表明股票抛压在减轻，同时愿意进场的资金在增加，这样就使得成交量不变的情况下股价上涨了。请看图 8－15，中航电测缓慢上涨，幅度不大，以至于处于这个行情之中的买家可能会最终放弃持仓。但是到了最近几天股价开始大幅拉升，特别是最近两天成交量显著增加，而且成交量基本是一致的，两日都是阳线，这就是看涨信号强劲的“水平量柱”。

中航电测出现了“水平柱量”之后，走势如何呢？请看图 8－16，股价次日冲高回落，但是基本收盘在前日收盘价附近，这表明多头力量还是很强的，至少守住了阵地。然后两天，也就是最近两天股价持续大幅上涨。

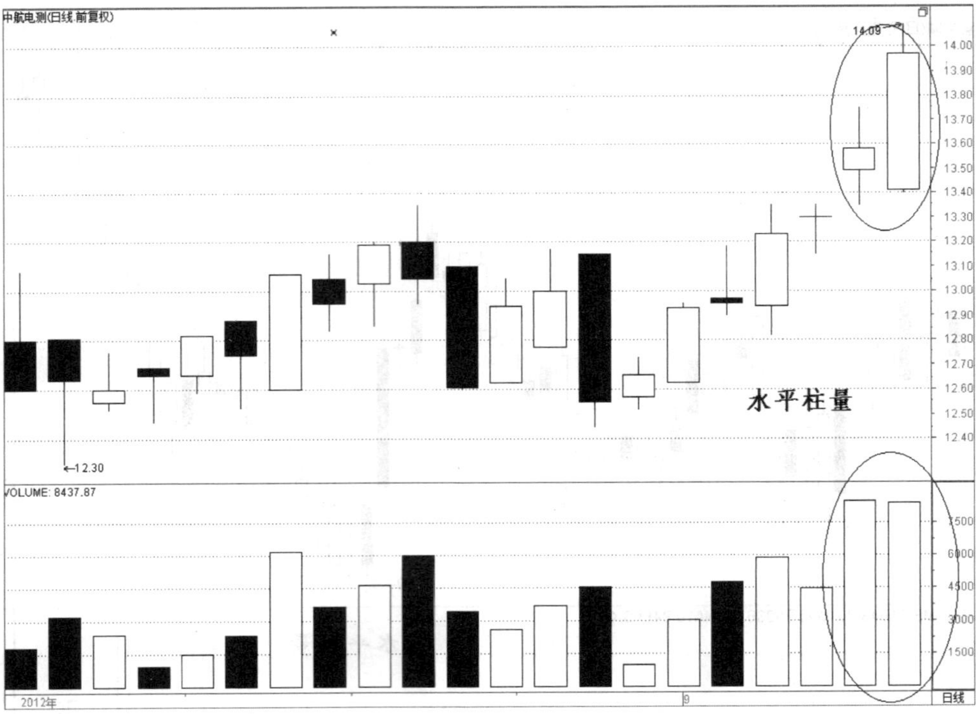

图 8－15　中航电测出现“水平柱量”

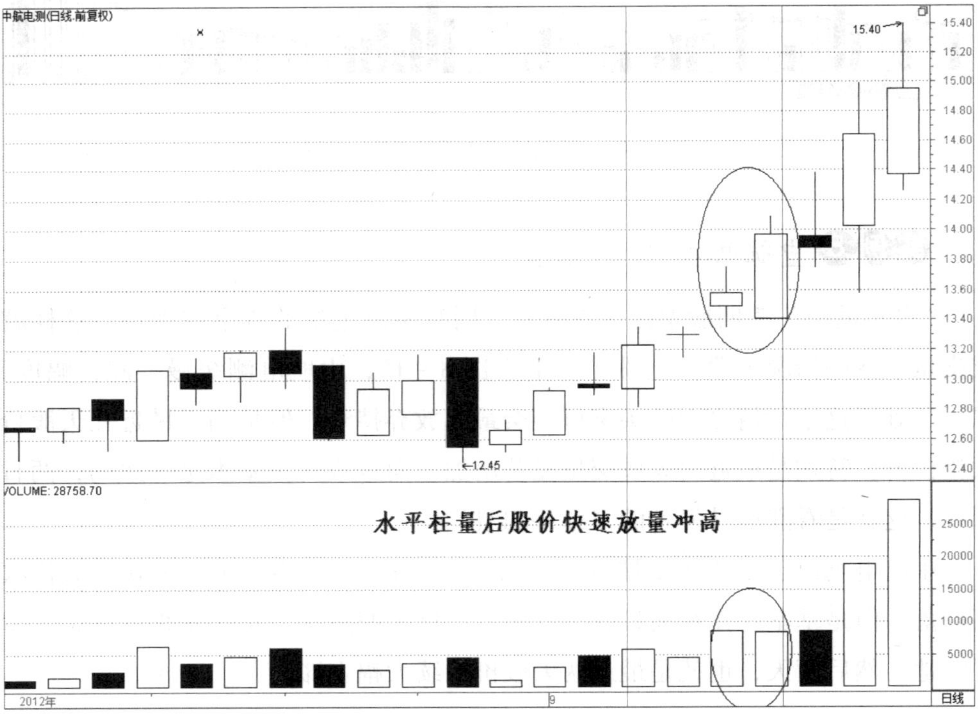

图 8－16　中航电测出现“水平柱量”

实例9 长盈精密"水平柱量"

请看图8－17，长盈精密呈现逐浪走低的下跌走势，跌到18元附近就出现了小幅回升，这个回升能够继续么？这波回升是反弹的可能性更大还是反转的可能性更大的呢？我们简单从价量的角度进行分析，下跌过程中曾经出现过一次仅仅持续三日的反弹，而且与本次回升比较类似。第一日是小实体阳线，具体而言是个纺锤线。第二天则是中阳线，第三天则是小实体阳线。前一次反弹的第三天是纺锤线，这次回升的第三天是倒锤头，盘中空头发力但是被多头扳了回来。不过最大的差异在于成交量方面，前一次反弹成交量一日比一日低。价格在涨，成交量却在缩小，这表明股价上涨是由于卖压减小导致的，而不会由于需求增加导致的，这种反弹的可持续性就很差，所以成了反弹。现在这次回升有什么成交量的特征呢？虽然最近两个交易日的成交量相对于第一日有缩小，但是两个交易日之间却是相同的，也就是说成交量其实是走平的，结合两根阳线就是典型的"水平柱量"。"水平柱量"出现意味着后市继续走高的可能性很大，一般可以结合日内分时走势进场。

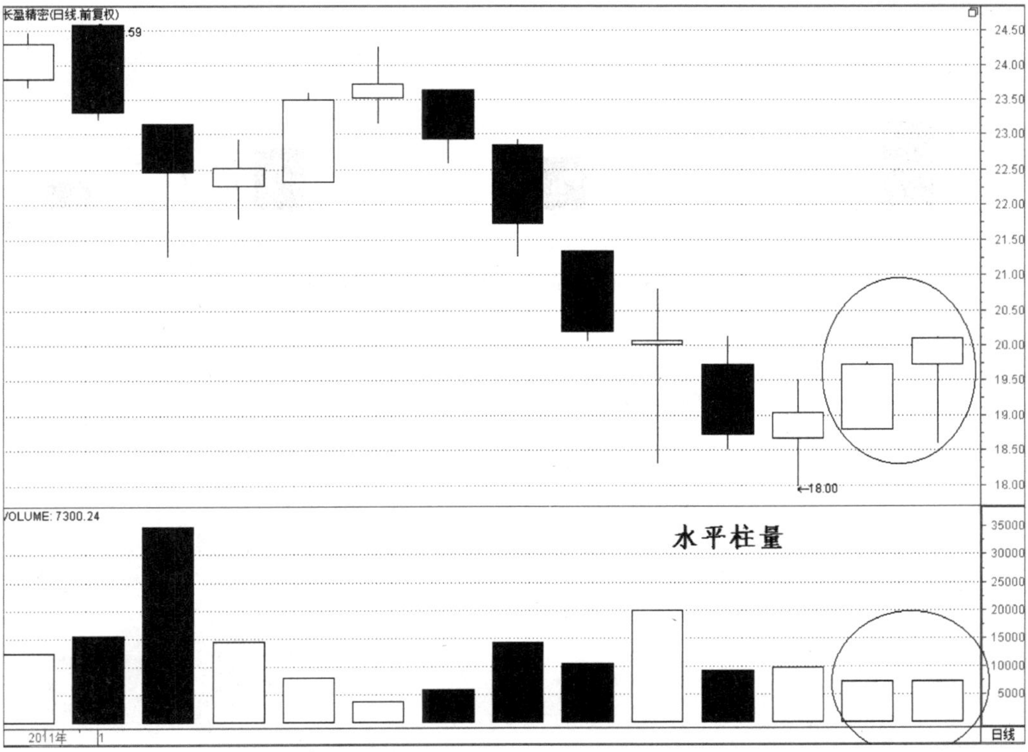

图8－17　长盈精密出现"水平柱量"

长盈精密出现了了“水平柱量”之后，股价出现了怎样的变化呢？请看图8－18，次日就拉出一根光头光脚的中阳线，事实上收盘价与最高价还是有一些差别的，但是几乎可以忽略。光头光脚阳线表明多头完全占据主导，此后股价也一路上涨，正如“水平量柱”预示的那样。

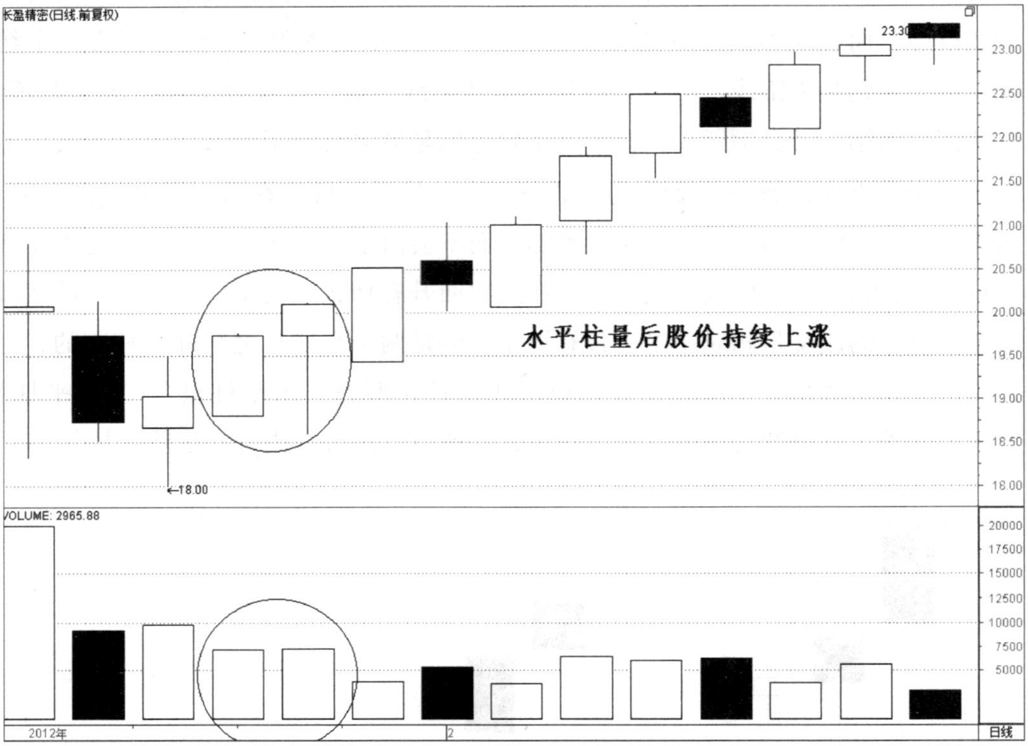

图8－18　长盈精密“水平柱量”之后的走势

第九招

阳金字塔

“阳金字塔”属于比较复杂的成交量形态，算是成交量交易工具中的高级部分。“阳金字塔”要求构成金字塔最高柱必须是阳柱，同时此柱前面至少有一个柱子，后面至少有两个柱子，量柱的高度以此阳柱为起点逐步走低，形成金字塔形状。相应的股价也有要求，这就是金字塔右侧走低时，相应的股价应该是走高的，至少是横盘的。一旦见到“阳金字塔”，则股价后市走高的可能性很大。为什么金字塔的关键是最高柱是阳柱呢？为什么要求金字塔右侧的股价应该是走高，至少是横盘的呢？这些其实都有市场动力学的基础。最高柱要么与群体性行为有关，也就是众多散户涌入；要么与主力有关，总而言之与大量资金进出有关。而成交量走低时股价还能往上走，往往意味着浮筹减少了，卖压减轻了，结合前面的最高柱阳线可以初步断定主力控盘了。下面，我们就结合具体的实例来加以说明。

实例1 西安民生“阳金字塔”

请看图9-1，西安民生从8.85元高位下跌到6.05元的低位。这段走势特别有意思，“天量”不是在8.85元这点出现的，而是之前几天，“地量”也不是6.05元这天出现的，而是之后几天。不过出现“天量”这天的价位水平接近8.85元，也就是说股价上升到这一线水平遭遇了沉重的抛压，但是股价继续在这一线坚守了几天并且向上虚晃了一枪才下跌。“地量”这天的价位水平接近6.05元，是在股价次低点形成的。股价此后形成一个圆弧顶，明显在7.6元遭遇阻力。股价第三次来到6元附近区域，在此获得支撑，形成回升态势，更为重要的是成交量出现了“阳金字塔”。这个成交量高级形态出现表明后市涨势可期，可以在次日开盘买入，停损设定在最近几日低点附近。

图9-1 西安民生出现“阳金字塔”

西安民生出现“阳金字塔”之后，股价大幅飙升，迅速突破7.4元的阻力位置。创出新高后股价并没有回调的意思，继续拉升，这时候没有出现“天量”，离重要阻力8.85元还有一定空间，因此可以继续持股，请看图9－2。

图9－2　西安民生“阳金字塔”之后的走势

实例2 兴蓉投资“阳金字塔”

兴蓉投资从20.01高点下跌，显然20元整数关口是一个重要的阻力，不过很奇怪的是在这个位置成交量并没有放大，这意味着主力并没有出逃，请看图9－3。从20.01元下跌之后反弹形成头肩顶的右肩，但是股价在虚晃一枪跌破头肩顶颈线之后，形成横向整理走势，在这个过程中“地量”形成了。此后，股价连续三日拉升，相应的成交量形成了“阳金字塔”。

请看图9－4，兴蓉投资出现了“阳金字塔”之后股价大幅拉升，在前期高点附近稍事调整之后，快速冲高到24.15元附近。在22元附近放出“天量”，但是股价继续大幅拉高，这种走势下我们不会选择出货。

图9－3　兴蓉投资出现“阳金字塔”

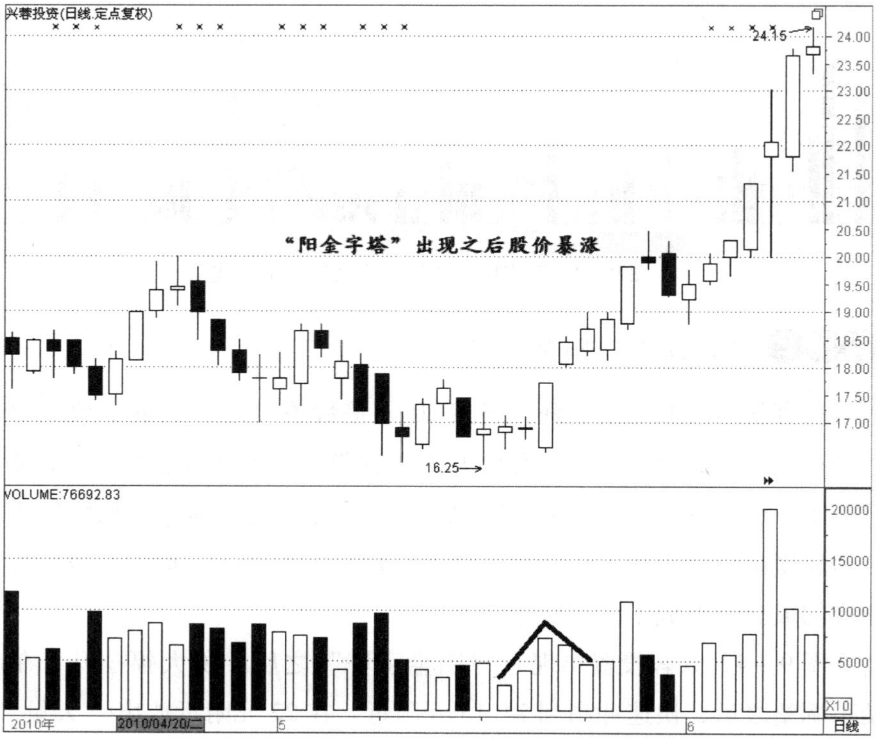

图9－4　兴蓉投资“阳金字塔”之后的走势

实例3 ST威达“阳金字塔”

请看图9－5，ST威达从高位下跌到4.27元，回升然后下跌形成次低，这时候“地量”也形成了。股价再度上升，突破前高，向上趋势确立。ST威达就这样涨了上来，最近几个交易日形成了“阳金字塔”，这表明股价进一步上涨的可能性很大。其实，“阳金字塔”出现表明虽然成交量出现了收缩，但是股价仍旧维持强势，这表明卖压在减轻，而需求并没有变化，所以后市上涨的可能很大。如果成交量收缩得非常小，而股价还往上走，则可能是主力控盘做得很紧密。

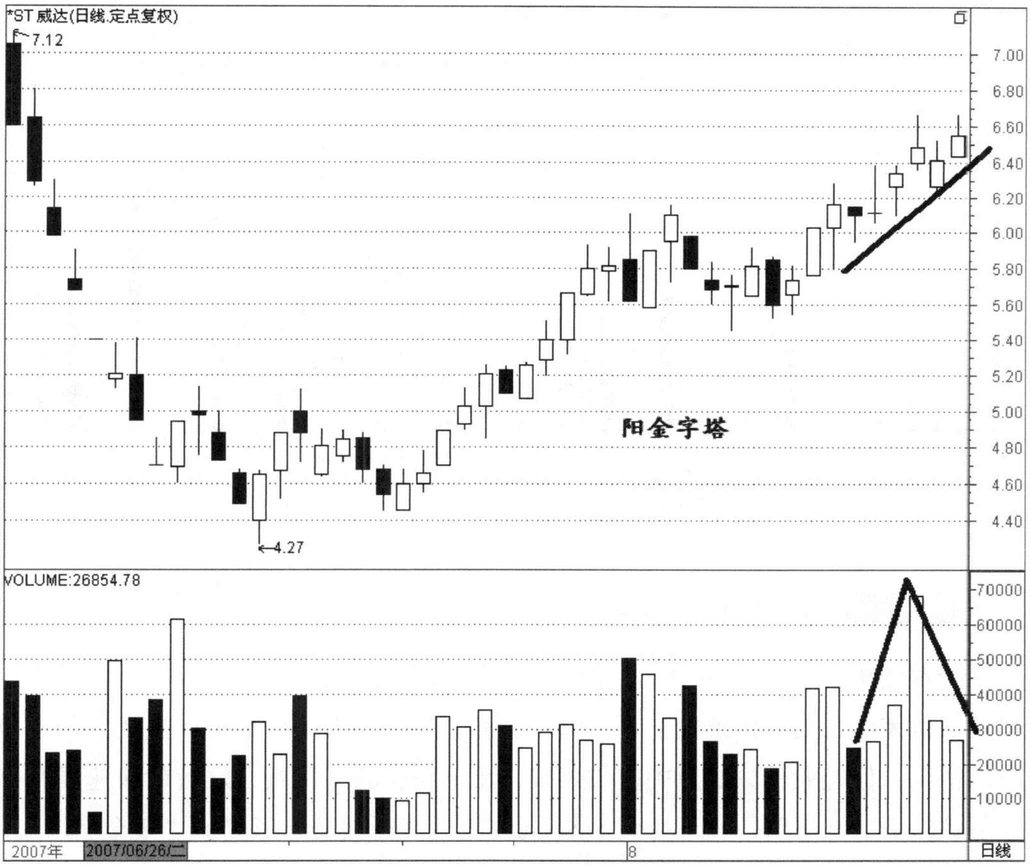

图9－5 ST威达出现“阳金字塔”

请看图9－6，ST威达出现了“阳金字塔”之后，股价先是小幅调整，之后快速拉高，一口气上涨到9.13元的高位，这时候“天量”出现了，而且股价随后似乎也很难继续上扬，开始出现显著的回落，这时候按照我们平常的操作思路应该退出观望。看不懂，心里没有把握就不要操作，如果勉强参与，很可能遭遇亏损，将此前盈利悉数还给市场。

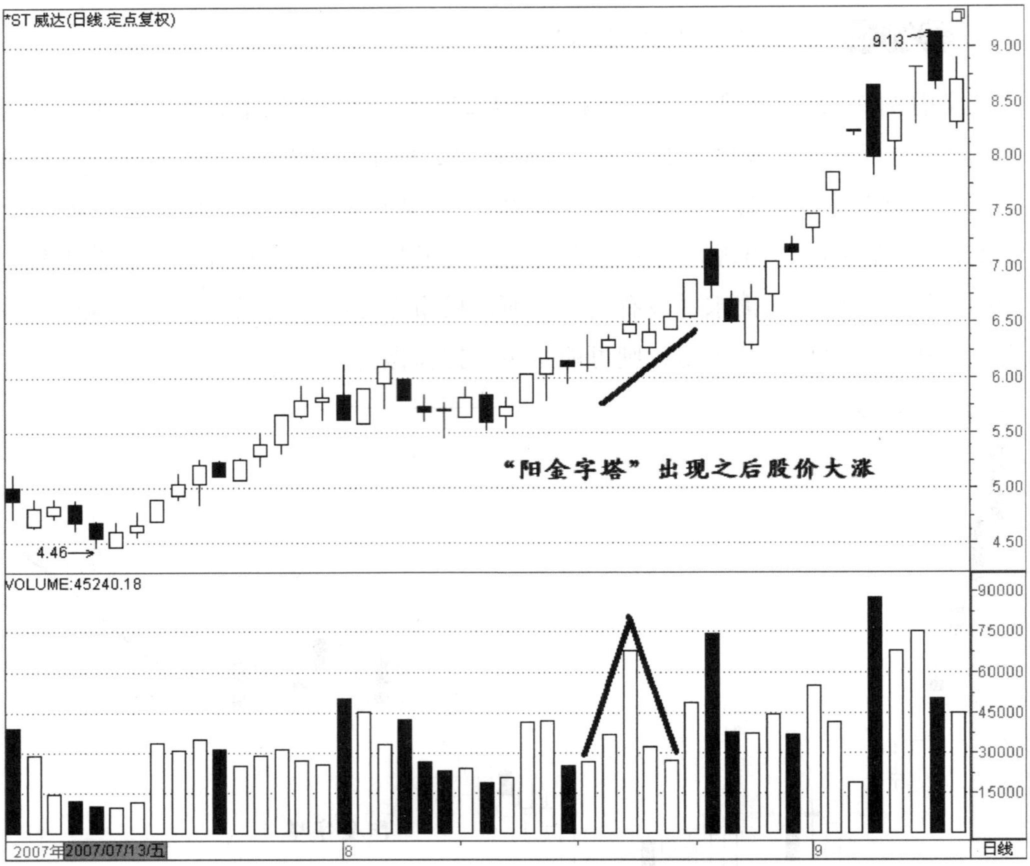

图 9－6　ST 威达"阳金字塔"之后的走势

实例4 华立药业"阳金字塔"

请看图 9－7，华立药业从 8.29 元的高点开始下跌，然后在 7.6～6.6 元之间盘整，盘整完成之后股价继续下跌，事后来看这就是一个箱体盘整，虽然出现了小双底的情况，但是股价只是盘中突破颈线，留下长长的上影线，之后就快速展开第二波下跌。第二波下跌一直下探到 5.82 元，之后展开回升，形成了"阳金字塔"。底位出现放量大阳线，这使得我们更加看涨。

请看图 9－8，华立医药出现"阳金字塔"之后股价快速上涨，目前在前期高点 7.6 元附近。阻力附近股价有回落现象，不过整个上涨走势中，股价上涨，成交量放大；股价下跌，成交量缩小，这还是一种良性的上涨走势，所以后面突破前期高点的可能性还是很大。我们选择的方法是卖出一半的仓位，继续持有剩下一半的仓位，然后等待股价继续上涨。

图9-7　华立药业出现"阳金字塔"

图9-8　华立药业"阳金字塔"之后的走势

实例5 ST 东海“阳金字塔”

请看图9－9，ST 东海近期基本上维持一个震荡下跌走势，在4.5 元附近有支撑，股价两次在此区域获得支撑。最近一次是股价从6 元附近下跌到4.66 元附近。股价在6 元附近接连几天放出“天量”，之后股价开始下移重心，这表明股价进一步回落开始，高位放大量后股价重心下移表明这个位置抛压沉重，上涨乏力。跌到4.66 元附近出现准“地量”，而且 K 线下影线很长，这表明后市转而上涨的可能性很大。果然，此后股价连续十几个交易日拉升，形成次低点，向上趋势确认。更为重要的是最近几个交易日形成了“阳金字塔”，这是更加强烈的看涨信号。

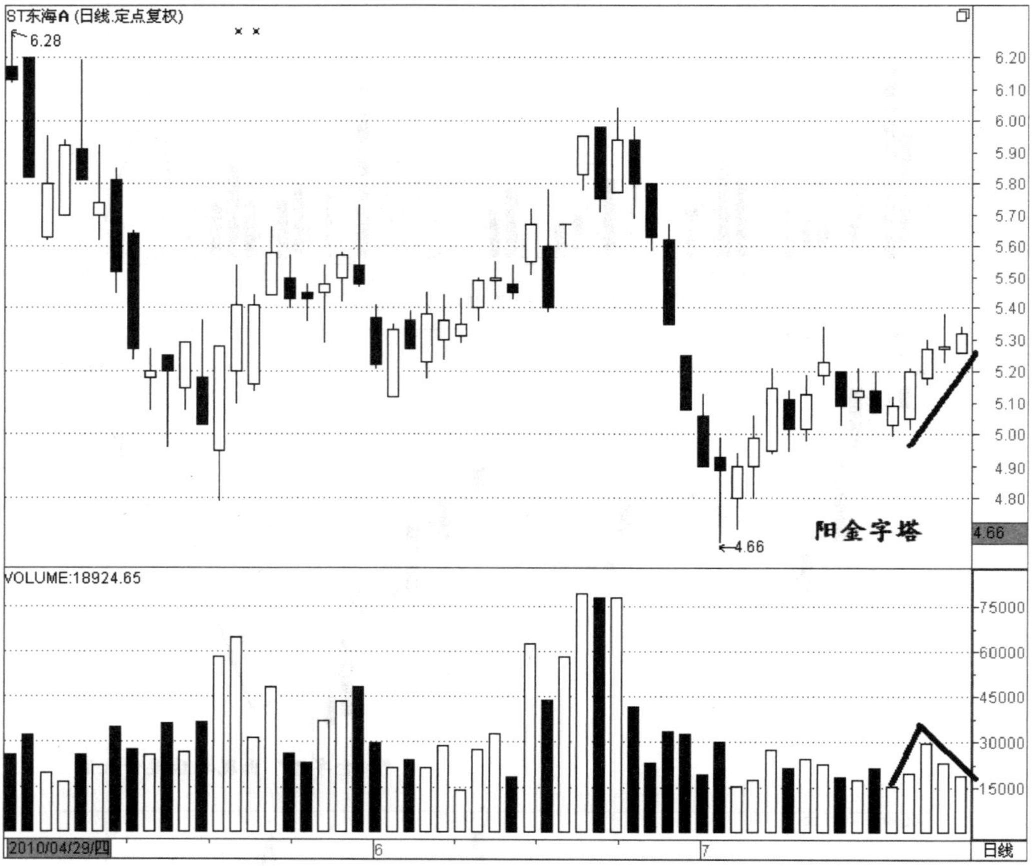

图9－9 ST 东海 A 出现“阳金字塔”

请看图9－10，ST 东海出现了“阳金字塔”之后，股价进一步上涨，成交量温和放大，这表明上涨主要是由于需求增加导致的，当然也因为浮筹减少的缘故，毕竟放量并不是很明显。股价目前位于5.7 元附近，离近期高点6.04 元有一定距离，而且目前股价基本以45°角上涨。不过，也有一个不利的信息，那就是最近几个交易日股价重心上移速率减慢了，似乎动力不足，可能需要调整再蓄势上攻。

图9－10　ST东海"阳金字塔"之后的走势

实例6 风华高科"阳金字塔"

请看图9－11，风华高科经过较长时间上涨，来到了11.28元高点，在这个高点大量抛盘涌出，"天量"出现，而且拉出大阴线，结合前天走势就"阴包阳"，极大的看空信号。此后股价连续下挫，虽然期间也有反弹，但是走势假阳线，因为都是跳空低开，然后往上走，根本不能够吞掉此前的阴线跌幅。一直跌到整数关口8元，才出现了大阳线拉升，最近几个交易日出现了"阳金字塔"，这表明后市继续上涨的可能很大。

请看图9－12，风华高科出现"阳金字塔"之后，股价持续上涨，上涨到10.25元附近承受较大的压力，开始盘整，不过可以发现这期间的盘整成交量缩小了，

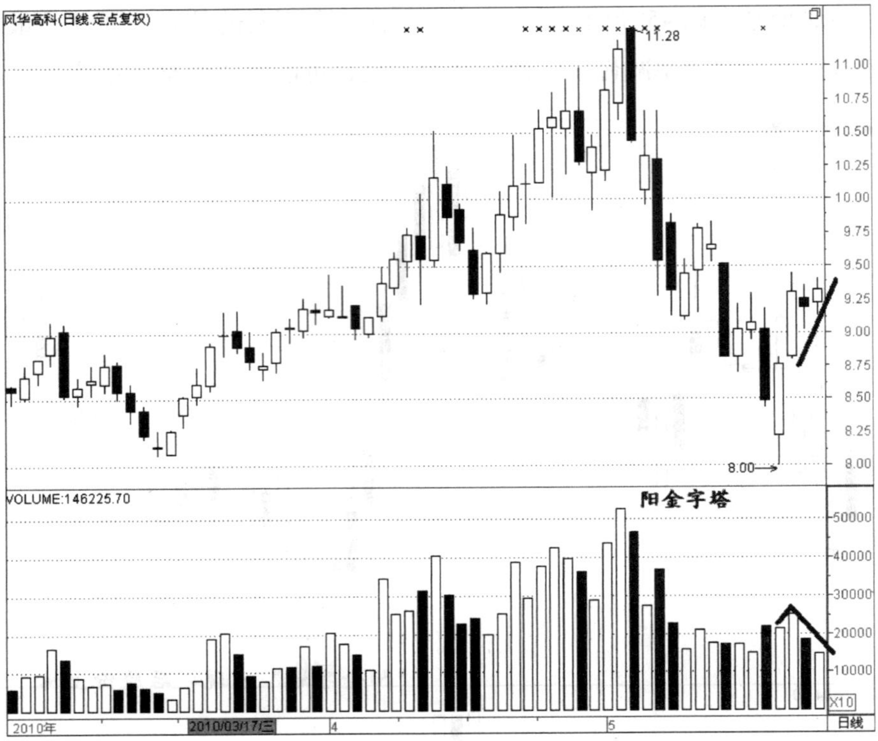

图 9－11　风华高科出现“阳金字塔”

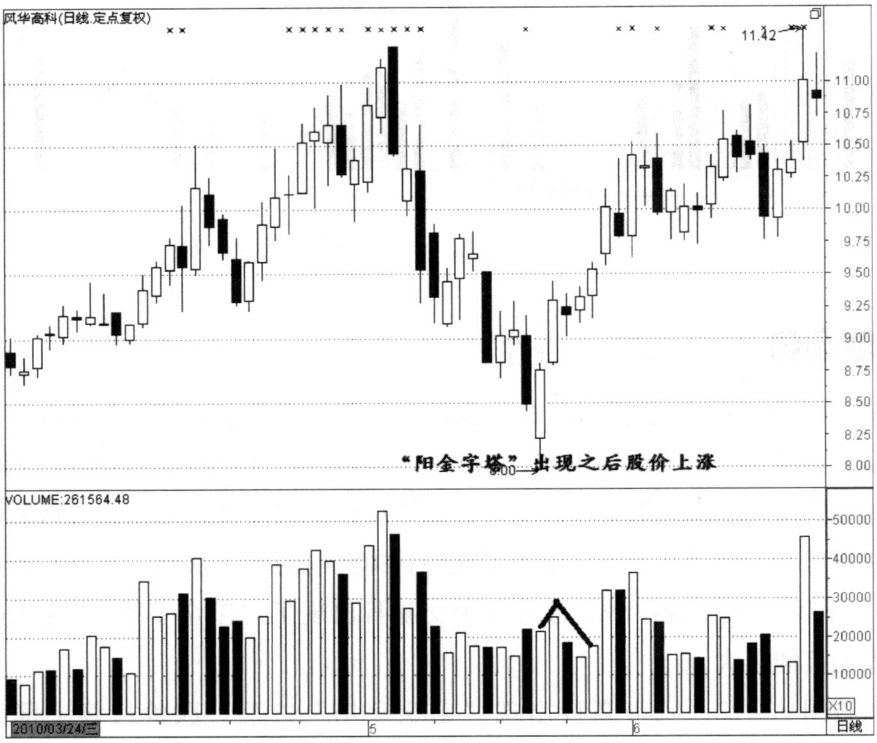

图 9－12　风华高科“阳金字塔”之后的走势

这表明没有什么盘子涌出，持仓待涨者居多。果然，盘整结束后股价快速上攻，盘中创出新高 11.42 元，现在维持高位盘整。

实例7 武汉塑料“阳金字塔”

请看图 9－13，武汉塑料前期在 16 元一线持续高位放量，然后股价上行乏力，位置宽幅震荡格局，这表明上档压力沉重。高位放量后开始持续下跌，但是成交量却缩小了，这表明剩下的都是不愿出货的套牢盘。股价一直跌到 10 元整数关口附近才获得支撑，最近几个交易日出现了“阳金字塔”，后市继续上涨的可能性很大。

图 9－13　武汉塑料出现“阳金字塔”

请看图 9－14，武汉塑料出现“阳金字塔“之后，股价持续收高，一直到前期价格密集区域 13 元附近才出现横盘整理，目前股价已经向上突破小平台，开始新的涨势。不过，很显然这波上涨的整体成交量远逊于此前上攻 16.69 元那波涨势，这表明这波涨势人气可能不高，更多地是卖盘减少所致。

图 9－14　武汉塑料"阳金字塔"之后的走势

实例8 宋城股份"阳金字塔"

请看图 9－15，宋城股份处于 15 元到 12 元的宽幅震荡区域内，最近股价再度上扬，位于 14.4 元附近，接近 15 元的阻力区域。在这种情况下，股价是继续上扬还是转而下跌重新回到区域下部呢？我们从价量的角度进行分析，这次放量比先前每次反弹高点的放量都要大，感觉应该不是高点抛盘，而应该有比平常更大的资金进入。另外，最近四个交易日的价量构成了一个较为典型的"阳金字塔"，这预示着这次走高可能是主力介入后控盘导致的，后市股价继续上涨的可能性非常大。

宋城股份出现了"阳金字塔"之后，股价其实也并无一路拉升，还是波浪式的上扬，见图 9－16。这种波浪式上扬既符合市场趋势运动的特征，也满足了主力拉升和避免散户跟风的需要。如果上涨中没有调整，那么就不能将一些散户洗出去，就不能提高换手率，这样拉高幅度大了之后就不容易出货，因为散户的获利筹码很多而且平均获利幅度都很大。

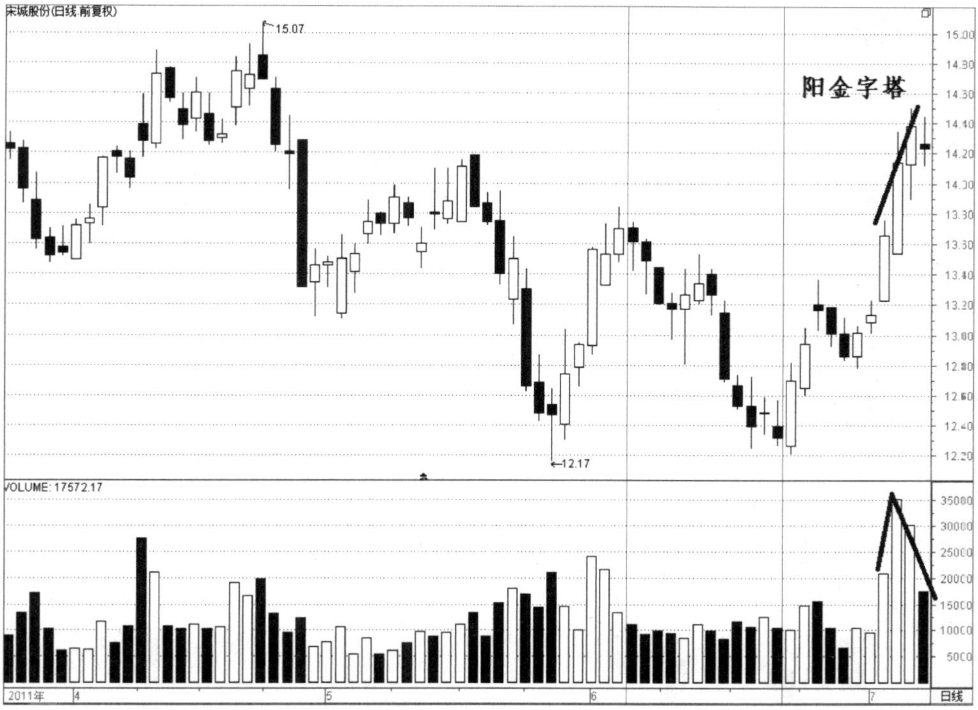

图 9－15　宋城股份出现“阳金字塔”

图 9－16　宋城股份“阳金字塔”之后的走势

实例9 万达信息“阳金字塔”

请看图9－17，万达信息一路下跌，跌到9元整数关口获得了支撑，然后回升。这次回升是反转还是反弹，我们从近期的价量特征进行分析。9.06元拉起来这根阳线成交量放得很大，而且是跳空低开然后拉上来的，跌这么凶还敢进场，而且是大量资金进场，这种行为像散户么？散户跌了敢进去，那都是没跌多久的时候，如果连跌几波，每次进去“接刀子”都被“砍”，像这种低开根本就不敢进去接筹码。所以，这根跳空低开高走的阳线只会是主力在进场。次日，却又是低开，接着又是低开，但是杀跌的幅度都很小，都是小阴线，更为重要的是成交量非常小，典型的“价跌量缩”。然后接着三个交易日的放量上涨，不过奇怪的是成交量绝对值很大，但是却逐渐走低，这就构成了“阳金字塔”，说明什么呢？主力控盘了。主力如果不控盘的话，怎么可以持续缩量上涨呢？所以，后市是看多的。

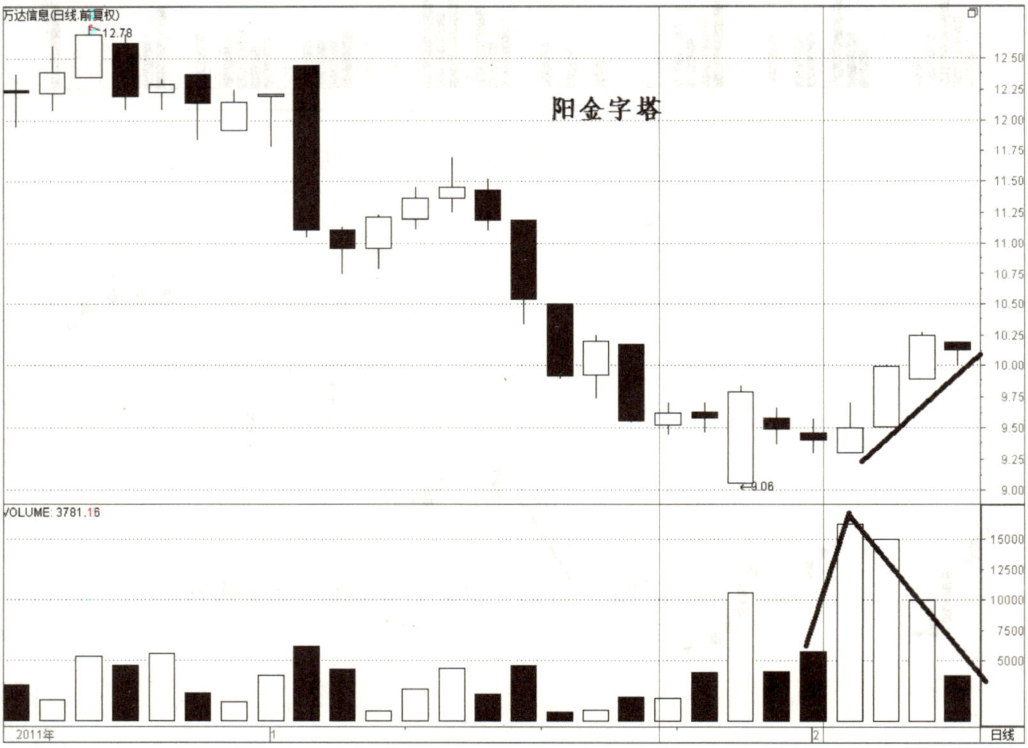

图9－17　万达信息出现“阳金字塔”

万达信息出现了“阳金字塔”之后，股价出现了一波凌厉的上攻走势，见图9－18。除了最近一个交易日出现阴线放大量之外，上涨过程中基本上都是阳线放量，阴线缩量，非常好的价量配合。

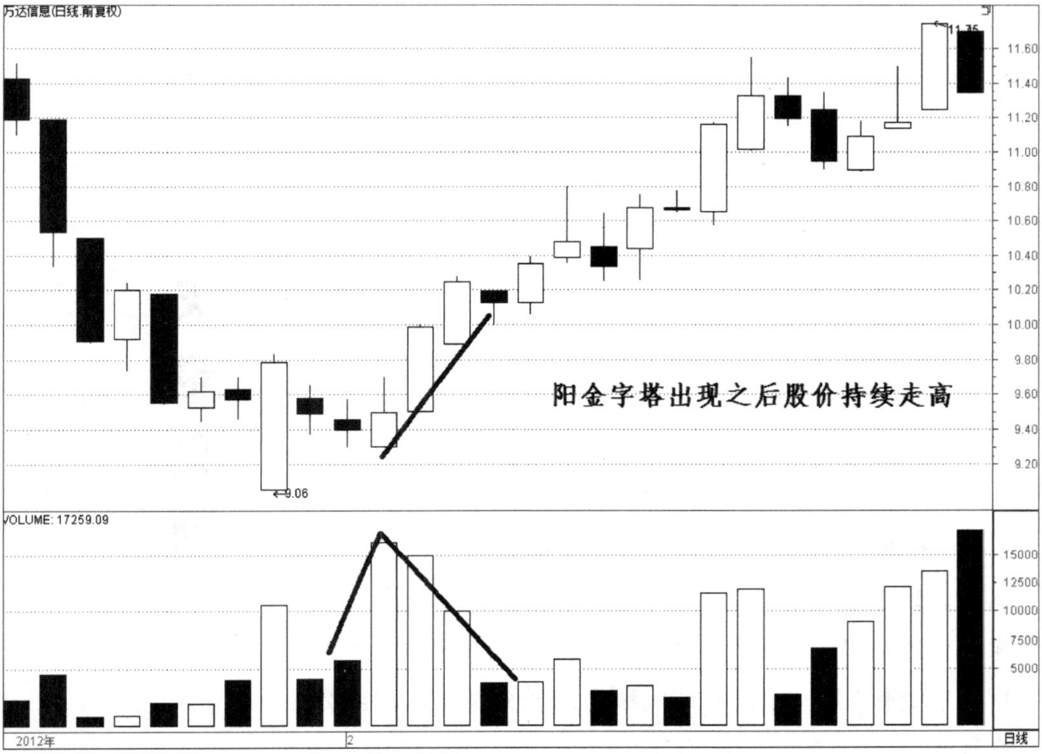

图 9－18　万达信息“阳金字塔”之后的走势

第十招

天量见顶

“地量”我们已经介绍了，这个概念简单，但是非常有效。现在我们要介绍的“天量”与“地量”是镜像关系，你理解了“地量”，对“天量”也就有了初步的了解。“天量“是一个较长时间段内的成交量高点，当然这个较长时间段是你自己设定的。所处时间段范围越长，则这个“天量”对应高点的价值越大，越可能成为全局高点，而不是局部高点。高位“天量”出现后股价一般会大跌，但是如果是低位起涨点的“天量”则可能是主力拉高建仓的痕迹，同时少数情况下会出现“天量”后股价缩量继续上涨的情况，这时候股价可能不会下跌，前面已经提到过了。“天量见顶”要么是大型反弹末端，要么是上涨趋势末端，如果是大幅下跌之后出现“天量上涨”，那么很可能是起涨点，这种“天量”位置都很低，基本上处于大幅下跌之后，要么是长期横盘之后。当然，随着股票市场的发展，主力有时候也会故意虚晃一枪，在股价没有见底的时候，拉一把来吸引买盘，然后再砸盘，让散户彻底失去信心，然后才会真正地介入和拉升。

实例1 天伦置业"天量见顶"

请看图10－1，天伦置业从8.36元开始上涨，下调幅度很大，但是整体来看低点越来越高，这表明股价重心上移，多头力量更加强大，目前股价突破了前期做个高点，处于近期新高。但是，很明显股价出现了纺锤线，而且放出了"天量"，此前连续几日放出很大的量，看来这一位置抛压沉重，继续上涨很难。

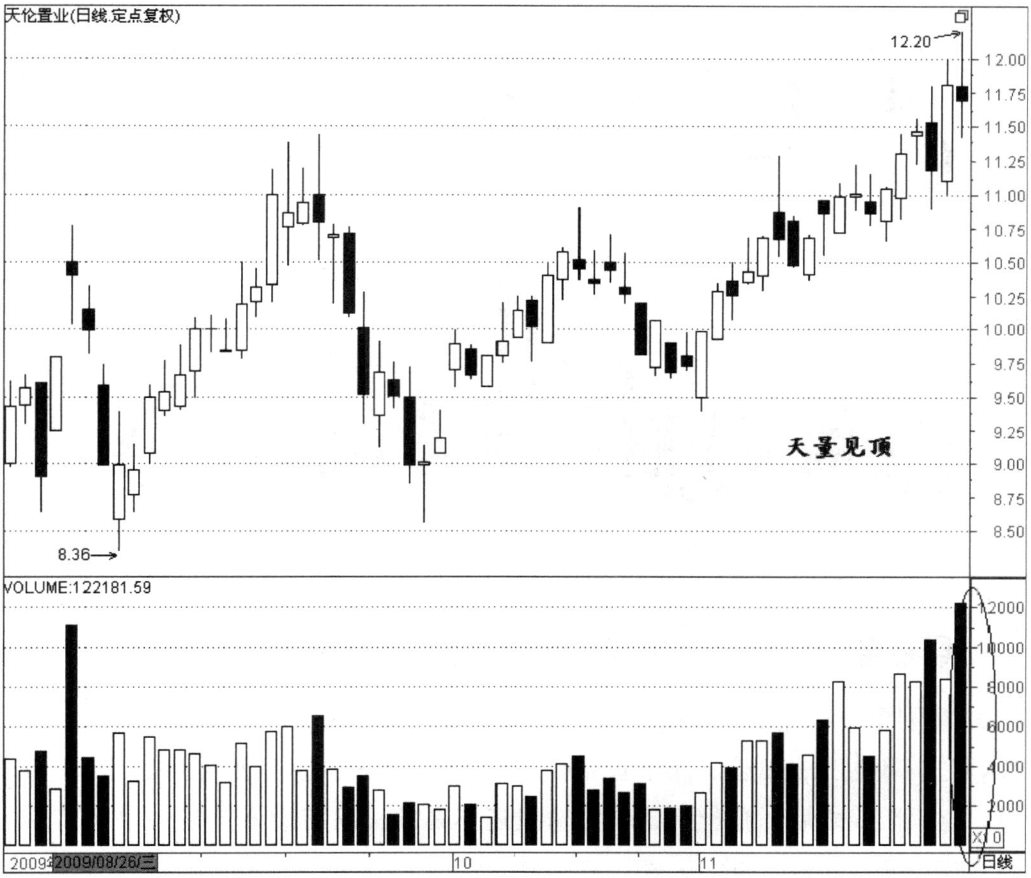

图10－1 天伦置业出现"天量见顶"

请看图10－2，天伦置业出现"天量"之后，股价随着下挫，虽然反弹，但是不过前高，趋势向下确立。此后，股价一路下跌在前期低点9.4元附近获得暂时支撑。

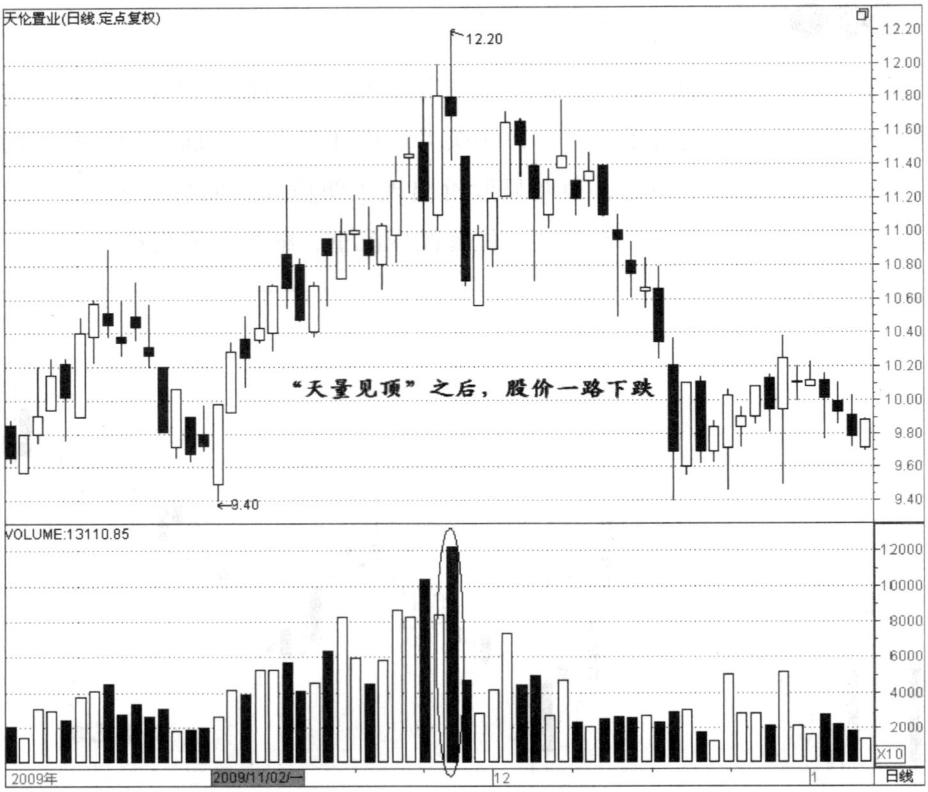

图 10－2　天伦置业"天量见顶"之后的走势

实例2 燕京啤酒"天量见顶"

请看图 10－3，燕京啤酒从 12.87 元开始上涨，在 13.5 元附近出现了当时的"天量"，不过这是低位，属于起涨点，所以我们不能在这里匆匆退出。更为重要的是，这根阳线之后缩量上涨，表明这里还不是顶，反而应该算是一个显著的起涨点，应该介入才对。股价从该位置一路上涨，到了 16.5 元附近承受沉重的压力，放出很大的量后驻足不前，最近一个交易日形成"天量"。另外，观察 16.5 元下方这些 K 线，上影线都很长，典型的抛压沉重，后市下跌的可能性很大。这时候如果持有仓位应该快速退出才行，毕竟"天量见顶"信息出现了。

请看图 10－4，燕京啤酒在冲高 16.50 元这天放出了"天量"，此后股价快速回落，跌到 13.5 元附近成交量缩小很多，这表明卖出意愿已经减弱了，股价至少能够暂时在此维持一段时间的盘整态势，等待进一步的信息来告诉我们如何操作。走势图告诉我们干什么，我们就干什么。

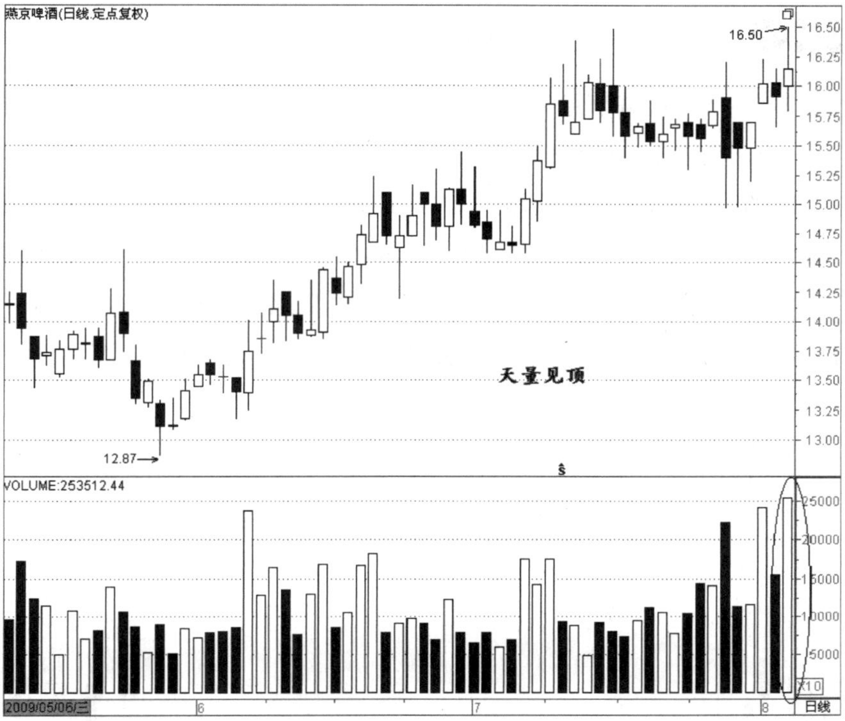

图 10－3　燕京啤酒出现“天量见顶”

图 10－4　燕京啤酒“天量见顶”之后的走势

实例3 长城信息“天量见顶”

请看图10－5，长城信息在9.6元附近形成了宽双底，然后股价突破11元附近的颈线，一直上涨到目前的高位12.29元，股价在这个位置放出了“天量”，后市下跌的可能性很大，不过最谨慎的办法是查看次日是不是缩量下跌的，如果是缩量上涨，或者是继续放量上涨，则股价短期内还没有见顶。比如，长城信息这波上涨走势中在11元附近出现了准“天量”，但是次日缩量上涨，所以这个“天量”被第二天的走势给否定了。激进的操作者在天量出现的次日开盘就卖出，而谨慎的操作者则需要在次日收盘时才考虑卖出。

图10－5 长城信息出现“天量见顶”

请看图 10－6，长城信息出现“天量”之后，股价快速下跌，然后反弹到 12.21 元左右，很明显没有超过前期高点，这表明多头力量显然逊色于空头力量，此后股价又是向下跳空，又是放量卖出，可见跌势非常迅猛，如果此前没有出逃，则现在很难及时退出，前期的盈利会被迅速吃掉。

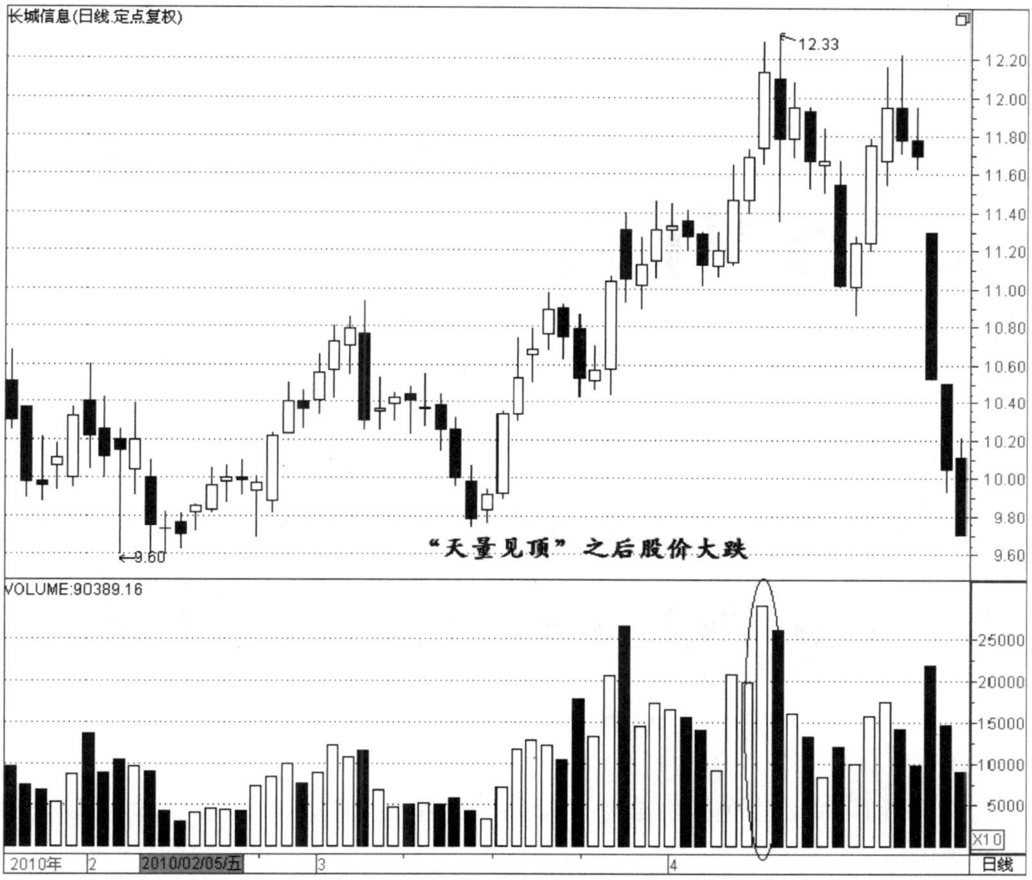

图 10－6　长城信息“天量见顶”之后的走势

实例4 中色股份“天量见顶”

请看图 10－7，中色股份在 12 元和 14.5 元区间长期盘整，成交量缩小很多，这表明该股缺乏热点，资金参与度不够。后期则发量拉升，很快向上创出新高，涨了一段之后出现深度调整，然后股价很快创出新高 16.78 元，这时候成交量已经高得离谱，显然是“天量”。我们决定在次日开盘时卖出一半，收盘前维持下跌的话则再卖出一半。

图 10－7　中色股份出现“天量见顶”

请看图 10－8，中色股份出现“天量”之后，次日股价下跌，所以我们全部的仓位都出掉了。后来股价虽然一度反弹创出新高 16. 84 元，但是此后掉头大跌，一直跌到 11. 31 元才暂时企稳。“天量”后为什么股价容易见顶呢？“天量”其实可以从几个方面去理解：第一，“天量”意味着市场参与者达到极致，缺乏后续买家，自然要跌；第二，“天量”意味着市场情绪已经偏离正常值，相当于震荡指标进入超买区域，后来要么下跌来调整，要么横盘整理来调整。

图 10－8 中色股份“天量见顶”之后的走势

实例5 漳泽电力“天量见顶”

请看图 10－9，漳泽电力跌到 4.84 元后留下长长的下影线，这表明下档承接有力，更为重要的是过了几天“地量”出现了，这表明浮筹降低到了极点，稍微有一些买方力量加入就能将股价推动起来。股价此后上涨到了前期箱体下边沿，然后回落。回落到 5.2 元获得支撑，这个低点明显比此前低点高，向上趋势再度确立。此后，股价继续上行到前期箱体上边沿 6 元附近，这时候出现了“天量”，同时股价形态有点“阴包阳”的意味。这表明在这个价位抛压沉重，后市股价继续下跌的可能性很大。

请看图 10－10，漳泽电力出现“天量见顶”之后持续下跌，在 3.9 元获得支撑后，股价采取了阴跌的方式，准备再次测试这个低点，看来跌破的可能性很大。最近

图 10－9　漳泽电力出现“天量见顶”

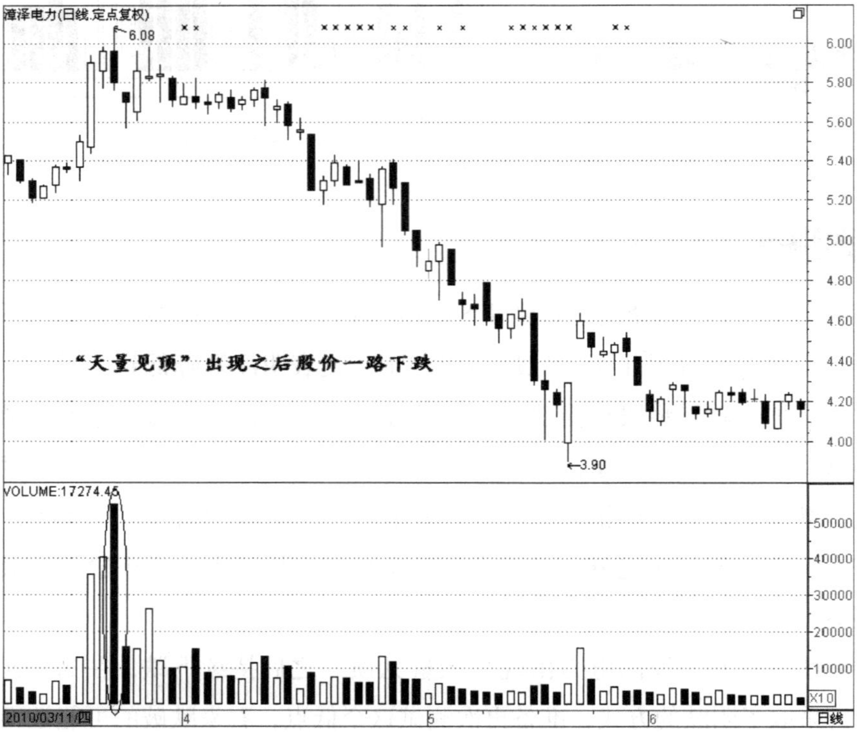

图 10－10　漳泽电力“天量见顶”之后的走势

十几个交易日，成交量也进缩小到一个很低的程度，这表明市场交投情绪很低，浮筹也较少，如果有主力在这个位置拉升可能会发动一波新的涨势。

实例6 太原刚玉“天量见顶”

请看图10－11，太原刚玉从前期低点7.15元附近起涨，涨到9元附近出现当时的“天量”，同时K线出现流线，上影线很长，连续两天都是，这表明上档压力和沉重，此后股价进入一个较长时间的调整，直到成交量缩小到极致。成交量缩小到极致后股价再度上涨，同时创出新高。股价一直上涨到10.78元拉出大阴线，同时放出“天量”，这种情况下一般不用看第二天的收盘情况就应该卖出绝大部分仓位。一般而言，“天量”和大阴线，或者是流星线和纺锤线搭配时，后市下跌的概率和幅度都会很大，这点大家要铭记在心。

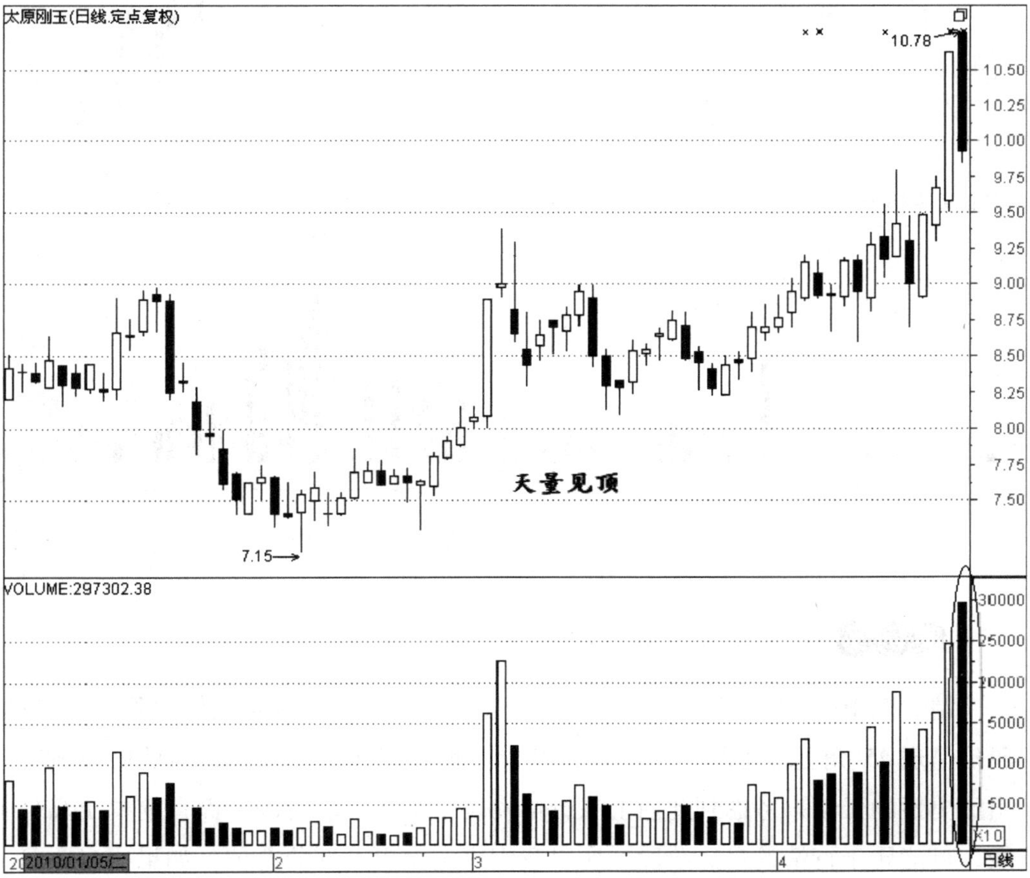

图10－11　太原刚玉出现“天量见顶”

请看图 10－12，太远刚玉出现“天量见顶”之后股价如预期一般快速回落，不断创出新低，目前出现了反弹，但是很难评估是不是阶段性底部，需要进一步观察才行。

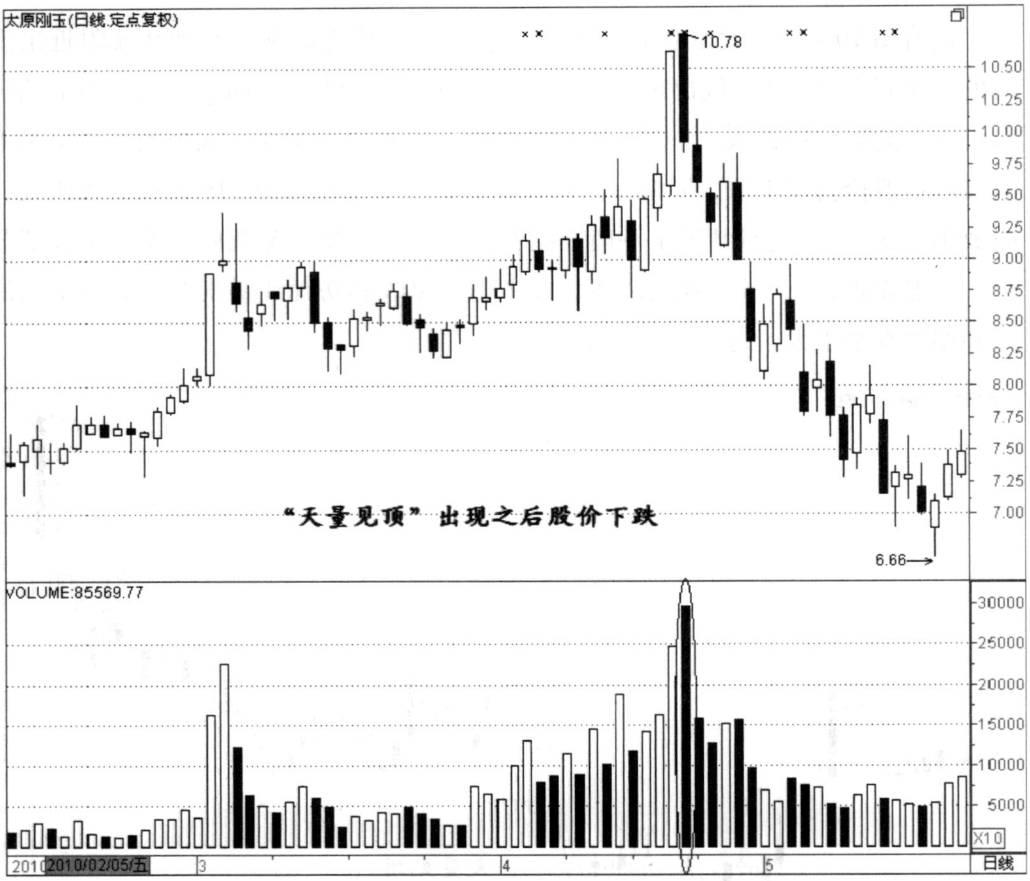

图 10－12　太原刚玉“天量见顶”之后的走势

实例7 四川湖山“天量见顶”

请看图 10－13，四川湖山的走势中“天量”基本对应着股价的阶段性最高点。股价呈现 45°角上涨走势，目前股价拉出一根大阳线创出新高，与此同时成交量创出历史性的天量，考虑到此前上涨行情发展了很长一段时间，而目前拉出高位大阳线，可能属于行情的最后阶段，所以我们决定卖出大部分仓位，如果次日收盘为阴线，则清空全部仓位。

请看图 10－14，四川湖山出现了“天量”之后，隔日盘中冲高，但是收出了阴

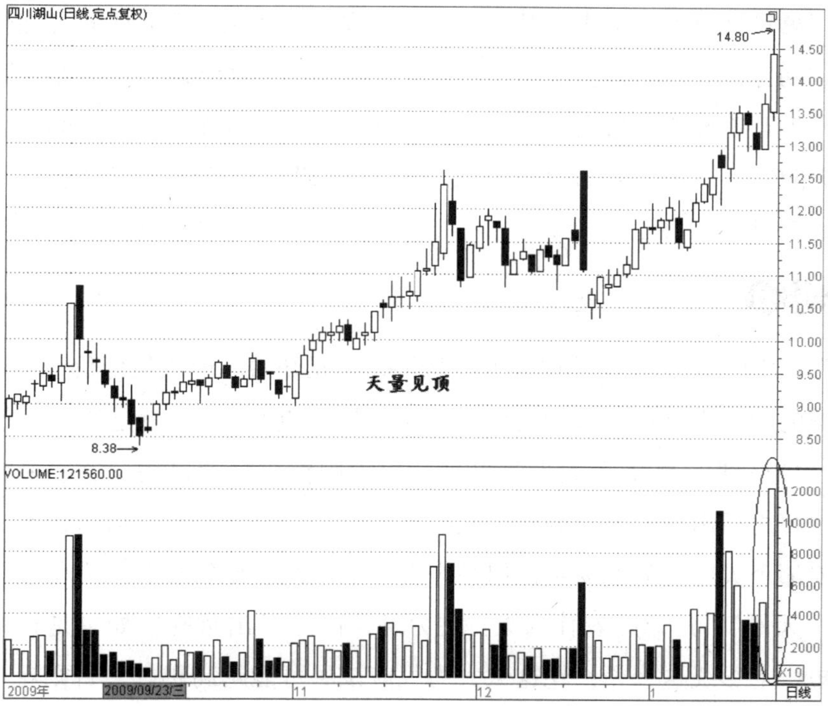

图 10－13　四川湖山出现“天量见顶”

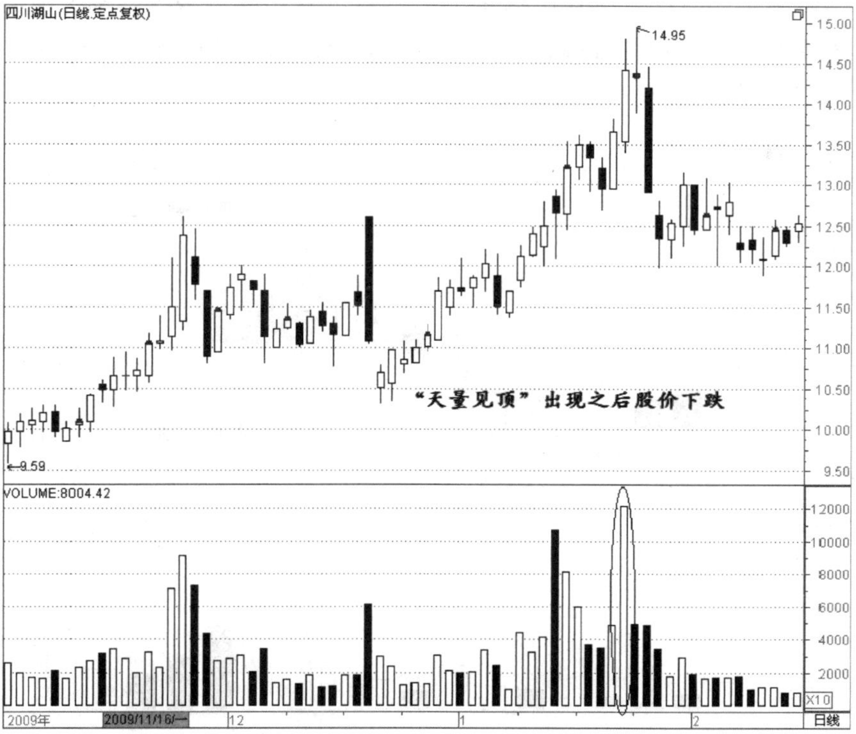

图 10－14　四川湖山“天量见顶”之后的走势

纺锤线，第三日拉出大阴线，形成“黄昏之星”，后市继续下跌的可能性很大。高位出现“纺锤线”，而纺锤线与“天量”距离很近，这时候股价多半见顶了，要极其谨慎，千万不要此时追高加仓，否则会被套住。一般而言，短线炒家比较注意流星线和大阴线，对于“纺锤线”注意不多，所谓“纺锤线”就是上影线和下影线都很长的K线。

实例8 大华农“天量见顶”

请看图10－15，大华农这波上涨从14.08元开始。形成最低价14.08元当日是一根典型的探底十字星，有些人也称之为“蜻蜓点水”，也就是说此后价格要“高飞”了。价格到了15.5元附近一下来一根大阳线放量拉过去，这明显就是主力在拉高，拉高之后出现了缩量调整，然后再度拉高，今天收盘之后可以看到成交量超过了此前那个大阳线的交易量，但是今天的上影线也比较显著。大华农大幅上涨之出现了“天量”，这意味着什么呢？主力是拉高还是出货呢？如果是拉高为什么阳线这么短，上影线这么长，花这么大力气应该尽可能越高越好，否则花了这么多资金只推高了一点价格，要么是主力根本不想拉高是在出货，要么是主力有心无力抛压已经很沉重了。所以，现在出现这个“天量”表明股价继续大幅上涨的可能性很小，因为要么主力无意图推高，要么主力无能力推高，结果都是一样的。

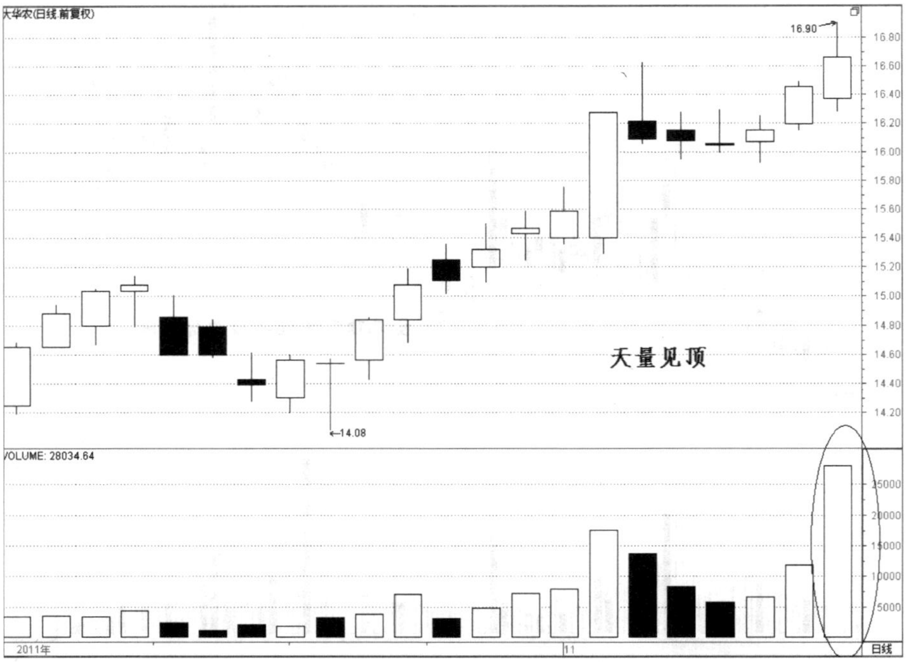

图10－15　大华农出现“天量见顶”

大华农出现了“天量”之后，股价如何走呢？是不是真的下跌了呢？请看图10－16，大华农出现了“天量”之后，股价继续上冲，但是幅度确实不大，很快见顶，然后下跌。没有跌多深就出现了“蜻蜓十字”，然后股价再度上扬。关键是回升不过前高再度下跌，间隔来处两个大阴线，这表明下降趋势基本确立了，高点越来越低嘛，然后破掉“蜻蜓十字”的低点，这就是低点越来越低，进一步确认了下行趋势。这里面我们除了给大家介绍了“天量见顶”，还介绍了“反弹不过前高”这个关键信号，这是值得大家好好消化的。

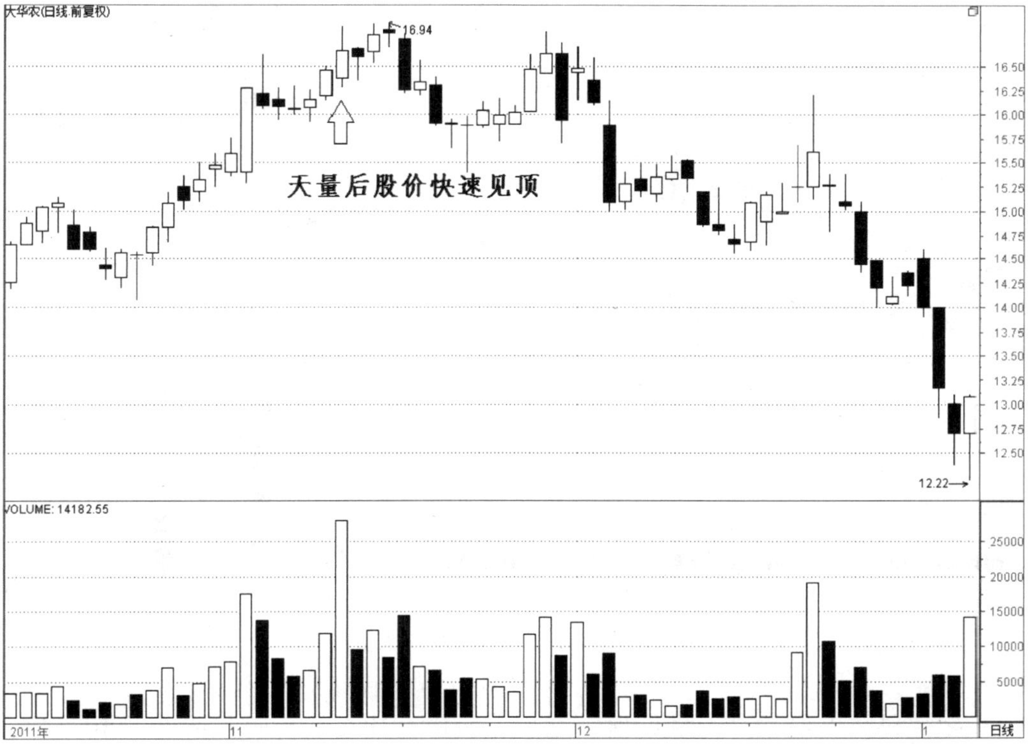

图10－16　大华农“天量见顶”之后的走势

实例9 银禧科技“天量见顶”

请看图10－17，银禧科技从5.73元附近逐步上涨，这是我们之前“两阶段理论”中介绍的第一阶段，这个阶段耗时相对较长，一般的炒家很容易在这个阶段迷失方向和失去耐心。然后，股价突然跳升，拉出一字涨停，接着大阳线。到了最近一个交易日，股价盘中最高冲到了10.28元，但是收盘却大幅回落，最终成了一根流星线，当然也可以说是倒锤头。这根K线的上影线实在是太长，对应的成交量也很大，算得上是“天量”。现在的格局是成交量是“天量”，价格是“流星”，两者叠加起来就有非常强的“见顶”意味，所以从价量分析的角度来看，后市上涨的概率和幅度都不会太大，下跌的概率和幅度则会很大。谨慎的炒家见到这个信号应该清掉大部分的仓位，而不应怀有侥幸心理。

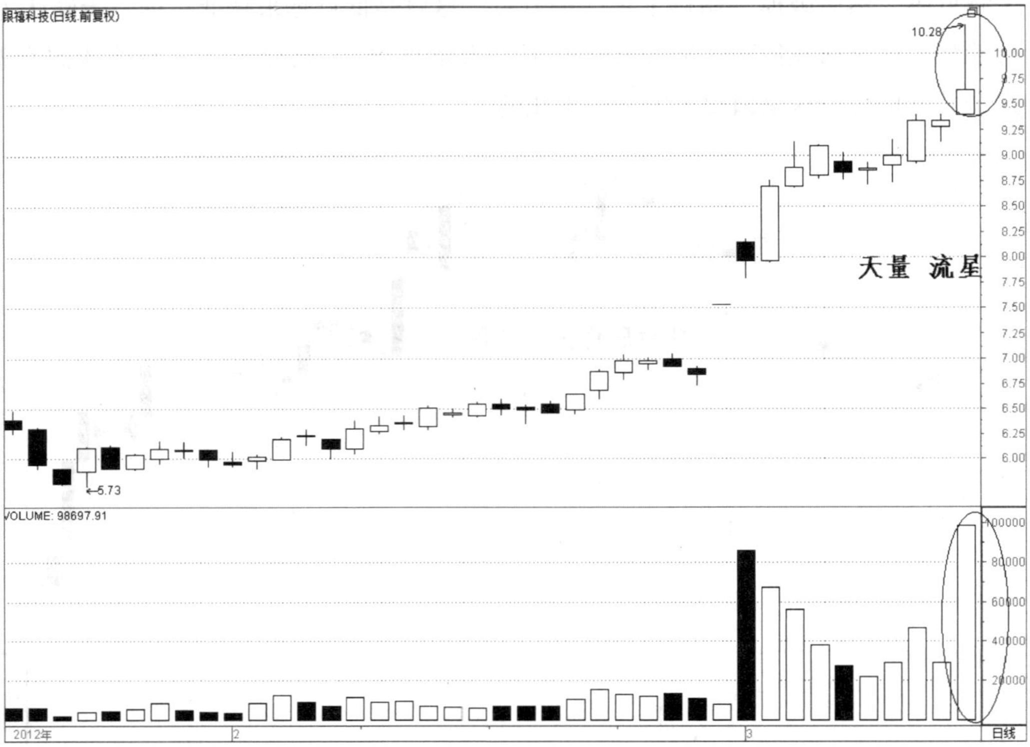

图 10－17 银禧科技出现“天量见顶”

银禧科技出现了“天量见顶”之后，股价有什么表现吗？请看图 10－18，股价次日低开低走，两天之后一根大阴线，股价正式步入下跌通道。这里随便介绍下所谓的“起跌阴线”，股价如果高位横盘状态或者是滞涨状态，突然出现一根大阴线破位，那么就是“起跌阴线”。什么是“起跌”？所谓的“起跌”其实就是指跌势开始的意思，有了这样一根阴线，下跌趋势往往就宣告开始了，这根阴线有提示的意味，也有预示的意味。当然，任何预示和提示都有失败的可能性，这就是一个概率多少的问题了。

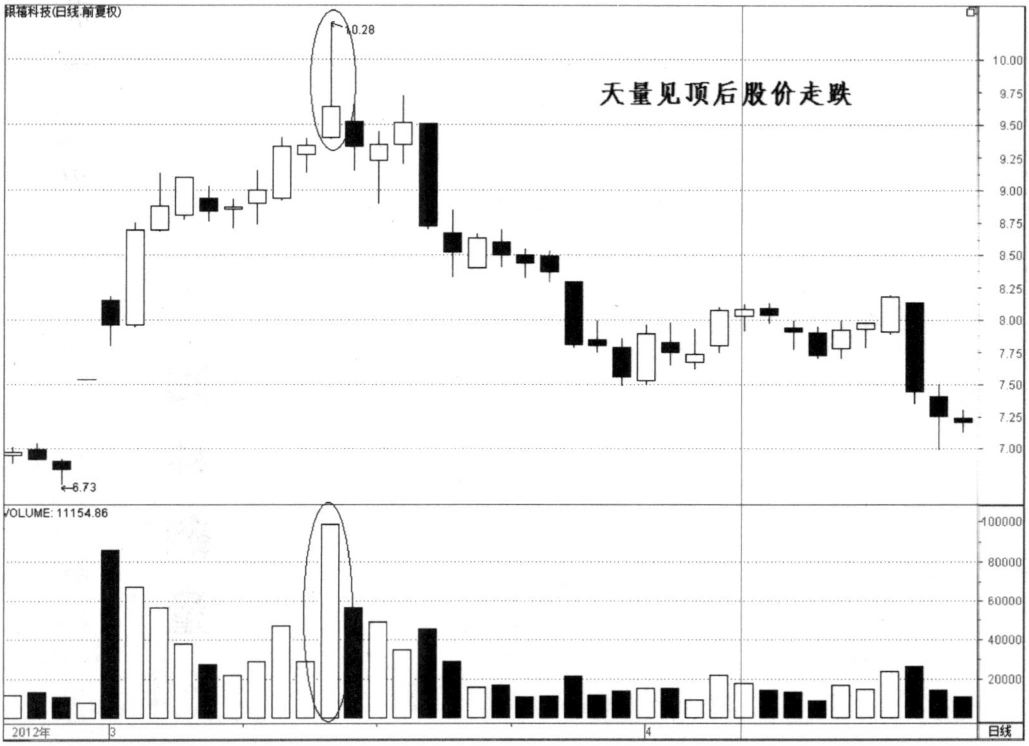

图 10－18　银禧科技“天量见顶”之后的走势

第十一招

阳柱翻量

“翻量”是我们接下来两课来接触到的核心内容，为什么“翻量”这么重要，需要两堂课来讲呢？这是因为“翻量”往往具有“起点”的含义，或者说具有“质变”的含义。本课我们只谈“阳柱翻量”，“阴柱翻量”我们则留待下一课来介绍。成交量阳柱是因为股价收盘价高于开盘价，阳柱出现一般表明股价上涨。当成交量阳柱是前一个交易日成交量的两倍时，股价继续上涨的可能性很大。简单来讲，就是当日阳柱高度是前一日量柱的两倍，这就是“阳柱放量“，股价上涨的可能性很大。但是，如果当日阳柱高度超过前一日量柱的三倍，则不是“阳柱翻量”。“阳柱翻量”如果出现在股价低位，则后市上涨的可能性和幅度会更大。下面，我们结合一些具体的例子来加以演示。

实例1 浙江震元“阳柱翻量”

请看图 11－1，浙江震元近期从 6.8 元开始上扬，最近几个交易日股价开始横盘，最近一个交易日收出阳线，相应的量柱也是阳柱，同时高度是此前一天高度的两倍，这就是典型的“阳柱翻量”，阳柱说明股价收高，而“翻量”说明这主要是买家力量增强导致的。“阳柱翻量”意味着股价进一步上涨的可能性很大。

图 11－1 浙江震元出现“阳柱翻量”

请看图 11－2，浙江震元出现“阳柱翻量”之后股价持续拉升，以 45°角上升，典型的良性上升走势，在整个上涨过程中“价涨量增，价跌量缩”，目前价格创出 9.13 元的新高，这些表明股价继续上涨的可能性很大。

图 11－2　浙江震元“阳柱翻量”之后的走势

实例2 双环科技“阳柱翻量

请看图 11－3，双环科技此前有一波显著的上涨，然后再高位不规则整理。面对这样的行情，一般而言我们是选择旁观，不参与。股价一度创出 9.27 元的新高，但是很快再度回落。回落第二日很快拉出很长的下影线，这表明下档支撑强大。很快股价回升，最近两个交易日形成了“阳柱翻量”，这表明买家大举入场买入，后市上涨的可能性很大，就看能不能突破 9.27 上方的阻力线了。

请看图 11－4，双环科技出现了“阳柱翻量”之后，股价连续拉高，轻松突破前期高点，创出新高 10.11，上影线较长，显示此处存在较大的压力，不过次日阳线下影线很长，显示下档支撑也很强劲。最近两个交易日是“阳包阴”走势，表明多头成功战胜空头，后市进一步上涨创新高的可能性很大。

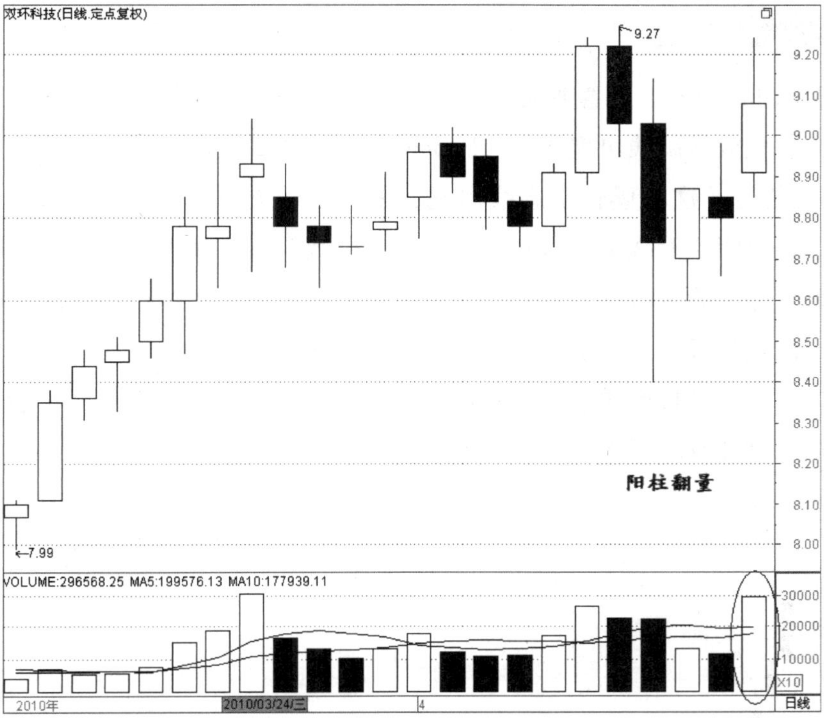

图 11－3　双环科技出现“阳柱翻量”

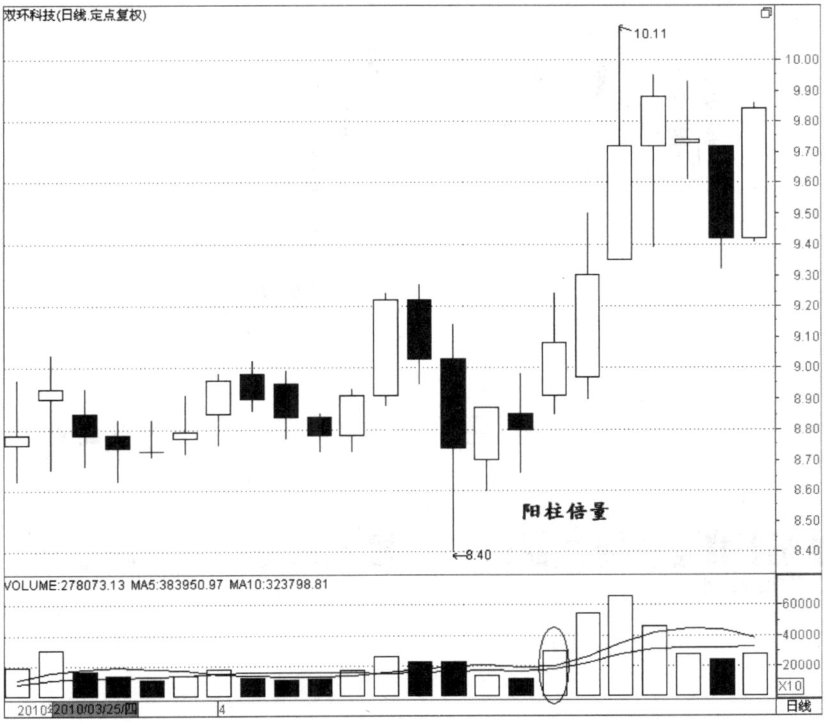

图 11－4　双环科技“阳柱翻量”之后的走势

实例3 天伦置业“阳柱翻量”

请看图 11－5，天伦置业从 11.78 元的高点下挫，在 10 元附近形成宽幅震荡走势，但是一根放量阳线出现之后，股价横盘震荡几日就快速下跌。第二波跌势持续到 8.48 元价位，这时候长下影线出现，表明下档支撑非常强大，几天后“地量”也形成了，表明浮筹减少，这时候只要主力稍微介入，哪怕大户介入，股价都很容易就出现上涨。股价持续上涨一段之后出现了长长的上影线，连续两个交易日都是这样的，但是最近一个交易日收出了一根中阳线，完全攻克此前主力价位，更为重要的最近两个交易日形成了“阳柱翻量”模式，股价进一步上涨的可能性很大。我们可以在次日开盘时买入，同时将停损设定在 9.8 元下方。

图 11－5　天伦置业出现“阳柱翻量”

请看图 11－6，天伦置业出现“阳柱翻量”之后股价继续上行，目前股价已经达到了前期高点，这次位置附近承压。同时，可以看到似乎“天量”出现，这表明面临前期阻力，很大一部分炒家参与了卖出，因此我们决定在次日开盘卖出一半，等待次日收盘前再考虑卖出一半。

图 11-6　天伦置业“阳柱翻量”之后的走势

实例4 丰乐种业“阳柱翻量”

请看图 11-7，丰乐种业从 10.38 元快速拉升到 14.5 元附近，形成了“黄昏之星”，很快股价跌到 12 元整数关口处才获得支撑。不久之后股价再度反弹到前期高点，很快再度下探，并没有创出新低，转而向上。这次股价冲高到了 15.23 元，不过盘中迅速下跌，收盘时形成大阴线，同时与前一交易日形成“阴包阳”走势，巨阴线高位出现，如果放量的话，后市很难有大的涨势。此后股价跌到 12.8 元附近就涨势企稳，最近拉出一个中阳线，但是相应量柱超过前一日量柱的三倍，所以不是“阳柱翻量”，更像是上涨导致套牢盘涌出。综合考虑此前的巨阴线，持续上涨基本上是无望的。

图 11－7　丰乐种业出现“阳柱翻量”

请看图 11－8，丰乐种业最近两个交易日的成交量组合并非是“阳柱翻量”，同时最近曾经出现过巨阴线，所以股价面临上档沉重压力，股价并没有出现上涨，而是继续盘整，出现的阳线只是“一日游行情”而已。

图 11-8　丰乐种业“阳柱翻量”之后的走势

实例5 ST 南方“阳柱翻量”

ST 南方最近一段时间一直处于稳定的上涨走势中，每涨一段就会出现相应的调整，请看图 11-9。最近两个交易日股价从盘整状态中重新拉起，相应的成交量形成了“阳柱翻量”。股价突破整理平台，创出新高 9.36 元，后续上涨的幅度和可能性都很大。

请看图 11-10，ST 南方出现了“阳柱翻量”之后，股价并没有立即拉升，而是拉出两根高开低走的阴线，成交量却未见显著放大，这可能是主力在洗盘，此后股价波澜壮阔地上升，一直上涨到 45°角。上涨呈现 45°角，而相应的成交量也在逐步放大，在出现了一根放量阴线之后，马上出现一根大阳线，形成“阳包阴”形态，同时成交量基本上与前一日持平，整体上还是看涨的，目前还看不到非常显著的下跌信号。

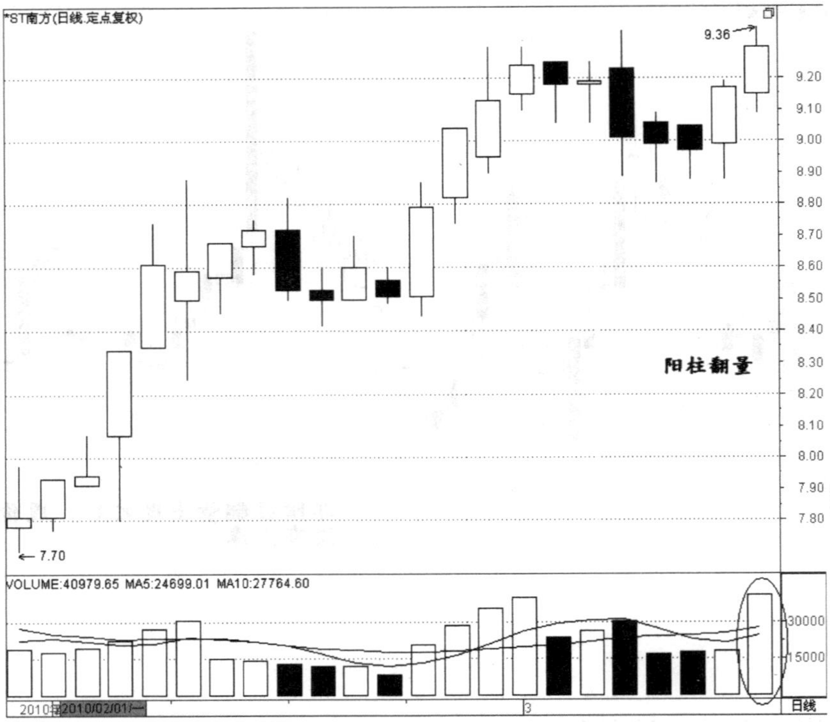

图 11－9　ST 南方出现“阳柱翻量”

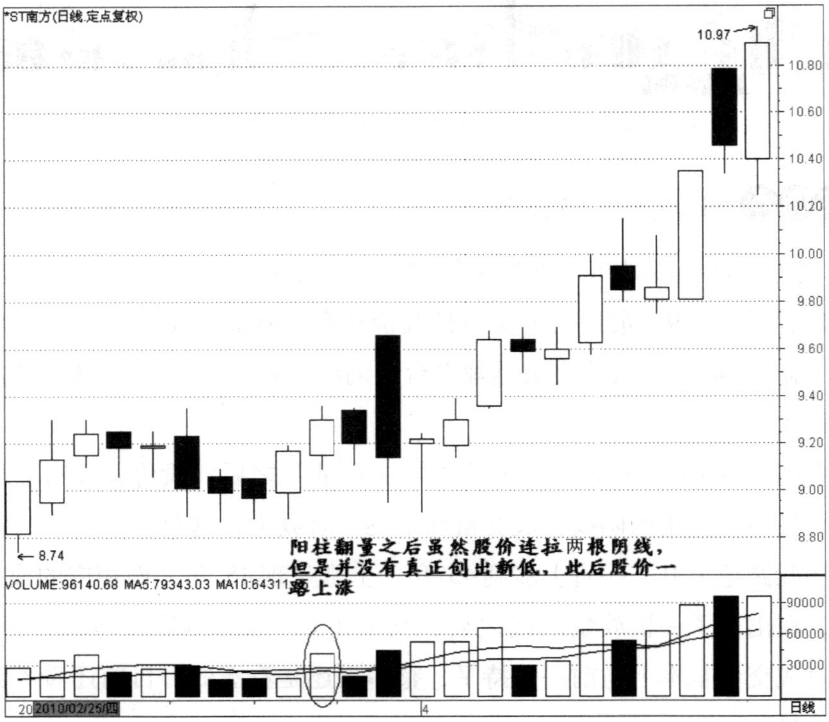

图 11－10　ST 南方“阳柱翻量”之后的走势

实例6 韶钢松山“阳柱翻量”

请看图11－11，韶钢松山最近一段时间一直处于横盘整理状态，最近一个交易日拉出一根大阳线，成交量达到前日水平的6倍以上，这显然不是“阳柱翻量”，更符合“天量”的特征（不过天量是出于上涨末端，也就是较高价位水平），后市上涨的难度太大。

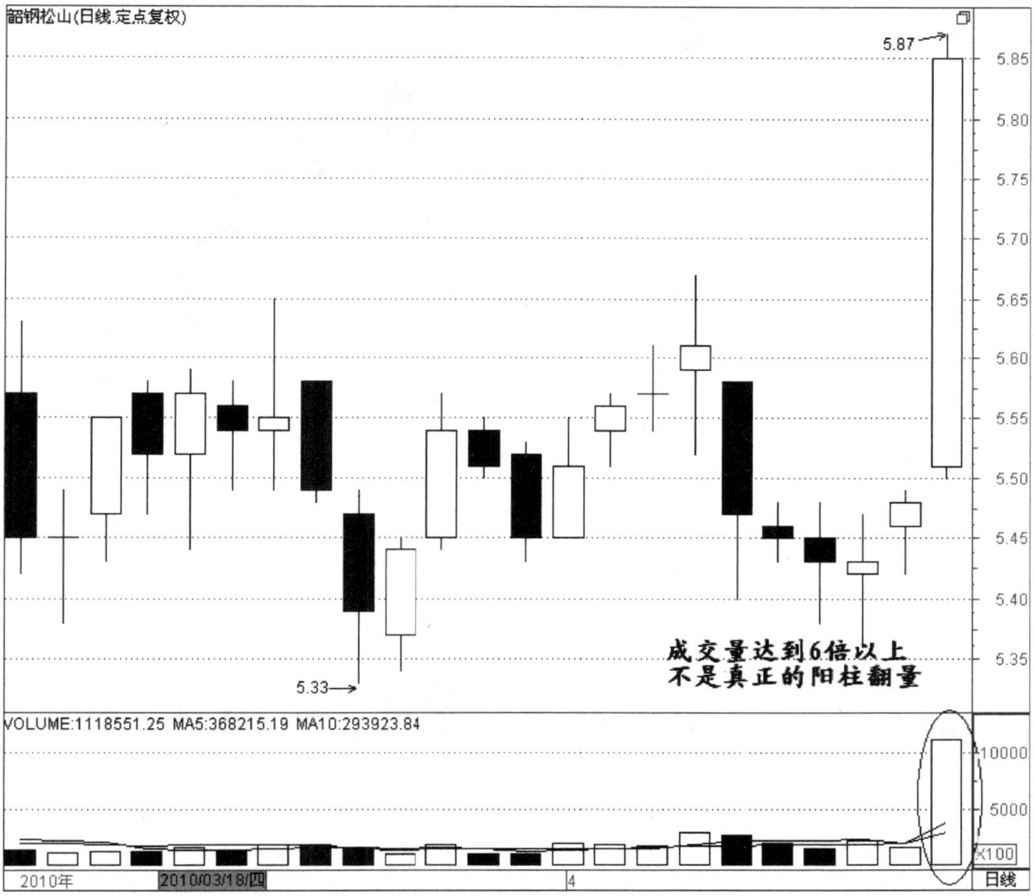

图11－11　韶钢松山出现“阳柱翻量”

请看图11－12，韶钢松山出现了准“天量”之后，股价并没有如大多数炒家预期的那样快速上冲，而是马上拐头向下，这明显就是“一日游”的多头陷阱，股价开始了趋势性下跌。底部放量阳线不能放量大大，如果放量太大，则要么是主力为了吸引买盘而故意做出来的量，要么是卖压沉重，稍微上涨就会引来非常多的卖盘。成交量主力可以故意做得很大，这是很容易的，但是成交量也缩小到极致却很难，如果其他抛盘很多，买盘也很多，主力单靠自己手中的筹码绝对是无法做到“地量”的，所以“地量”是最真实的量。当然，高位“天量”也不是主力愿意做出来的，虽然主力可能做得出来这么大的量，但是主力肯定是不愿意让散户先跑出来的。

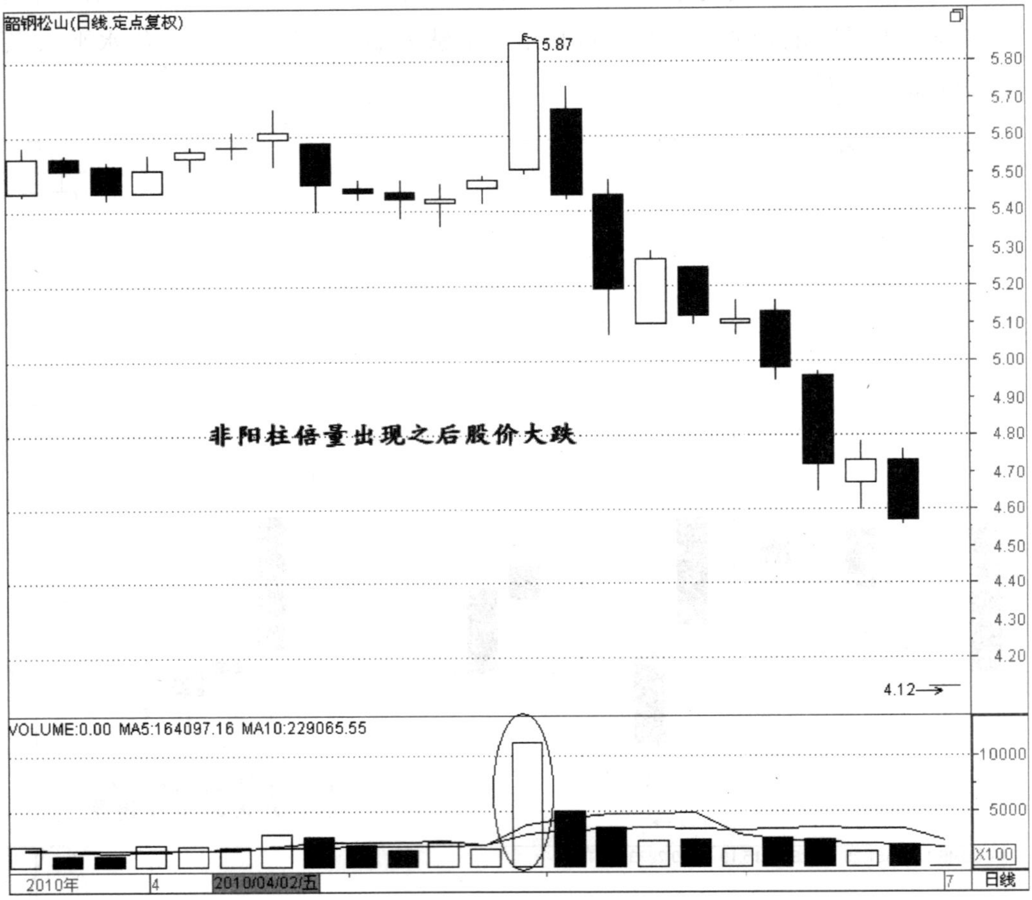

图 11－12　韶钢松山“阳柱翻量”之后的走势

实例7 ST 能山“阳柱翻量”

请看图 11－13，ST 能山最近很长一段时间内都在一个宽幅区间内震荡，主力在 4.5 元一线，支撑则在 3 元一线。股价底部最近逐步抬升，最近这波涨势是从 3.5 元开始的，最近两个交易日股价形成了“阳包阴”组合，相应的成交量则是“阳柱翻量”形态。现在有三个看涨信号：第一个信号是底部逐步上移；第二个信号是股价出现“阳包阴”组合；第三个信号是成交量出现“阳柱翻量”。所以，我们可以在第二天开盘的时候买入，停损设定在 3.8 元水平。

图 11－13　ST 能山出现“阳柱翻量”

请看图 11－14，ST 能山出现了“阳柱翻量“之后，股价快速上行，在前期高点附近高位盘整，然后突破不断创出新高，最新的股价是 5.05 元。“阳柱翻量”的出现表明股价启动的能量具足了，我们要明白市场的这层意思。所以，作为短线炒家，我们一定抓住那些市场中的关键信息，而不能什么信息都去收集和注意，我们没有这么多的时间和精力，这点是大家需要注意的，要抓关键。那么，哪些信息是关键呢？一般而言，成交量中的“天量”和“地量”是最为关键的信息，其次是强烈意味的 K 线形态，比如“阳包阴”和“阴包阳”，以及高位的流星线（上影线越长越好）和低位的锤头线（下影线越长越好）。

图 11－14　ST 能山“阳柱翻量”之后的走势

实例8 星星科技“阳柱翻量”

请看图 11－15，星星科技经过了两轮下跌。第一轮下跌完全是跳空下跌，这个与两阶段理论有点相悖。第二轮下跌其实也很猛，但是幅度要稍稍逊色于第一轮下跌。所谓的酒田三段，其实也就是说一波走势分为三段，第一段和第三段是下跌的话，第二段就是上涨。酒田三段这个模型在星星科技走势中可见一斑。第二段跌到 8.5 元附近出现了一个奇怪的特征，那就是价格连续四日横盘，但是成交量却在放量，难道是有大资金在底部吸货？我们继续分析，最近三个交易日价格横走，但是成交量相对而言在缩小，是不是有“阳金字塔”的类似特征。最近两个交易日出现了“阳柱翻量”，所有这些特征结合起来，可以大致推断出未来继续回升的可能性较大。

星星科技出现了“阳柱翻量”之后，股价走势如何呢？请看图 11－16，很明显

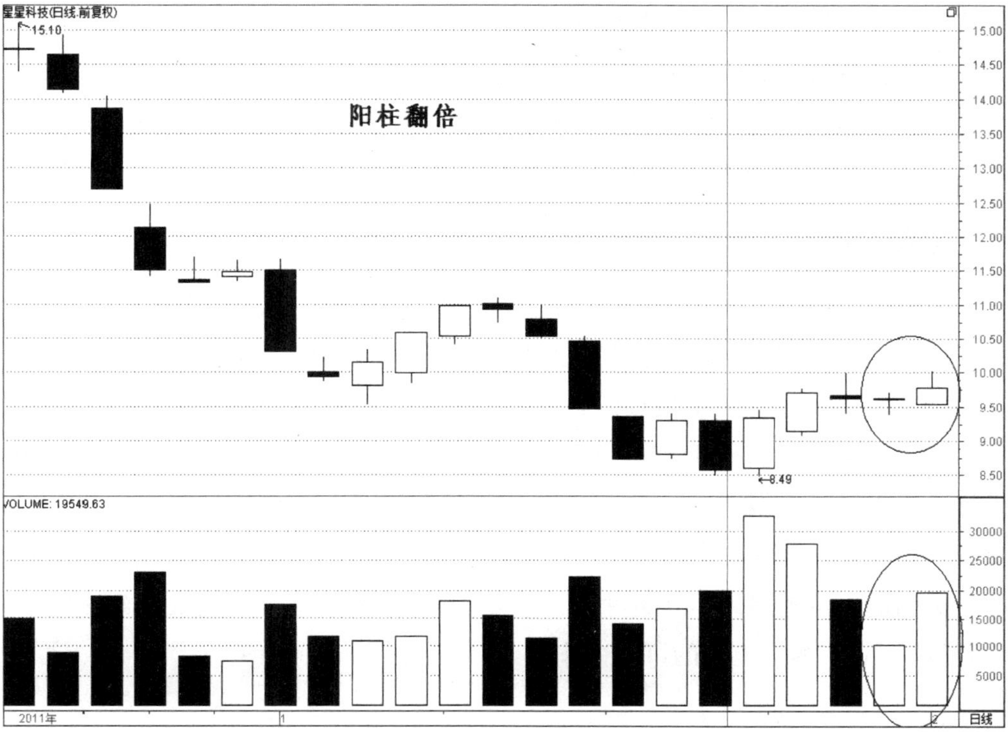

图 11－15　星星科技出现“阳柱翻量”

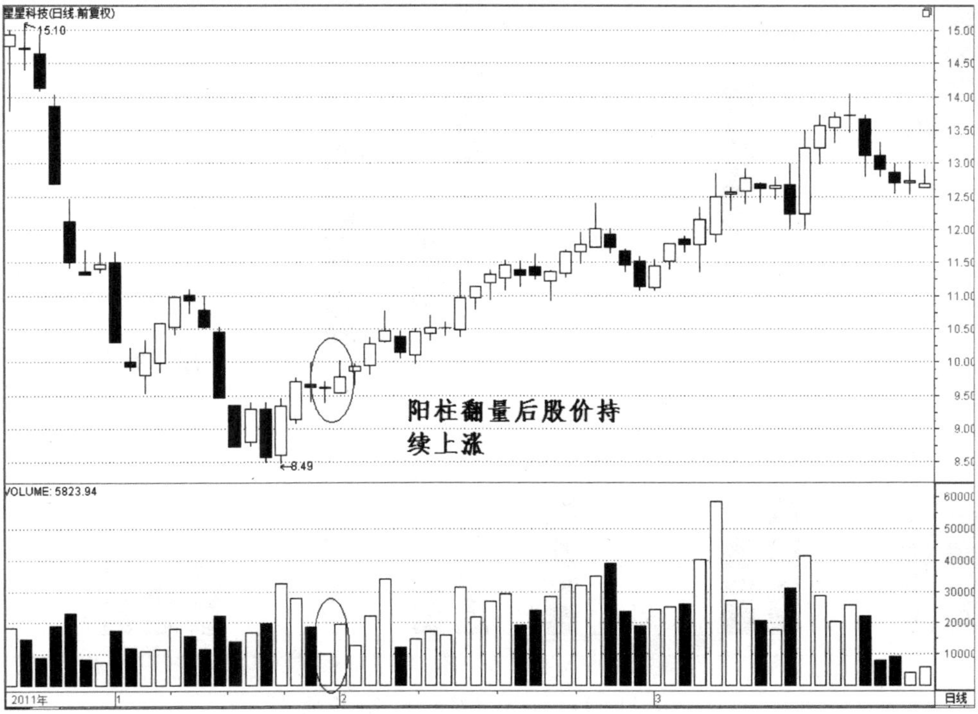

图 11－16　星星科技“阳柱翻量”之后的走势

股价趋势如虹啊，虽然没有冲破前期高点 15.10 元，但是上涨幅度还是很可观的。走势中“阳柱放量，阴柱缩量”的特征比较显著，可以帮助我们坚定持仓信念。最后，放天量阳线出现之后股价负隅顽抗多日，最终还是下跌了，所以“天量”往往不是当日就能见“天价”，这里面往往是有时滞的。

实例9 通光线缆“阳柱翻量”

请看图 11－17，通关电缆在 11 元到 9 元的区域中震荡，日内价格波动很大，大阴线和中阳线交错出现，感觉空头力量稍微占据优势。不过，大家可能忘了一个最为关键的特征，这就是最近四日的股价走势。最初两天是十字星，成交量也很小，仔细看是一个小回调，这表明回调中卖出力量并不踊跃，有点惜售的味道。如果结合后面的 K 线来看，十字星前后的走势很像是一个中继“早晨之星”。接着，最近两天放量上涨突破了前高，重要是最近一天的上涨是翻量，这就表明有两倍于前一天的成交量出现，主动买进的力量大了两倍。简而言之，通关电缆出现了“阳柱翻量”，后市继续上涨的可能性非常大。

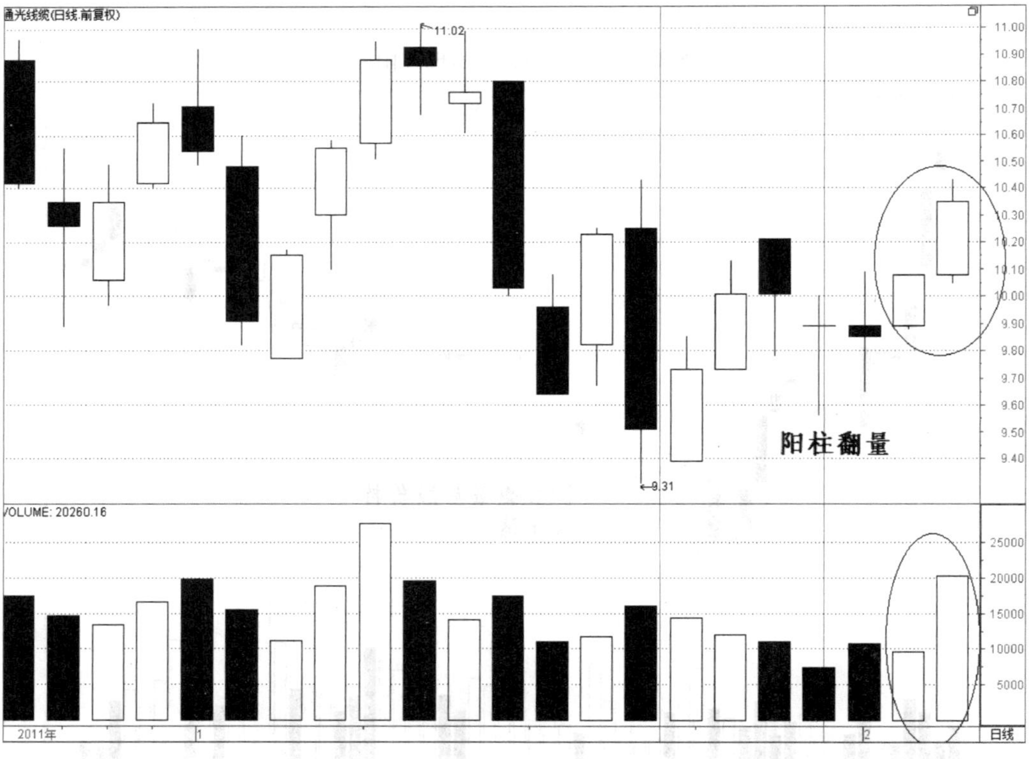

图 11－17　通光线缆出现“阳柱翻量”

通关电缆出现“阳柱翻量”之后，股价有什么变化呢？请看图 11－18，此后通关电缆的股价以 45°角稳步上涨，基本上没有显著的调整，只不过中途有几次容易造成持仓者不坚定的盘中调整而已，特别是其中的“长上影线”K 线，其实都是主力的某种试探，当然最后出现的大阴线应该算得上是“起跌阴线”。

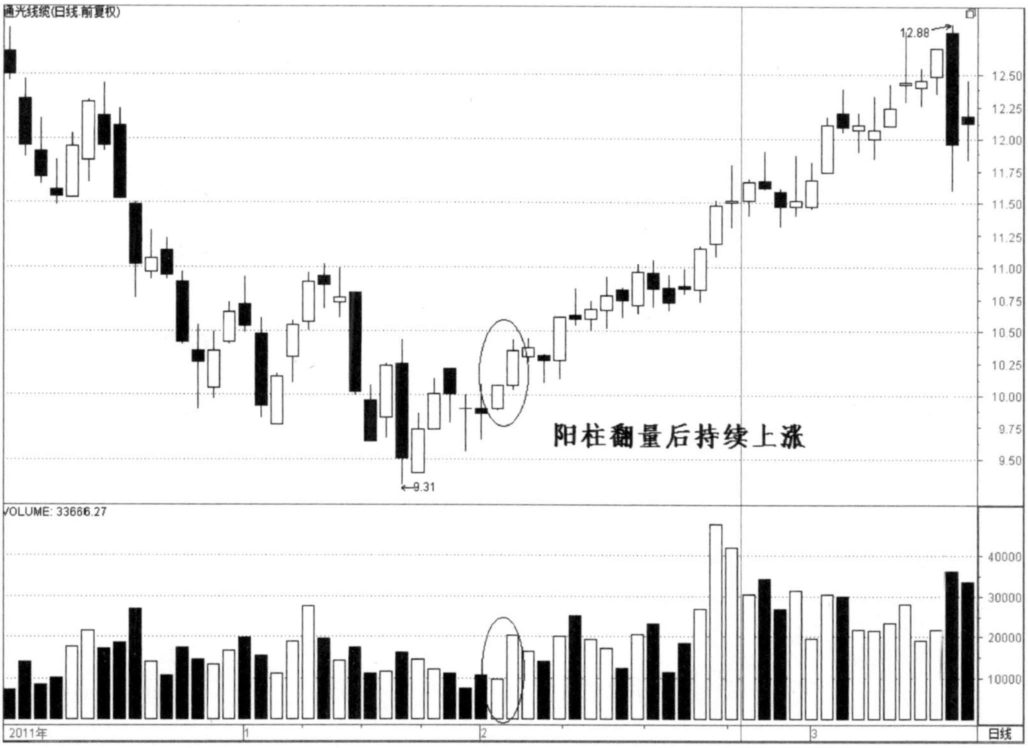

图 11－18　通光线缆“阳柱翻量”之后的走势

第十二招

阴柱翻量

“阴柱翻量”与“阳柱翻量”是对应成交量形态，“阴柱”要求相应的股价收出阴K线。“翻量”要求阴量柱较前日成交量增加2倍，但是不要超过3倍，如果达到4倍了则肯定不是“阴柱翻量”。“阴柱放量”说明卖方力量突然增加很多，市场向下的动能急剧了。如果最近两个交易日又出现了看跌K线组合，则更需要注意了。“阴柱翻量”有时候与“起跌阴线”关系较大，如果是“起跌阴线”又对应着“阴柱翻量”，那么就是双重看跌信号了。下面，我们结合具体的案例来讲解和演示“阴柱翻量”的运用。

实例1 振华科技“阴柱翻量”

请看图12－1，振华科技从7元发散三角区域跌下来。现在回过头来看，振华科技在7元区域放量非常明显，脉冲式成交量频繁出现，“天量”闪现，这显然是市场狂热而主力出逃的特征。股价跌到5元区域开始缩量，缩量表明浮筹减少，卖出意愿下降，这使得股价进一步下跌的动能暂时不足，果然股价在这个区域盘整了很久，形成一个三角形。股价在三角形末端向下突破，这时候有显著的放量，表明跌破有效。股价继续下跌，创出新低3.73元。之后，股价开始跳空向上，最近两个交易日连续如此，这是不是股价上涨的前奏呢？仔细看成交量，出现了“阴柱翻量”，这明显是下跌信号，也就是说这是反弹，不是反转，股价将继续下跌。

图12－1 振华科技出现“阴柱翻量”

请看图12－2，振华科技出现“阴柱翻量”之后股价继续下跌，一路阴跌到

3.35元的位置，这就是“阴柱翻量”的威力，一旦“阴柱翻量”出现，股价就具备了下跌的动能，这点是大家需要记住的。所以，在整个成交量形态中，“天量”、“地量”、“阳柱翻量”、“阴柱翻量”是最需要记住的。

图12－2 振华科技“阴柱翻量”之后的走势

实例2 西藏矿业“阴柱翻量”

请看图12－3，西藏矿业震荡上行，一看就是弱股，走势跌跌撞撞的，刚开始时上行通道维持完好让我们还以为是庄股，边拉边洗，现在还没有拉出主升浪，形态就走坏了，弱股原形毕露。另外，在冲高27.57元时放出了“天量”，目前成交量似乎出现了“地量”，但是很快最近一个交易日就出现了“阴柱翻量”，后市继续下跌的可能性很大。

图 12－3　西藏矿业出现“阴柱翻量”

请看图 12－4，西藏矿业出现了“阴柱翻量”之后，股价快速下跌，跌破了前期数个低点，创出新低 20.49 元，下跌过程中并没有显著放量，这表明有大量的套牢盘，股价继续下跌的可能性很大。最近一个交易日股价形成一根上影线较长的小阳线，这表明上冲乏力，马上回升的可能性不大，即使上涨空间也不会很大。不少炒家都沉迷于把握每一波上涨，无论是趋势性上涨，还是反弹，其实这种想法往往会使得炒家进出频繁，亏损严重。我们要精选少数交易机会，哪些机会适合我们呢？趋势性上升走势回调较少，上升幅度较大，这样就使得胜算率高，同时盈亏比也高，所以是我们应该集中精力捕捉的机会。调整走势一般很不规则，很难预料运动幅度和轨迹，不设定停损又怕它会转换为趋势性下跌走势，设定止损又会经常被触及，前者会导致盈亏比极差，后者会导致胜算率极低。

图 12－4　西藏矿业"阴柱翻量"之后的走势

实例3 华神集团"阴柱翻量"

请看图 12－5，华神集团从 7.82 元的高位快速下跌，跌到 5.45 元附近出现了小双底，目前股价向上突破此小双底的颈线，不过突破并不有利，收出一根阴纺锤线，相应的成交量出现"阴柱翻量"形态，股价突破颈线可能是虚晃一枪，很可能是"一日游"行情。这里归纳一下：如果向上突破某一阻力线包括颈线，成交量放大一倍以上，而 K 线收成阴线，则说明突破后续乏力，股价转而下跌的可能性很大。

请看图 12－6，华神集团出现了"阴柱翻量"之后，股价连续调整两日，下跌幅度有限，然后冲高放出"天量"，然后才是大幅下跌。此前我们的判断部分正确，毕竟炒股是一个概率性的工作，而不是确定性的工作，所以才要求在每一笔交易中设定停损点。

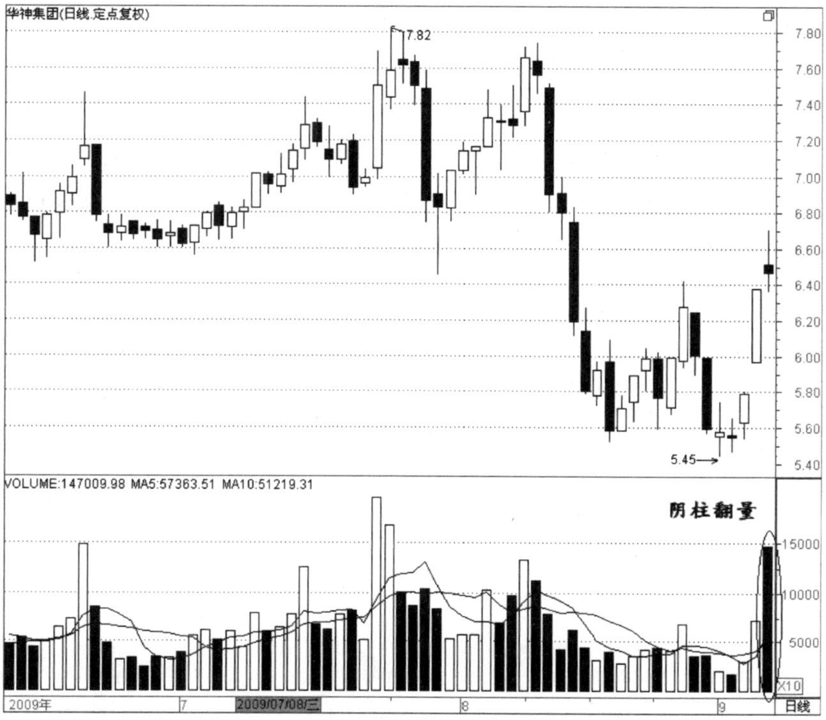

图 12－5　华神集团出现“阴柱翻量”

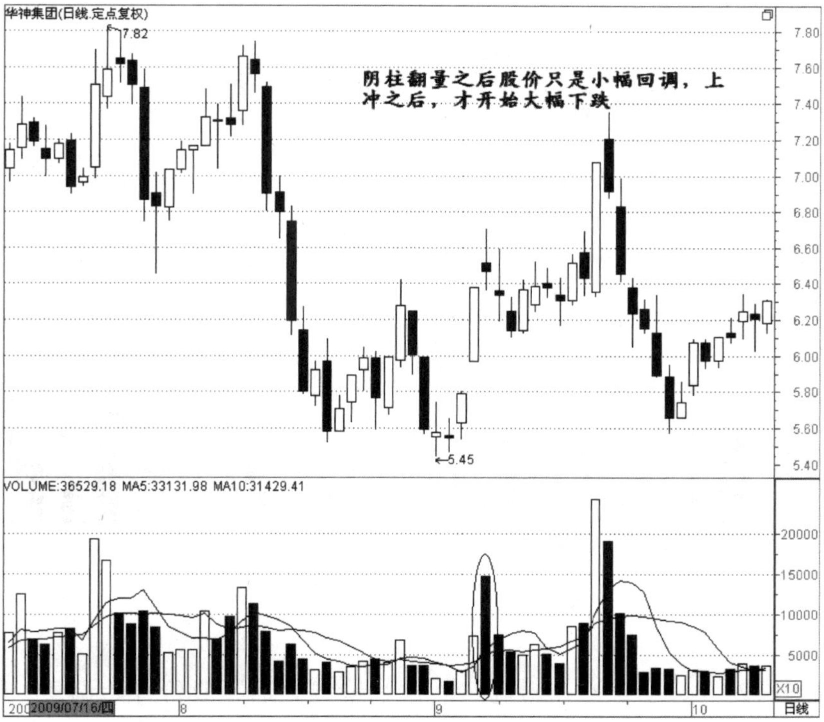

图 12－6　华神集团“阴柱翻量”之后的走势

实例4 中水渔业“阴柱翻量”

请看图 12－7，中水渔业前期走势表明 7.5 元一线存在强劲的买盘，看看前期跌到 7.29 元拉出长下影线就可以知道了。但是股价上涨到 9 元附近似乎抛压也很沉重，因为股价上冲到这个位置的时候拉出了长上影线。股价回调到 8 元附近形成“早晨之星”，成交量萎缩到一个很低的水平，这表明浮筹减少很多，这时候股价重新获得上冲动力。股价目前冲高到 9.47 元，但是高开低走，成交量显著放大，基本上放大到了前一日的两倍，这就是典型的“阴柱翻量”，而目前这个价位恰好是前期高点附近，由此看来抛压相当重，后市下跌的可能性很大。

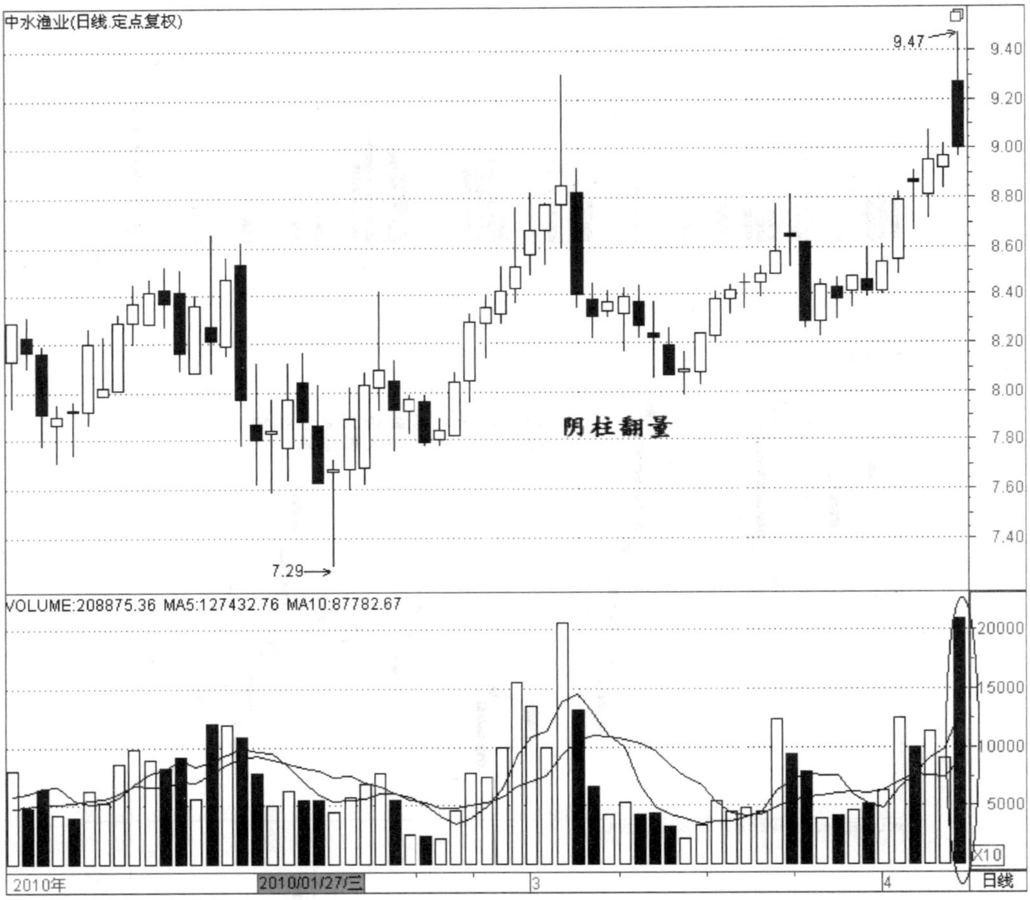

图 12－7　中水渔业出现“阴柱翻量”

请看图 12－8，中水渔业出现“阴柱翻量“之后，股价开始调整，但是此后又上涨到前期高点，但是上档阻力显然很大。“阴柱翻量”后为什么股价没有快速下跌呢？主要恐怕还是存在一个趋势性的动能，看前期股价走势可以发现低点越来越高，这表明多头总体还是占优势的。不过，从成交量状况来看，在9.4元这些压力是很大的，所以等待股价远离这个价位再做考虑。

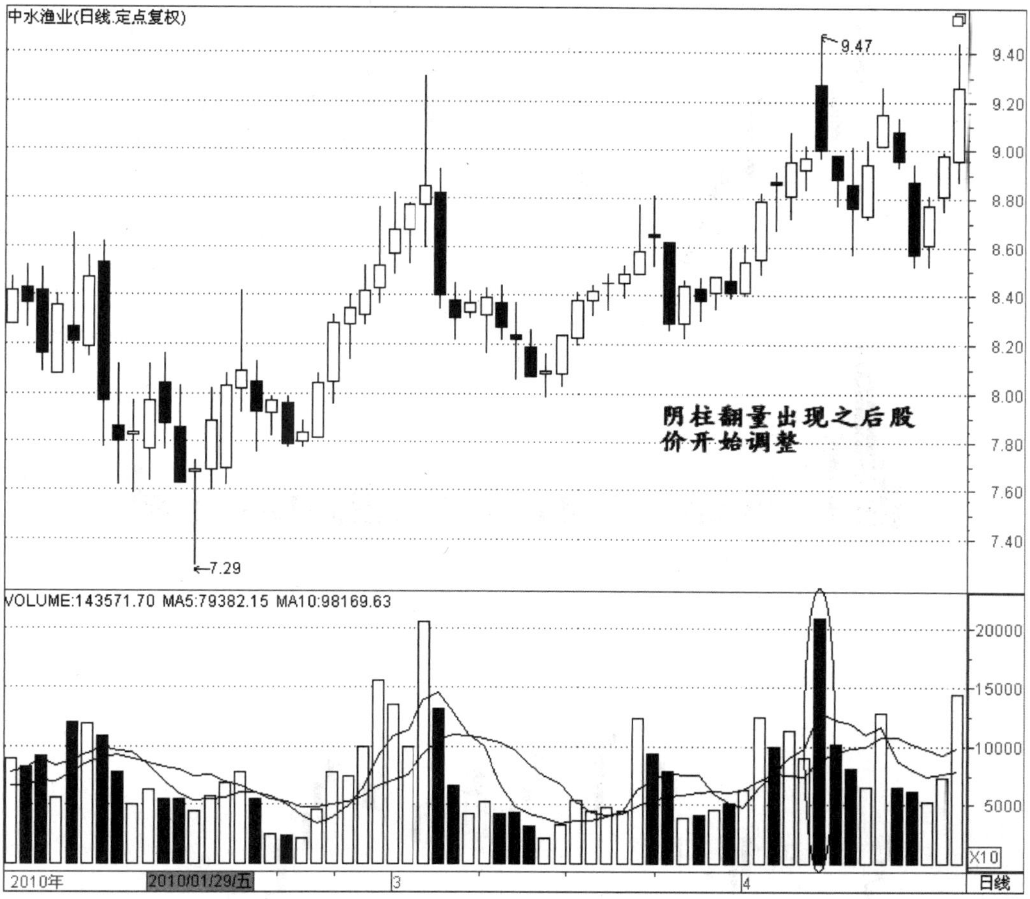

图12－8　中水渔业“阴柱翻量”之后的走势

实例5 一汽轿车“阴柱翻量”

请看图12－9，一汽轿车从26元附近下跌的时候，高位放量非常显著，跌到19元附近成交量才收缩到了极致，这表明浮筹减少，股价进而有一波新的上涨。在24元附近形成了“黄昏之星”，股价进而下跌，在21元附近形成“早晨之星”，股价暂时企稳，横盘整理后出现了“阴柱翻量”。“阴柱翻量”出现基本宣告了横盘整理结束，下跌重新开始。

请看图12－10，一汽轿车出现“阴柱翻量”之后股价大幅下跌，跌了不久出现

图 12－9　一汽轿车出现“阴柱翻量”

图 12－10　一汽轿车“阴柱翻量”之后的走势

放量大量，这就是恐慌性杀跌，暂时整固后继续放量下跌，直到17元附近才企稳，形成平台整理。由此可以看到“阴柱翻量”出现后个股面临的风险有多大。

实例6 东莞控股“阴柱翻量”

请看图12－11，东莞控股从9.82元下跌，十几天之后反弹，但是并没有新高，拐头向下，趋势向下确认。此后股价交替放量和缩量下跌，在5.5元形成长期盘整，在平台最近整体区间出现了极高的放量，而股价并没有显著的上涨，这可能是有主力或者大户在出逃。最近一个交易日股价破位下跌，同时出现了“阴柱翻量”，后市继续下跌的可能性很大。

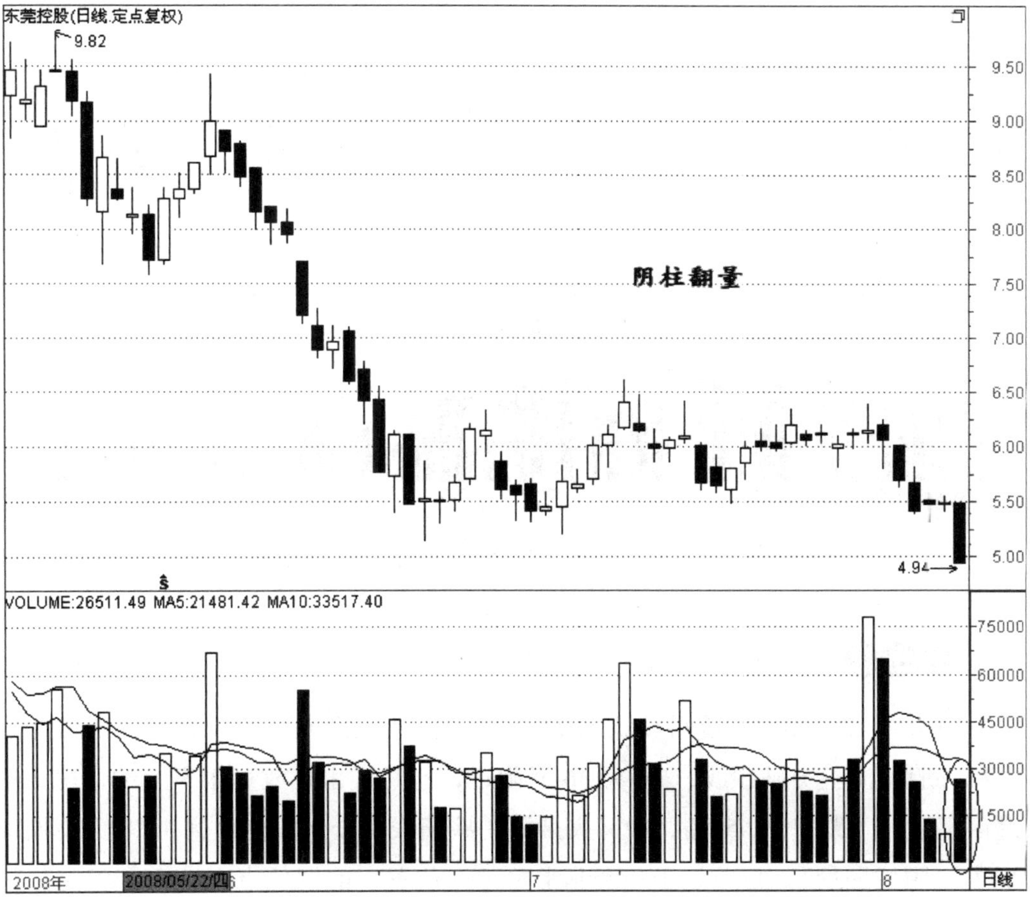

图12－11　东莞控股出现“阴柱翻量”

请看图12－12，东莞控股出现了“阴柱翻量”之后，股价大幅下跌，不断创出新低，近期已经跌到了3.52元低位，“阴柱翻量”之后，股价已经下跌了一半，如果持股不卖，现在资金已经缩水一半了。

图 12－12　东莞控股"阴柱翻量"之后的走势

实例7 鑫茂科技"阴柱翻量"

请看图 12－13，鑫茂科技从 7.27 元高点快速下跌到 4.5 元附近，形成头肩底之后，股价向上突破颈线，升高到 6 元附近，这时候出现放量跟不上的情况，股价继而下跌。下跌呈现 45°角，中间夹杂了一些阳线。今天股价跌到 4.18 元，同时出现了"阴柱翻量"。目前处于一个非常关键的位置，前期低点在这里，但是根据成交量形态来看，这个低点恐怕很难发挥支撑作用。另外，目前股价显然跌破了三角形整理，所以继续下跌的可能性很大。

请看图 12－14，鑫茂科技出现"阴柱翻量"之后股价放量下挫。跌到 4 元以下出现显著放量，但是股价却没有显著下跌，只是阴跌，看来这个地方可能有不少

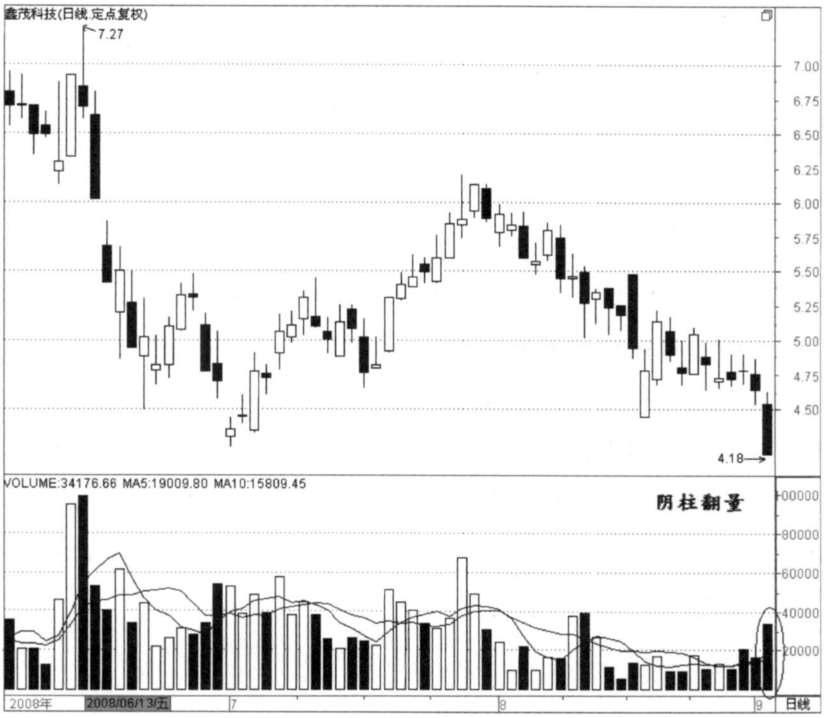

图 12－13　鑫茂科技出现“阴柱翻量”

图 12－14　鑫茂科技“阴柱翻量”之后的走势

买家在下档接货，作被动性买入。下跌角度也变缓了，这表明下跌动能减弱，如果进一步有其他看涨信号，可以进场买入。

实例8 宁波银行“阴柱翻量”

请看图12－15，宁波银行从10.35元的高位下跌，看似跌幅很大，其实每日下跌绝对幅度较小。这波下跌的角度基本是45°，所以跌势很稳，没有像样的反弹，这波下跌应该算第一阶段下跌。跌到9.16元附近出现了回升。回升中的一天有盘中冲高，但是收盘价还是下来了，留下长长的上影线，这是“仙人指路”么？当天成交量应该算是“天量”了，而且是低位天量，那是“起涨阳线”么？长长的上影线表明空头力量仍旧很强大，但多头不是也很强大么？我们只能结合其他信息进一步分析判断，最近两个交易日出现了“阴柱翻量”，表明做空力量在加剧啊，那么此前的上影线，更可能是“上攻乏力”而不是“仙人指路”。初步来看，股价恢复跌势的可能性较大。

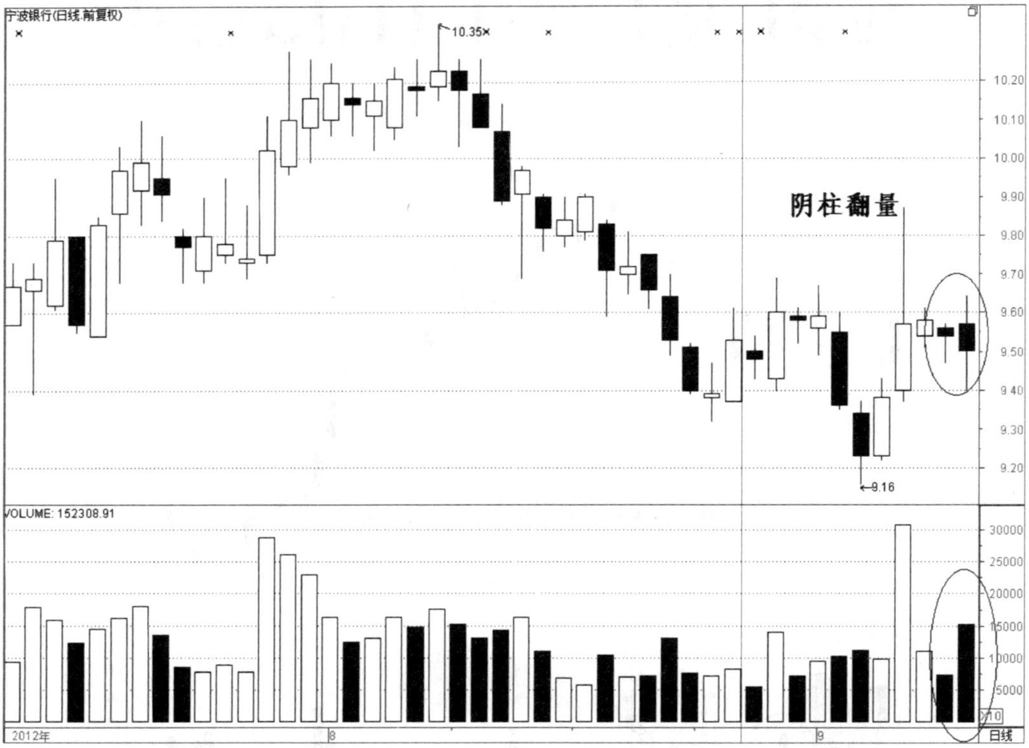

图12－15 宁波银行出现“阴柱翻量”

接着看图12－16，宁波银行在出现“阴柱翻量”之后股价确实恢复了此前的跌势，而且跌势有加剧的迹象，很可能是第二波下跌的开始。通过宁波银行这个例子，大家可以明白一个道理：任何判断都是从单个信息特征出发，然后综合其他特征得出的。我们不能够简单地机械比照，如果简单比照有用的话，电脑程序可以完全代替人完成股票分析工作了。

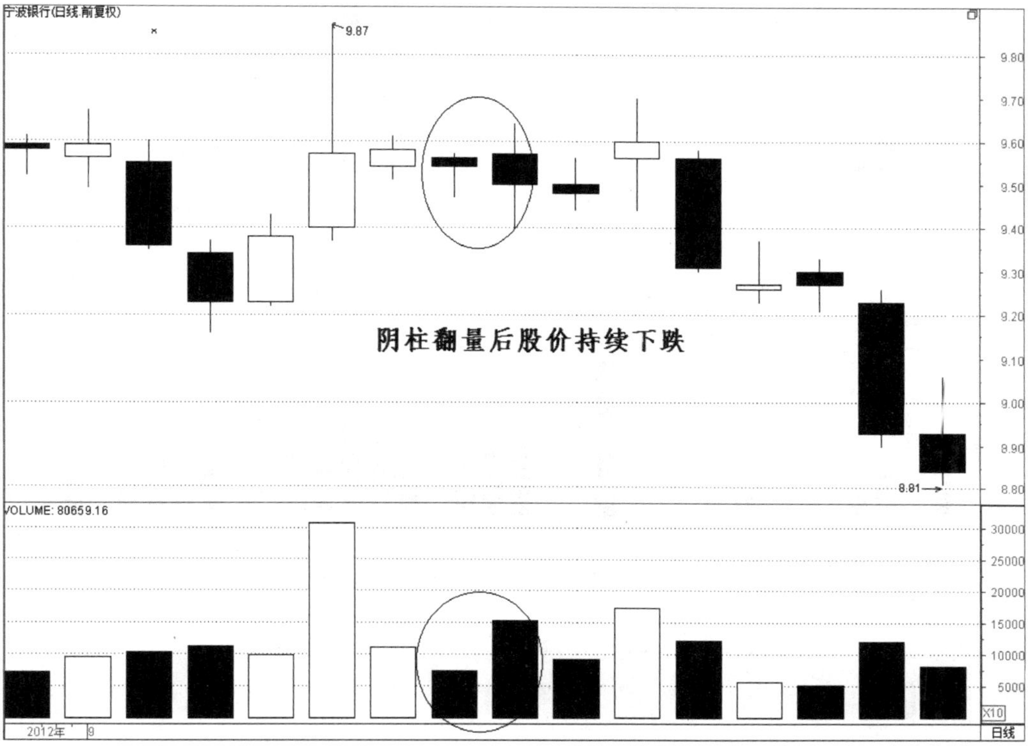

图 12－16　宁波银行"阴柱翻量"之后的走势

实例9 利达光电"阴柱翻量"

请看图 12－17，利达光电触及 14.77 元的高价之后出现震荡，有些 K 线上影线长，有些 K 线下影线长，这就是典型的市场拉锯战。

震荡一周多之后，股价出现放量大阴线下跌，这就是"起跌阴线"了。然后，股价处于下跌走势中，阴线基本上都是放量，而阳线则基本上都是缩量，这说明股价的卖压很重啊。最近四个交易日似乎股价横盘整理有企稳的迹象，而且中间两日的成交量有缩小的迹象，是不是卖家不愿意卖出了？我们看最近一个交易日，市场通过它向我们透露出重要的信息。这个交易日是放量阴线，而且是"翻量"，这就符合了"阴柱翻量"的特征，说明下跌力量加剧了，此前的横盘整理是下跌中继站，而不是反转信号。

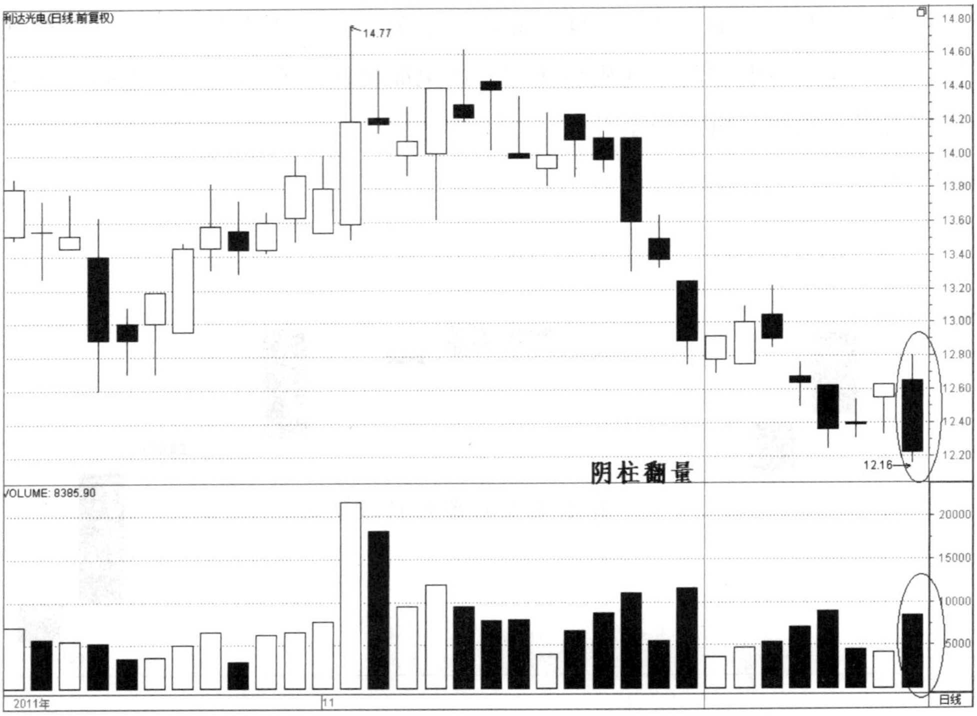

图 12－17　利达光电出现“阴柱翻量”

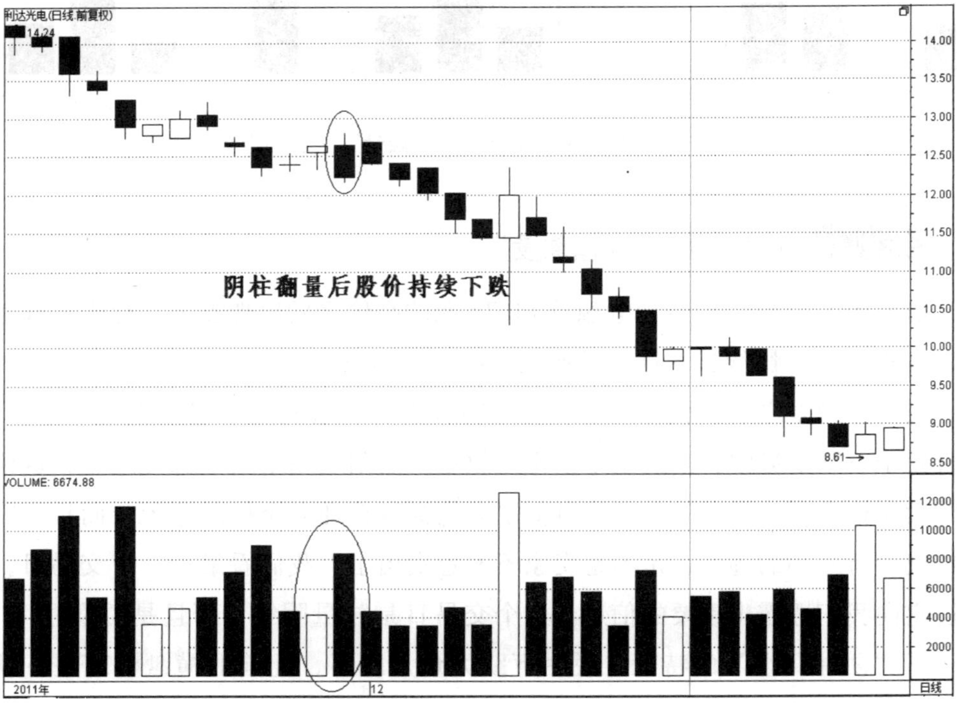

图 12－18　利达光电“阴柱翻量”之后的走势

利达光电出现了“阴柱翻量”，接下来的走势按推理来讲应该是恢复下跌的，实际情况又是如何的呢？请看图 12－18，利达光电股价在“阴柱翻量”出现之后，次日高开低走，然后就步入了持续下跌通道中。“阴柱翻量”为什么提示性这么强？关键就在于这个价量形态的“翻”字上面，成交量突然异常增加一倍，这种情况难道不奇怪么？难道不值得我们重视么？价量分析的死套路就是我们本书介绍的这十二招，但是你要用活的话就需要明白价量走势中那些异常现象的意义。“死学活用”这样才能成为价量分析的高手，才能走出书本走向股市，才能真正依靠这套技术从市场中赚到可观的利润。